작은 개혁이 성공한다

매니페스토 정치혁명의 길

나남
nanam

▪ 저자 약력

윤 승 모 (尹承模)

중앙대학교 신문방송학과 졸업
일본 와세다대학 대학원 박사과정
〈세계일보〉, 〈서울신문〉 정치부 기자
동아일보사 뉴스플러스부 기자
〈동아일보〉 정치부 기자, 차장

나남신서 · 1280
작은 개혁이 성공한다
매니페스토 정치혁명의 길

2008년 2월 29일 발행
2008년 2월 29일 1쇄

저자_ 윤승모
발행자_ 趙相浩
발행처_ (주) 나남
주소_ 413-756 경기도 파주시 교하읍
출판도시 518-4
전화_ 031) 955-4600 (代)
FAX_ 031) 955-4555
등록_ 제 1-71호(79. 5. 12)
홈페이지_ www.nanam.net
전자우편_ post@nanam.net

ISBN 978-89-300-8280-8
ISBN 978-89-300-8001-9 (세트)
책값은 뒤표지에 있습니다.

*이 책은 방일영문화재단의 지원을 받아 저술 · 출판되었습니다.

나남신서 · 1280

작은 개혁이 성공한다

매니페스토 정치혁명의 길

윤 승 모

나남
nanam

머리말

2006년 2월 4일의 일이다. 일본 게이오〔慶應義塾〕대학 박사과정에 다니는 필자의 고교 후배 이홍천이 서울 광화문 동아일보사로 필자를 찾아왔다.

이홍천은 전날인 3일 아주대학 사회과학연구소와 한국정당학회 주최로 열린 '지방선거와 정치발전에 관한 국제학술회의'에 참석차 한국에 잠깐 왔다고 했다. 이홍천에게 들은 얘기지만 그 학술회의는 5월 31일 전국동시지방선거를 앞두고 매니페스토의 개념을 한국에 처음 소개하는 회의였다. 이홍천은 필자에게 매니페스토가 과연 무엇인지 그 실체적 개념을 파악할 수 있는 얘기를 한참 동안 해주었다. 사실 필자는 그때까지 매니페스토에 대해 관심이 없었다. 정확한 개념조차 파악하고 있지 않은 상태였다.

기자 초년생일 때부터 정당과 국회만 주로 취재한 필자로서는 '정치기사란 정치구조의 변화나 정치적 역학관계에 관한 기사'라는 고정관념이 없지 않았다. 물론 매번 선거 때가 되면 가능한 대로 정책에 관한 기사를 많이 써야 한다는 의무감은 있었다. 그렇게 해서 유권자로 하여금 후보자의 정책을 보고 지지여부를 판단하도록 가이드 역할을 해야 한다는…. 그러나 한국의 선거라는 것이 지역감정, 정계개편, 도덕성 논란 등의 이슈에 휘둘려 정책은 온데간데 없는 상황으로 끝나곤 했던 게 사실이다. 나날이 벌어지는 현상을 보도하는 데 익숙한 신문으로서는 정책을 본격적으로 다룬다는 것이 쉽지 않았다.

그러나 그날 이홍천에게서 일본의 매니페스토 상황을 설명듣고는 귀가 번쩍 뜨이는 점이 있었다. 공직선거에 나서는 후보자가 자신이 당선될 경우 실행할 정책에 관해 재원조달방법과 수치목표, 달성기한까지 구체적으로 제시하고 그 이행실적을 사후에 평가받는 게 매니페스토라는 것이다. 그런 방식의 정책제시라면 신문으로서도 가독성을 살리면서 이를 폭넓게 기사화할 수 있겠다는 생각이 들었다. 당시 정치부 차장으로 선거보도를 고민해야 할 처지에 있던 필자는 이를 즉각 부장에게 설명하고, 회사차원에서 매니페스토 관련 기획보도를 하기로 했다. 〈동아일보〉가 한국의회발전연구회와 손잡고 2006년 지방선거에서 전국 16개 시도지사 후보의 매니페스토 사전평가를 실시, 지면에 게재하는 기획을 하게 된 첫걸음은 그렇게 시작됐다.

그게 인연이 돼 필자는 매니페스토를 공부한다는 이유로 2007년 4월부터 일본 와세다〔早稻田〕대학에 '유학'까지 하게 됐다. 그러던 2007년 11월 9일, 일본 도쿄〔東京〕 롯본기〔六本木〕 '모리〔森〕타워'에서 열린 '매니페스토 어워드 2007'을 참관할 기회가 있었다. 2006년에 이어 두 번째로 열린 수상식(授賞式)으로, 모범적으로 매니페스토를 추진한 사람에게 상을 주는 자리다. 와세다대학 매니페스토 연구소장이자 필자가 적을 두고 있는 대학원 공공경영연구과의 교수인 기타가와 마사야스〔北川正恭〕가 주관하는 행사였기에 일종의 의무감에서 참석한 자리였다.

일본은 2003년 4월 '통일지방선거' 때 처음으로 매니페스토가 도입된 이래 발전을 거듭해 지금은 매니페스토라는 말이 일반적 용어로 정착돼 있다. 예를 들어, 여야 간에 사회 양극화 해소를 위한 재원조달 문제가 논란이 된다고 할 때 "지난 선거 때 당신네 당은 공공부문의 예산낭비를 삭감하면 연간 2조 엔의 재원확보가 가능하다고 매니페스토에 썼는데, 그게 과연 가능한지 검증이라도 해봤냐"며 논전하는 것을 빈번하게 볼 수 있다.

그날 수상식은 일본 매니페스토의 현 상황을 체험할 수 있는 자리였다. 현장에 배포된 자료를 읽고 수상자나 심사위원들의 소감을 듣고 하는 사이에 '이게 바로 매니페스토구나'하는 자각이 왔다. 어느 일본의 지방의회의에선 의원 본인과 가족들이 관계된 회사는 해당 지방자치단체가 발주하는 공사에 참여해서는 안 된다는 '의원윤리규정'을 통과시켰다든지, 다른 지방의회의 의원들은 스스로 보수를 삭감했다든지 하는 사례들이 소개됐다.

어떻게 보면 거창하게 매니페스토를 들먹일 필요도 없는 당연한 일이다. 매니페스토가 이런 작은 개혁들이 하나 둘 진행되도록 촉매제 역할을 하고 있다. 선거 때 검증가능한 형태로 이행가능한 공약을 제시하라는 캠페인을 넘어, 작은 것이라도 실제적으로 행정과 정치를 바꾸는 개혁작업을 해나가는 실천단계에 와 있는 것이다.

한국은 어떠한가. 2006년 5·31 전국동시지방선거를 통해 매니페스토가 도입됐지만 2007년 대통령선거에서는 매니페스토라는 말 자체를 찾아보기 힘들 정도였다. 지방의원들이 여론의 비판을 아랑곳하지 않고 자신들의 보수를 올리는 데 신경을 쓰고 있고, 공금으로 해외에 '놀러 가는' 것이 여전히 성행한다.

물론 일본이라고 해서 모두가 좋다는 것은 아니다. 일본에도 지방의원의 해외 유람여행이 없는 게 아니다. 문제는 선과 악의 비례가 어느 정도이냐, 개선하려는 노력이 있느냐 하는 것이다. 일본은 포장만 요란한 개혁, 떠벌리는 개혁, 자기희생은 없이 남의 희생만 강요하는 개혁이 아니라 지방에서 조용하게 '남이 알아주지 않아도 나는 정직과 합리를 추구한다'는 소박한 개혁을 하는 사람이 꽤 많다.

일본의 지방이 개혁되고 있다고 하면 혹자는 “일본은 중앙정치가 깨끗하니까 지방도 개혁될 수 있는 것 아니냐”고 말할지 모르겠다. 하지만 그렇지 않다. 일본의 중앙정치도 한국 못지 않게 문제가 많다. 2007년 여름에도 ‘검은 정치자금’ 문제가 연일 도마에 올랐었다. 어떤 장관은 정치자금 지출 영수증을 여러 개 복사해 각종 제출서류에 이중으로 첨부했다고 해서, 어떤 정치인은 자신의 지역구 자택을 정치사무실로 등재하고 그 사무실 운영비로 10억 원 이상의 돈을 지출한 것으로 계상한 사실이 드러났다고 해서 장관자리에서 물러나는 일이 벌어졌다.

그렇지만 일본사람들은 이런 정치를 비난만하고 있지는 않다. 비판하는 것만으로는 정치와 행정이 개혁되지 않는 만큼 나 자신부터 작은 개혁을 실천하자는 것이다. 그게 바로 매니페스토다. 일본에서 매니페스토 운동을 하는 사람들은 그런 개혁작업들이 확산되면 중앙정치도 바뀐다는 신념을 갖고 있다.

이 책은 매니페스토로 시작된 일본과 한국의 정치 행정 개혁이 어디까지 나가 있는지를 구체적인 사례를 통해 알아보자는 취지로 쓴 원고의 모음이다. 매니페스토라는 주제는 단어 자체가 생소한 감이 있는 데다 일반인이 이해하기에는 다소 복잡한 개념일 수 있다. 조금이라도 이해하기 쉽게 할 수 있는 방안이 없을까 고민하다가 제 1장에서는 한국과 일본의 매니페스토의 특징을 보여줄 수 있는 인물의 사례를 서술하고, 제 2장과 제 3장에 매니페스토에 대한 분석적 고찰을 붙이는 방식을 택했다.

일본의 인물 사례는 와세다대학 매니페스토연구소 관계자들의 도움을 받아 골랐다. 홋카이도〔北海道〕의 후쿠시마〔福島〕라는 인구 5천여 명에 불과한 작은 정(町, 한국으로 치면 읍 정도에 해당)의 지방의회 미조베 코키〔溝部幸基〕 의장은 도시화와 노령화로 피폐해가는 내 고장을 살리기 위해 솔선수범의 개혁을 실천하고 있다. 가나가와〔神奈川〕현 의회 마쓰다 요시아키〔松田良昭〕 의장은 매니페스토를 비아냥 대다가 어느날 180도 변신해 적극적인 매니페스토 전도사로 변신한 사람이다. 홋카이도 에니와〔惠庭〕시의 나카지마 코세이〔中島興世〕 시장은 2005년 시장선거 당시 달랑 매니페스토 하나를 무기 삼아 막강한 조직력을 갖춘 현직시장에게 도전해 승리를 거뒀다고 해서 유명해진 사람이다. 그들과 관련된 자료를 조사하고 직접 만나 인터뷰도 했다.

한국의 매니페스토 상황은 2006년 지방선거 당시 매니페스토 운동의 중심에 섰던 중앙선거관리위원회와 5·31 스마트매니페스토정책선거추진본부의 '이름없는 실무자들'의 얘기를 중심으로 풀어 나갔다. 2007년 매니페스토실천본부(추진본부의 후신)가 발표한 취임 1년 이행평가에서 가장 높은 점수를 받은 김문수 경기도지사의 얘기는 별도 사례로 다뤘다. 김문수는 2006년 5월 31일 지방선거에 앞선 〈동아일보〉와 의회발전연구회의 매니페스토 사전평가 때도 높은 점수를 받은 바 있다.

제 2장과 제 3장에서는 2006년 한국의 지방선거 때 필자가 〈동아일보〉에서 매니페스토 관련 기획과 보도 실무를 챙기며 접했던 한국 매니페스토 운동과 2007년 일본에 와서 알게 된 일본 매니페스토 전개 상황을 비교분석했다.

2008년 2월

윤 승 모

나남신서 · 1280

작은 개혁이 성공한다

매니페스토 정치혁명의 길

차 례

1 실천으로 말하는 사람들

1. 한국 매니페스토 도입과정의 우연과 필연

이름 없는 실무자들

한국의 매니페스토는 2006년 5·31 전국동시지방선거 때 도입돼 급속히 확산됐다. '정책선거'에 대한 시대적 요구와 사회적 분위기가 매니페스토형 선거를 이끌어 낸 기본요인일 테지만, 그 시작은 평범한 사람들의 '작은 고민'과 '우연한' 만남에서부터 비롯됐다.

2006년 1월 어느 날, 중앙선거관리위원회 정책정당지원팀장 서인덕에게 어느 '시민운동가'로부터 전화가 걸려왔다. 5·31 스마트매니페스토정책선거추진본부(공동대표 김영래 아주대 교수, 이하 매니페스토추진본부)의 유문종 공동집행위원장이었다(매니페스토추진본부는 2006년 5·31 전국동시지방선거 뒤 한국매니페스토실천본부로 재편됐으며 유문종은 현재 그 사무총장임). 유문종은 매니페스토 운동을 펼치려고 준비중이라고 설명하면서 선관위와 협력하고 싶다는 뜻을 밝혔다.

서인덕은 흥미가 발동했다. 자신이 구상한 선관위의 신년사업안과 유문종이 말한 매니페스토 운동이 궤를 같이한다는 생각이 들었기 때문이다. 이에 앞서 선관위는 2006년 지방선거부터 선거관리는 정책선거 지원에 역점을 둔다는 취지에서 정책정당지원팀을 만들었고, 서인덕에게 그 초대 팀장을 맡겼다. 2004년 17대 총선 직전 정치관계법이 대폭 개정돼 '돈 안 드는 선거문화'가 상당히 정착됐다는 것이 당시 선관위의 평가였다. 선거법 위반사범에 대한 20배 과태료와 거액 포상금 지급제도 등이 도입돼 선거풍토가 획기적이라고 할 만큼 바뀌었다. 하지만 정책선거는 아직 먼 얘기였다.

정책정당지원팀은 선관위 내에서 '정책선거' 지원을 담당하는 주무 부서다. 그 팀의 책임자로서 서인덕은 어떻게 하면 팀을 활성화시키고, 나아가 제대로 된 정책선거를 이끌어 낼 수 있을까 하는 고민을 해오던 터였다. 그런 서인덕으로서는 선거 때 재정조달 방안 등 수치 계획과 향후 이행기한 등을 명시한 정책공약을 제시하자는 내용의 매니페스토는 충분히 관심을 가질 만한 소재였다.

'지방의제 21' 전국협의회 사무처장으로 활동하던 유문종은 2005년 중반부터 각 지역마다 '지속가능'한 정책을 만들어 지방선거 출마자들에게 제공하는 운동을 벌여왔다. 2005년 10월에는 이미 열린사회시민연합, 투명사회협약실천협의회 등 여타 단체들과 협의단계에 들어가 있었다.

그러나 유문종도 지방선거에서 매니페스토 운동을 한다는 것은 생각하지 못하고 있었다. 그가 매니페스토에 눈을 뜨게 된 것은 2005년 12월 김영래를 만난 이후의 일이다. 유문종은 2007년 12월 필자와의 전화인터뷰에서 김영래와의 만남의 계기를 다음과 같이 설명했다.

> "우리는 당시 지방선거 정책지원 활동을 본격적으로 펴기 위해 '좋은 정책 전국 네트워크'라는 이름으로 활동키로 하고 이 네트워크의 대표를 맡아줄 명망가를 찾고 있었다. 그 후보가 아주대 김영래 교수였다. 2005년 12월 13일로 기억되는데, 김영래 교수에게 전화를 했고, 마침 그날 경기도 수원에서 열린 모임에서 직접 만나게 됐다. 차 한잔 하면서 나는 '좋은 정책 전국 네트워크'의 취지를 설명했고, 김영래 교수로부터는 일본의 매니페스토에 대한 얘기를 들었다. 그것이 계기가 돼 함께 매니페스토 운동을 해 나가기로 한 것이다."

학자인 김영래는 정치발전 차원에서 매니페스토를 한국에 도입하기 위해 오래 전부터 준비해오던 차였다. 2006년 지방선거를 앞두고 일본의 매니페스토 전문가를 초청해 국제학술회의를 여는 작업을 진행하고 있었다. 그의 입장에서는 '지방의제 21'을 포함한 시민단체들의 전국 네트워크를 갖고 있는 유문종은 좋은 파트너였을 것이다.

매니페스토의 개념은 이전에도 간간이 한국에 소개됐다. 일본이 2003년 일본 지방선거 및 중의원 선거에서 매니페스토형 선거를 도입, 새로운 선거바람을 일으켰다는 사실에 주목한 일부 인사들이 이를 소개하는 글도 썼다. 국회도서관 이현출 입법정보연구관은 2004년 일본의 사례를 중심으로 "매니페스토 국민에 대한 계약으로서의 선거공약"이란 논문을 발표하기도 했다(〈입법정보〉 제 141호).

그러나 한국에서 매니페스토의 개념을 대중적으로 본격 도입한 사람은 역시 김영래다. 그는 일본 게이오대학 방문교수로 일본에 머물던 2004년 12월 게이오〔慶應義塾, 통칭 '게이오'이지만 게이오대학은 언제나 '의숙'(義塾)이란 말까지 붙여 '게이오기주쿠' 대학으로 표기함〕대학 대학원 정책미디어연구과 교수인 소네 야스노리〔曾根泰教〕 등과 교분을 가지면서 매니페스토에 관심을 갖게 됐고 몇 차례 토론회도 했다고 한다(김영래 외, 《매니페스토와 지방선거》, 2006년).

김영래는 "매니페스토를 한국 선거에 도입하면 한국 정치문화를 변화시키는 데 기여할 수 있을 것"이라는 인식하에 2005년 8월 25일 일본에서는 매니페스토 지사로 알려져 있는 가나가와(일본 수도 도쿄와 인접한 인구 870만 명 규모의 현으로 한국으로치면 경기도와 비견된다) 현의 마쓰자와 시게후미〔松澤成文〕 지사를 면담, 서울에서 국제학술회의를 열겠다는 의사를 알리고 그를 기조연설자로 초청했다고 한다. 그 초청은 2006년 2월 3일의 '지방선거와 정치발전에 관한 국제학술회의'로 현실화됐다.

김영래와의 만남을 통해 유문종은 자신이 기왕에 관계해오던 '좋은 정책 전국 네트워크'의 활동을 매니페스토로 전환키로 했다. '좋은 정책'운동은 정책선거를 지향한다는 점에서 매니페스토와 통하는 면도 있었다. 김영래가 정치권과 학계, 언론계 등에 매니페스토 개념을 설파하고 동참을 촉구하는 역할을 했다면 유문종은 자신의 특장을 살려 전국 매니페스토 네트워크 구성에 힘을 쏟았다. 그리고 2월 1일 매니페스토추진본부가 출범했다.

매니페스토추진본부에는 '지방의제 21 전국협의회', '한국장애인단체총연합회', '열린사회시민연합', '볼런티어 21' 등의 시민단체가 참여했고, 김영래 외 10명이 공동대표를 맡았다. 매니페스토추진본부는 이후 한국의 매니페스토 운동을 실천적으로 이끌어가게 된다. 유문종은 매니페스토 운동의 초기 준비작업 실무를 진행하면서 중앙선관위와의 협력에도 눈을 돌렸고, 선관위의 서인덕과 접촉하기에 이르렀다.

유인덕은 서인덕에게 매니페스토추진본부 차원에서 구상한 '사업안'을 보냈다. 서인덕은 "유문종이 보내온 사업내용을 살펴보니 내가 생각했던 정책선거실천협약 등의 개념과 매우 유사했다. 한마디로 '끝내주는' 사업이었다. 유문종의 제안을 토대로 선관위 차원의 매니페스토 사업 추진 내부 검토자료를 만들어 상부에 보고했다. 나는 실무자로서 사업을 키울 생각에 넘쳐 있었다. 얼마 후 상부에서도 매니페스토 추진사업계획을 종합적인 측면에서 수립하라는 지시가 떨어졌다"고 말한다(2007년 12월 인터뷰).

매니페스토 사업 추진에는 돈이 들기 마련이다. 그러나 당시는 2007년 예산이 이미 확정된 시기였다. 선관위는 정부의 예산부처에 예비비를 요청해 관련예산을 충당하기로 했다. 선관위 관계자가 예산부처와 접촉, 매니페스토 활동의 취지를 설명한 결과 "지출할 수 있는 예산은 남아 있다. 매니페스토의 취지가 좋은 만큼 관련예산을 요청하면 긍정적으로 검토해보겠다"는 답을 들었다. 선관위는 2월 13일 예산부처에 매니페스토 정책선거 추진사업 관련 예비비로 16억 원을 요청했고, 3월 말 최종적으로는 11억 원을 배정받았다. 서인덕은

"예산이 확보됨으로써 선관위가 매니페스토 정책선거 추진 종합계획을 수립하고 시행하는 데 큰 동력을 얻게 됐다. 예비비가 없었다면 매니페스토도 빛을 보지 못했을 것"이라고 말한다.

매니페스토와 자금

선관위의 지원금은 초기 한국 매니페스토 운동에서 상당한 역할을 했다. 2006년 초 유문종이 서인덕에게 보낸 '활동예산 지원요청서'를 보면 초기 매니페스토 운동에서의 선관위 지원금이 어떤 역할을 했는지 짐작할 수 있다.

유문종은 '책임지는 정책선거 정착을 위한 한국형 매니페스토 운동의 개발과 확산을 위한 대국민 홍보사업 및 지역네트워크 구성 지원'을 목적으로 2006년 한 해 동안 '16개 광역시도 매니페스토 협약식 지원, 지역순회 토론회 및 주민강연개최, 5·31 우수정책공약 사례 발굴 및 확산활동' 등에 들어갈 비용으로 총 6억 천만 원의 지원을 요청했다.

선관위와 매니페스토추진본부가 공동 추진할 사업과 선관위가 지원은 하되 매니페스토추진본부가 독자 추진할 사업으로 구분된 지원요청 예산의 주요 항목은 다음과 같다. 공동추진사업으로 '한국형 매니페스토 정착과 확산을 위한 국민대토론회'의 행사진행비 2천만 원, 주요 정당과의 한국형 매니페스토 운동 협약식을 위한 홍보비 및 진행비 3천만 원, 지역순회토론회(16개 광역시도별) 1억 6천만 원, 한국형 매니페스토 홍보영상물 및 홍보 팜플렛 제작비 1억 3천만 원, 한국형 매니페스토 평가지표개발 사업비 5천만 원, 지방선거후보자 공약평가 및 우수공약 선정사업 1억 원 등 6항목이다.

독자추진사업으로 '좋은 정책 개발 및 제공사업'을 위한 전문가워크숍 등 2천만 원, 한국형 매니페스토 지역강연회 및 주민설명회비 2천만 원, 지역추진본부 지원활동비 3천만 원, 추진본부 홈페이지 구축 및 운영 5천만 원 등 4항목이다.

요청 예산이 다 지원된 것은 아니다. 선관위로서도 매니페스토추진본부의 활동 전부를 보조해주는 것은 곤란한 일이었을 뿐 아니라 시민단체의 '자유분방한' 특성을 고려할 때 일정부분 제어할 필요가 있었다는 것이 서인덕의 설명이다. 또, 선거의 공정한 진행을 담보해야 할 선관위의 입장에서는 지원하고 싶어도 할 수 없는 부분이 있었다. 예를 들면, 후보자의 공약평가나 우수공약 선정작업은 선관위로서는 관여하기가 힘든 분야였다는 것이다.

조정결과 최종적으로 매니페스토추진본부에 1억 3천만 원의 예산이 직간접으로 지원됐으며, 이 중 반납된 금액이 일부 있어서 최종적으로는 1억 7백만 원이 지원됐다고 서인덕은 설명했다. 한국형 매니페스토 국민대토론회(요구액 2천만 원)와 매니페스토 협약식(요구액 3천만 원)은 매니페스토추진본부가 참여하되 선관위가 주관하는 것으로 해서 선관위가 자체적으로 예산을 지출했다. 지역순회 토론회는 중앙 예산지원 없이 각 지역단위의 선관위와 매니페스토추진본부가 현지 차원에서 협조해 개최하는 방향으로 했다. 매니페스토 홍보물은 선관위가 전담했다.

한국형 매니페스토 평가지표 개발사업(요구액 5천만 원)은 선관위가 간접 지원하는 방식을 택했다고 한다. 당시 매니페스토에 관계하고 있던 한국정책학회와 한국지방자치학회가 매니페스토추진본부와 함께 각각 스마트(SMART), 셀프(SELF) 등의 매니페스토 평가지표를 '개발'하는 데 따른 비용을 선관위가 지원하는 방식이었다. 이 중 스마트 지표는 영국에서 개발돼 있던 것으로, 이를 한국적 현실에 도입한 것이었다.

지방선거 후보자 공약평가 및 우수공약 선정사업(요구액 1억 원)은 지원하지 않는 것으로 결론났다. 서인덕은 "공약을 평가하고 우수공약을 선정하는 것은 어떤 의미에서는 선거에 개입하는 결과가 될 수도 있는 것이었다. 민간부문에서 자체적으로 하는 것은 몰라도 선거의 중립적 관리자인 선관위가 주도하거나 지원할 수 있는 일은 아니었다"고 말했다. 그러나 후보자 공약평가 및 우수공약 선정사업도 사실은 공약평가지표 개발과 연결되는 사업이다. 공약평가지표를 개발한 측이 평가도 담당하는 게 자연스런 흐름이기 때문이다. 선관위가 '공약평가지표 개발'을 지원했으니 공약평가사업에 대해서도 간접적인 지원이 이뤄졌다고 볼 수 있다는 것이 서인덕의 견해다.

매니페스토추진본부가 독자 추진하겠다는 사업 중 '한국형 매니페스토' 지역강연회 및 주민설명회(요구액 2천만 원)'는 '매니페스토 아카데미'로 이름을 바꿔 선관위의 예산지원이 이뤄졌다. 이 사업은 지역순회 토론회(요구액 16개 시도별 천만 원씩 1억 6천만 원)의 개념도 포함하는 것으로 해 7천만 원을 지원했는데, 단위사업으로는 지원액수가 가장 컸다. '매니페스토 아카데미'는 매니페스토추진본부가 독자 진행하는 형태였지만 각 지역의 선관위 사무실을 이용하는 등 지방선관위 차원에서도 보이지 않는 협력과 지원이 있었다.

매니페스토추진본부는 지방선거 당시 선관위의 후원으로 매니페스토 아카데미를 전국 6개 권역에서 개최해 지방선거 출마 후보자 및 정당관계자들에게 교육을 실시했다. 교육내용과 강사는 지역에 따라 다소의 차이가 있다고 한다. 2006년 4월 28일 강원도 매니페스토추진본부가 강원도 선관위 등의 후원을 얻어 도 선관위 대회의실에서 연 강원지역 매니페스토 아카데미의 사례를 보자. 인터넷에 게시된 안내문에 따르면 이 아카데미는 오후 2시부터 2시간 30분에 걸쳐 '매니페스토란 무엇인가'와 '매니페스토 작성 및 활용방법'의 2과목 강의를 하고 참가자들에게 수료증을 주는 내용이었다. 참가희망자는 교재비 명목으로 5만 원을 내도록 돼 있다. 매니페스토추진본부는 현장에서 참가자들에게 매니페스토 조끼를 판매하기도 하는 등 다양한 홍보활동을 펼쳤다.

좋은 정책개발 및 제공사업(요구액 2천만 원)과 각 지방단위의의 매니페스토추진본부 활동비(요구액 3천만 원)는 지원하지 않는 것으로 했다. 단, '좋은 정책 개발'은 선관위가 전문가 등의 도움을 받아 '좋은 정책의제'라는 책을 만들어 3천 부를 배부했다는 점에서 일부 취지가 실현됐다고 할 수 있다. 이밖에 각 지역의 매니페스토 추진네트워크에 대해서는 각급 지역선관위가 자체적으로 직·간접적인 지원을 해주는 등 눈에 보이지 않는 지원이 있었다고 서인덕은 설명했다. 매니페스토추진본부 홈페이지 구축 및 운영비(요구액 5천만 원)는 지원되지 않았다. 서인덕은 "독자적인 민간단체로서 홈페이지 구축 정도는 자체적으로 조달하는 게 바람직하다고 봤다"고 말했다.

중앙선관위는 대통령선거의 해인 2007년에는 매니페스토 관련 예산으로 2006년의 2배 정도인 20억 3천만 원을 확보했다. 매니페스토추진본부의 후신인 매니페스토실천본부에는 2억 2천만 원을 지원했다(서인덕, 2008년 1월 인터뷰). 지원사업은 주로 매니페스토의 확산을 위한 용도라고 한다. '1219(대통령선거일) 범국민 매니페스토 실천대회', '대한민국의 민주주의 미래는 우리의 손으로(초등학생 대상 매니페스토 교육 및 공모전)', '대선 매니페스토 기본요건 및 작성양식 전달식' 등이 그 대표적 지원사업이다.

2007년에는 매니페스토실천본부 외에 학계와 연구소에도 상당한 지원금이 나갔다. 한국정책학회가 정책공약 비교분석 모형을 개발하고, 이 모형에 따라 비교분석 작업을 하는 사업에 1억 4천만 원이 지원됐다. 2007년 6월 8일 내나라연구소(소장 김형래) 등이 공동 주최한 '매니페스토와 정책선거 발전방안' 국제학술회의에 천 7백만 원이 지원됐다. 서강대학 현대정치연구소와 단국대학 사회과학연구소에도 총 3천 8백만 원의 지원금이 나갔다. 한 인터넷언론사가 주축이 돼 벌인 공약은행운동에도 3천만 원이 지원됐다.

선관위는 국회의원 총선거가 실시되는 2008년에는 19억 원 정도의 매니페스토 관련 예산을 확보했다. 이 중 대략 3억 원 정도를 민간에 지원할 계획이라고 한다.

중앙선관위와 매니페스토추진본부의 협업

매니페스토추진본부는 출범 때부터 지역네트워크를 만들었다. 2006년 5월 20일 현재 전국에 총 384단체가 이 운동에 동참했는데, 광역자치단체 차원에서는 12개, 기초자치단체 차원에서 20개 네트워크가 결성됐다(김욱, '매니페스토와 정책선거 발전방안' 국제학술회의 발표문, 2007년 6월 8일). 말하자면 매니페스토추진본부에는 자유롭게 움직일 수 있는 손발이 있었던 것이다.

김영래는 "2006년 2월 1일 매니페스토추진본부가 출범한 이후 정치권, 언론계, 학계, 일반시민들이 보여준 관심과 격려는 예상 이상으로 뜨거웠다"며 그 '뜨거운 반응'의 배경으로 ① 시민의 정치개혁에 대한 열망, ② 지방정치 발전을 위한 요망, ③ 시민운동에 대한 새로운 방향모색의 세 가지 요소를 들었다(김영래 외, 《매니페스토와 지방선거》, 2006년). 특히 시민운동과 관련해 김영래는 "2000년 4월 총선시민연대에 의해 전개된 낙천낙선운동은 세계 시민사회의 지형을 변화시킬 정도로 대단한 영향력을 발휘했고 당시의 시대적 상황이 이를 정당화시켜 주었다. 그러나 시대적 상황의 변화에 따라 선거 때 새로운 시민운동의 활동 브랜드로 제시된 것이 매니페스토 운동"이라고 설명하고 있다. 요컨대, 매니페스토는 한국에 도입될 초기부터 시민운동의 새로운 '브랜드'로서의 성격을 갖고 있었다는 얘기다.

매니페스토실천본부에 참여한 주축 시민단체는 낙천낙선운동 등 '정치색'이 짙은 그런 시민운동과는 이전부터 거리가 있었다고 한다. 지방의제 21만 해도 정부와 시민의 협치(協治, 거버넌스)라는 차원에서 지속가능한 지역정책을 만들어 지방자치단체 등에 제시하고 실천을 요청하는 활동을 주로 해왔다는 것이 유문종의 설명이다. 그는 "지방의제 21은 이전부터 (낙천낙선 등) 네거티브 시민운동의 한계를 지적하면서 (정책제시 등) 포지티브 운동으로의 전환을 촉구하는 입장에 있었다"고 말했다.

하지만 시민운동에 대해서는 일반적으로 그 '정치성 과잉'을 우려하는 시각이 분명히 있었던 것도 사실이다. 2000년 4월 총선 때 낙천낙선운동이 세계 '시민사회의 지형을 변화시킬 정도의 영향력을 발휘했다'고 하나 사실 거기에는 많은 문제가 있었다. 우선 당시 낙천낙선운동은 선거법을 위반한 행동이었다. 낙천낙선운동의 대상자는 야당인 한나라당에 치우쳐 있었고, 그 결과 당시 여당인 새천년민주당에 유리한 운동이 됐다는 지적도 나왔다. 한나라당에 도덕적 결함을 가진 후보자가 많았기 때문이라고 하지만 '도덕적 결함'의 객관적 기준을 도출하기란 쉽지 않은 면이 있다.

2004년 4월 총선 때 한국의 많은 시민단체는 노무현 대통령 탄핵반대를 내세워 당시 탄핵을 주도했던 야당인 한나라당을 반대하는 운동을 했다. 대통령 탄핵의 정당성을 놓고는 지금도 논의가 갈리지만 국회가 법 절차에 따라 대통령 탄핵안을 통과시킨 것을 놓고 이를 '역적' 취급하는 듯이 반대운동을 전개하는 것은 절차의 정당성을 기본으로 하는 민주주의를 위해서도 옳지 않은 일이었다는 지적이 당시에도 있었고 지금도 있다. 당시 자주 등장했던 구호 중에는 "감히 우리의 대통령을 탄핵하다니"라는 말이 있었는데, 이야말로 봉건시대적인 발상 아니냐는 비판인 것이다.

한국의 시민단체는 전통적으로 정치지향성이 강했다. 권위주의 정권 시절에는 그 자체가 민주화의 상징이었고 민주화 세력이 중심이 된 정당을 지원해 왔다. 1997년 대통령선거를 통해 김대중 전 대통령이 정권을 장악한 이후 그 '민주화 세력 중심의 정당'이 여당이 됐다.

이후에도 시민단체들은 여전히 민주화를 주요 가치로 내걸었고 그러다 보니 일부 시민단체는 여당, 즉 권력을 지원하게 되는 양상이 전개됐다. 일부 시민단체는 노무현 정부 출범에 기여했다고 자부하기도 했다. 이 때문에 한나라당은 시민단체에 대해 불신감을 공개적으로 드러내곤 했다.

매니페스토추진본부도 시민단체인 이상 일부 의혹의 시선을 받을 수도 있었을 것이다. 그러나 2006년 매니페스토추진본부는 중앙선관위와 '협업'하면서 운동을 전개함으로써 여야 사이에 균형을 이루며 매니페스토를 안착시킬 수 있었다. 그렇지만 그 과정이 마냥 순조롭지만은 않았다고 한다. 선관위는 선관위대로 시민단체로서의 매니페스토추진본부와의 협력 수위 조절문제로 고민이 없지 않았다는 것이다.

선관위에서 매니페스토 실무를 주도한 서인덕은 2006년 3월 16일 여야 정당의 대표들이 참가한 가운데 개최한 '매니페스토 협약식' 준비과정에서 시민단체, 즉 매니페스토추진본부와의 사이에 다음과 같은 일이 있었다고 술회했다.

> "시민단체 사람들은 자기들이 헤게모니를 쥐고 싶다는 강력한 의지를 피력해 왔다. 선관위가 주도하는 형국으로 가면 운동의 실패와 시민단체 영역의 축소를 초래한다는 것이 그 이유였다. 하지만 내 생각은 달랐다. 협약식은 선거사상 처음으로 중앙당 대표가 참석한 가운데 거행하는 것으로, 매니페스토를 만들고 실천하는 주체인 정당의 당사자들이 참석하는 것이 전제가 돼야 한다는 점에 유의했다. 시민단체가 너무 과도하게 나가는 것은 실무팀장 선에서 막아보고 싶었다. 그래서 기획부터 모든 것을 선관위 정책팀에서 주관했다. 여기에 전략적 묘미가 있었다. 시민단체에 끌려갔다면 매니페스토 운동은 소기의 성과를 거둘 수 없었을 것이다. 사실 시민단체도 자기 나름대로 정당에 접근해본 뒤 모든 정당을 선선히 매니페스토의 장으로 끌고 오기가 쉽지 않다는 점을 알고 있었다. 매니페스토추진본부의 유문종 공동집행위원장도 우리의 권유를 지혜롭게 수용해 줬다."

2006년 지방선거 매니페스토 운동을 시민단체(민간)가 독자적으로 하지 않고 선관위도 적극적인 당사자로 참여한 것이 과연 바람직했던 것이냐에 대해서는 양론이 있을 수 있다. 하지만 중앙선관위가 운동의 확산에 기여한 부분은 확실히 있다. 그것은 꼭 예산지원을 했다는 사실 때문만은 아니다. '선거의 공정관리를 담당하는 헌법기관'이라는 선관위의 권위가 있었기에 언론과 여론도 매니페스토 운동을 공신력 있게 받아들일 수 있었다. 여야 정당도 선관위의 주도에 대해 일부 불만을 표시하긴 했지만, 선관위 주최 매니페스토 관련 회의에 꼬박 참석하는 등 협조했다.

우여곡절 끝에 2006년 3월 16일 국회의원회관 대회의실에서 열린 매니페스토 정책선거 협약식에는 주관자인 중앙선관위 손지열 위원장 외에 당시 열린우리당 정동영 당의장, 한나라당 박근혜 대표, 민주당 한화갑 대표, 민주노동당 문성현 대표, 국민중심당 신국환 공동대표 등 정당대표 전원이 참석해 협약증서를 교환했다. 매니페스토 추진본부에서는 김영래 공동대표가 참석했다.

선관위는 당시 정당대표의 참석을 끌어내기 위해 정당 전담반까지 가동해 전력을 기울였다고 한다. 서인덕은 다음과 같이 설명했다.

> "중앙선관위 K단장이 한나라당을 담당했고, 열린우리당은 당연히 나올 것이지만 M국장이 담당했다. 문제는 한나라당이 우리의 행사취지에 동의하고 참석할 것인지가 제일 관심사였다. 최초 한나라당에서는 '대표 참석은 불투명하다. 정책위원장이 참석하면 되는 것 아닌가'라는 반응이었지만 최종적으로 박 대표 참석을 결정했다. 그렇다면 다 된 것이었다. 곧바로 열린우리당 등에 통보했고 순조롭게 일이 풀렸다."

당시 한나라당 대표가 협약식에 불참했으면 매니페스토 운동은 절름발이가 됐을 것이다. 한나라당 대표의 참석을 끌어내는 것은 시민단체의 힘으로는 불가능했을지도 모른다는 것이 선관위의 인식이다.

선관위가 매니페스토 추진 초기단계에서 주안점을 둔 것 중의 하나는 언론의 참여를 이끌어 내는 것이었다. 언론이 적극적으로 매니페스토를 보도하지 않으면 매니페스토 운동의 활성화는 기대할 수 없는 상황이었다.

선관위는 2006년 2월 23일 한국형 매니페스토 확산방안 모색을 위한 국민대토론회를 개최했다. 이것이 선관위가 매니페스토 추진에 공식적으로 직접 뛰어든 된 최초의 장이었다. 서인덕은 "국민대토론회가 압권이었다. 청중도 많았지만 여야 5당의 정책위의장이 참여했는데, 그런 토론회는 여태껏 없었다. 거기에다 KBS가 녹화방송을 약속했고, 그 밖에 SBS와 〈조선일보〉, 〈중앙일보〉, 〈동아일보〉의 3개 메이저 언론사를 후원사로 섭외했다"고 술회했다.

참석했던 5당 정책위의장 중 열린우리당과 한나라당을 포함한 4당 정책위의장이 매니페스토 운동에 동참하겠다고 답변했다. 즉답을 하지 않은 정당도 취지 자체를 반대하는 것이 아니라 "군소정당의 입장에서는 큰 정당처럼 매니페스토를 조직적으로 추진하기가 어렵다"는 정도의 얘기였다.

서인덕은 "현장에서 각 정당이 매니페스토 운동에 동참하겠다고 답변했던 것은 주요 언론사 간부급 기자들이 국민대토론회에 참가하는 등 언론사들이 매니페스토에 큰 관심을 보인 것이 압박으로 작용했기 때문에 가능했다"고 술회한다.

2월 1일 매니페스토추진본부의 발족에 맞춰 대대적인 기획기사를 통해 매니페스토 캠페인을 선언한 〈중앙일보〉가 가장 적극적이었다. 2월 20일에는 〈동아일보〉가 16개 시도지사 후보의 매니페스토 사전평가를 실시하겠다고 선언했고, 4월 들어 〈조선일보〉도 매니페스토 사전평가를 실시하는 등 이른바 주요 3개 신문이 매니페스토를 기획특집으로 다루며 크게 보도했다.

〈동아일보〉와 매니페스토의 만남

2006년 지방선거 당시 〈동아일보〉는 선관위나 매니페스토추진본부와는 전혀 별개의 차원에서 매니페스토 기획을 꾸렸고, 주요 신문 중에서는 가장 많은 지면을 할애해 매니페스토를 보도했다. 필자는 2006년 지방선거 당시 〈동아일보〉의 매니페스토 관련 기획 주무를 맡았던 당사자로서 체험하고 느꼈던 사항을 중심으로 〈동아일보〉와 매니페스토의 접점, 그리고 〈동아일보〉가 왜 그토록 '열심히' 매니페스토 보도를 하게 됐는지 그 배경에 대해 기술해 보고자 한다.

필자에게 처음으로 매니페스토에 대해 상세한 얘기를 들려준 고교 후배 이홍천과의 만남은 정말이지 우연하게 이뤄졌다. 이홍천은 일본 게이오대학 박사과정에 다닌다. 고교 후배라지만 필자와는 별 교류가 없었다. 2006년 2월 4일 동아일보사에 찾아온 것도 필자를 만나기 위한 것이 아니었다. 이전에 게이오대학에서 연수한 경험이 있는 국제부의 다른 기자를 만나러 왔다가 덤으로 필자를 만난 것에 불과했다.

아니, 이홍천이 당시 한국에 온 것 자체가 〈동아일보〉나 필자와는 아무 관계 없었다. 2월 3일 아주대학 사회과학연구소와 한국정당학회 주최로 열린 '지방선거와 정치발전에 관한 국제학술회의'에 참석하러 방한한 소네 야스노리 교수와 함께 온 길에 '시간이 남아서' 잠시 〈동아일보〉에 들린 것이다. 소네는 2003년부터 시작된 일본의 매니페스토를 이끌고 있는 '리더' 중의 한 명으로, 이 학술회의에서 일본의 매니페스토 상황을 소개했다. 말하자면 소네는 일본인으로서는 최초로 매니페스토 개념을 한국에 공식 소개한 사람이다.

동아일보사 13층 편집국 흡연실에서 자동판매기의 커피를 마시며 매니페스토 얘기를 주고받으며 필자는 쉽게 이홍천과 의기투합할 수 있었다. 물론 그것은 매니페스토와 관련한 기획보도를 하는 게 좋겠다는 방향이었다.

필자는 매니페스토 보도를 제대로 이끌기 위해서는 사전평가와 점수화가 필요하다고 판단했다. 선관위와 매니페스토추진본부가 추진하는 행사를 따라가며 운동을 보급하는 캠페인성 보도를 하는 것만으로는 한계가 있다고 본 것이다. 더욱이 그런 보도는 이미 〈중앙일보〉가 선점하고 있었다. 다른 형태의 보도방안을 강구하지 않으면 안 되는 상황이었다.

후보들이 제시한 매니페스토를 선거 전에 평가, 어떤 형태로든 점수를 매겨서 공개하면 충분히 가독성이 있겠다는 생각이 들었다. 누가 잘하고 못하고 '점수'로서 등급을 매긴다는 것은 언제든지 사람의 관심을 끌기 마련이다. 즉, 후보들의 정책공약을 평면적으로 나열하는 것보다는 가독성 있게 된다는 것이다.

이렇게 말하면 '센세이셔널'이라고 비판할지 모르겠다. 그러나 신문으로서는 정보를 전달하는 것도 중요하지만 독자에게 읽히게 만드는 것도 중요하다. 읽히게 가공하는 것은 신문의 중요한 업무 중의 하나이기도 하다.

당시 이진녕 정치부장의 재가를 얻어 매니페스토 기획을 추진해 가기로 하고 정치부 내에 전담 팀을 꾸렸다. 정책과 기획 기사를 강조하던 편집국장도 취지를 십분 이해해줬다. 가장 중요한 것은 객관적이고 공평하게 점수를 매길 방안을 찾는 것이었다. 우선 객관적인 기관의 협력을 얻어 평가작업을 수행하는 게 가장 시급하다고 판단했다. 평가작업을 위한 전문가 싱크탱크가 필요했다.

이미 2006년 2월 1일 매니페스토추진본부가 발족돼 5월 31일 전국동시지방선거 때 출마할 후보자와 정당을 상대로 매니페스토를 제시하도록 캠페인을 벌이고, 그 매니페스토가 제대로 된 것인지 평가하는 작업까지 한다고 예고하고 있었다.

매니페스토추진본부에는 이른바 '시민단체' 관계자들이 상당수 있었다. 시민단체가 매니페스토 보급에는 활발한 역할을 하겠지만, 그들이 매니페스토를 평가까지 할 경우 문제가 있을 수도 있다는 것이 필자의 판단이었다. 평가는 운동주체들보다는 학술적이고 객관적인 기관이 맡도록 하는 게 좋겠다고 생각했다. 매니페스토라는 게 선거에 앞서 구체적인 수치목표를 제시하고, 이에 대해 이행평가를 받으며, 그 평가결과를 다음 선거 때 반영하는 사이클을 의미하는 만큼 2006년 지방선거 때의 1회성 사전평가로 그칠 게 아니라 사후 이행평가까지 담당할 수 있는 항구적인 연구기관이 필요했다.

마침 국회 출연 재단법인이자 독자적 연구기관인 한국의회발전연구회(당시 이사장 오연천 서울대 행정대학원 교수, 이하 의발연)가 〈동아일보〉가 벌이는 매니페스토 평가작업을 주관해 주겠다고 나섰다. 이홍천이 중간에 소개해 준 결과 소네 교수가 이끄는 일본 게이오대학 매니페스토 연구회도 후원해주기로 했다.

그렇게 해서 〈동아일보〉의 매니페스토 평가작업이 시작됐다. 의발연은 매니페스토 평가를 위해 서울대 박찬욱 교수를 팀장으로 별도의 팀을 구성했다. 이 팀에는 경희대 임성호 교수(간사), 동국대 한진수 경영대학장, 건국대 곽진영 교수, 서울대 이석원, 정광호 교수, 이현출 국회도서관 입법정보연구관이 연구위원으로 참여했다. 〈동아일보〉에서는 필자를 비롯, 당시 정당팀의 김정훈 현장팀장과 기자들이 동참해 아이디어를 내고 기사쓰는 일을 했다.

의발연과의 준비모임을 통해 5·31 지방선거일 이전에 전국 16개 시도지사 후보가 발표하는 매니페스토 평가작업을 실시해 보도하기로 협약을 맺고 이를 2월 20일자 〈동아일보〉 지면에 사고로 게재했다. 의발연이 후보자들의 매니페스토를 사전에 검증할 수 있는 지표를 개발해 평가작업까지 맡고 〈동아일보〉는 후보자들로부터 매니페스토를 받아 의발연에 제공하며 평가결과가 나오면 이를 기사화하는 것을 책임지는 방식으로 역할분담을 했다.

〈동아일보〉는 처음부터 16개 시도지사선거 후보자만을 대상으로 한 매니페스토 사전평가 보도를 '고집'했다. 여기에는 나름대로 이유가 있었다.

당시 매니페스토는 중앙선관위와 매니페스토실천본부라는 시민단체가 두 축을 이뤄 전개하는 양상을 보이고 있었다. 도입 초기이다 보니까 불가피한 일이겠지만 양자가 추진하는 매니페스토는 그 보급과 홍보에 중점이 두어졌다. 가급적이면 전 후보자를 대상으로 매니페스토를 작성하도록 유도하고 권장하는 방향으로 나가고 있었다. 조그만 군의 지방의원에게도 매니페스토를 쓰라는 식이었다. 물론 그런 운동도 필요하다.

하지만 매니페스토가 도입된 지 얼마 안 된 상황에서 모든 후보자가 매니페스토를 작성한다는 것은 기대하기 어려운 일이다. 더구나 매니페스토를 제대로 쓸려면 상당한 정책공부가 필요하다. 경우에 따라선 용역 등을 위해 돈을 지출해야 하는 상황도 있을 수 있다. 돈이 없는 후보자, 자신의 자치단체 살림에 대해 정보가 부족한 후보자는 매니페스토를 준비하는 것 자체가 부담이 될 것이다. 하지만 매니페스토를 쓰지 않은 후보라고 해서 반드시 나쁜 후보라고는 할 수 없는 것 아닌가. 또 한국적 상황에서는 나중에야 어떻게 되든 그럴듯한 재원과 수치목표를 제시한, 포장뿐인 매니페스토를 만들고 보자는 심리가 작동할 가능성도 충분히 고려할 필요가 있었다.

〈동아일보〉는 내부 논의를 통해 도입된 지 얼마 안돼 개념도 낯선 매니페스토를 성급하게 확대하는 것은 의외의 부작용을 낳을 수 있다는 결론에 이르렀다. 그 결과 16개 시도지사선거 후보자만을 대상으로 매니페스토 평가를 하기로 했고 이를 2월 20일자 사고를 통해 알렸다. 시도지사 선거에 출마할 정도의 인사라면 매니페스토를 작성할 최소한의 정책능력은 갖고 있다고 본 것이다. 초기단계의 매니페스토를 무리하게 확대보급하는 데만 치중하면 문제가 생길 수도 있는 만큼 일정한 한계선을 설정하자는 의도도 포함돼 있었다.

대신에 16개 시도지사 후보자에 대해서는 포장만 매니페스토가 아닌, 제대로 된 매니페스토를 작성하도록 지속적으로 요구해가는 작업이 필요하다고 봤다. 그렇게 할 수 있는 방안으로 자연스럽게 '사전평가'가 필요하다는 공감대가 모아진 것이다. 그리고 편집국장의 지면배정을 받아 5월 1일부터 16개 시도지사 선거별로 주요 후보자의 매니페스토 사전평가를 매번 1개면씩 할애해 보도하는 기획이 현실화될 수 있었다.

2. 철학이 있는 매니페스토

김문수 (경기도지사)

'영어마을'은 경기도가 가장 먼저 시작했다. 통상의 외국 마을 같은 세트를 꾸며놓고 영어를 모국어로 말하는 원어민을 배치, 학생들을 며칠씩 입소시켜 일상생활 속에서 영어를 접할 수 있도록 한다는 취지다. 경기도가 시작한 그 영어마을이 대성공을 거뒀다고 해서 서울 등 여타 지방자치단체도 잇따라 영어마을을 만들었고, 만들고 있다.

경기도는 물론 한국을 통틀어 최대, 최고로 꼽히는 파주 영어마을 최순식 사무총장은 2007년 3월 13일 〈조선일보〉와의 인터뷰에서 "일본에서도 중학생 50명이 4박 5일 동안 파주 영어마을에 체재하며 교육받기로 하는 등 이젠 외국에서도 영어 배우러 한국에 오고 있다"고 말했다. 실제 일본에서도 영어교육에 관심을 갖고 있는 사람들은 영어마을 얘기를 많이 한다. 필자도 상당수 일본인들에게 영어마을에 대해 질문받은 적이 있다.

그러나 외국에서 영어마을에 관심을 보인다는 사실이 영어마을의 학습효과를 증명하는 것은 아니다. 파주 영어마을 사무총장은 이 영어마을이 애초 수익성보다는 공교육을 보강하기 위해 시작된 것이라고 말한다. 공교육 보강을 내세운다면 영어마을의 학습효과에 대한 사전 검증작업을 통해 효과가 있다는 결론이 나온 뒤 예산을 투입하는 것이 올바른 순서일 것이다. 그러나 영어마을이 영어학습에 실제적으로 얼마나 도움이 되는지 검증해봤다는 얘기는 별로 듣지 못했다. 외국에서 영어마을에 관심을 보이면서도 만들지 않는 것은 학습 효과에 대한 확실한 검증이 없기 때문 아닐까.

필자는 개인적으로 이런 식의 영어마을이 과연 학생들의 영어학습에 무슨 도움이 될까 의문을 품어왔다. 설혹 약간의 도움이 된다고 해도 과연 그렇게 엄청난 세금을 써가면서까지 할 일인가. 필자의 경험으로 봐도 영어라는 것이 중고등학교, 대학교 10년 이상을 해도 제대로 말을 못하는 상황인데, 며칠간 체험했다고 뭐가 달라진단 말인가. 물론 며칠이라도 체험하고 나면 약간의 자신감을 가질 수도 있을 것이요, 유쾌한 추억으로 남을 수도 있을 것이다. 체험자들은 반응이 좋겠지만 그렇다고 해서 진정으로 영어학습에 도움이 된다고 단언할 수는 없는 것 아닌가.

2006년 5·31 지방선거에서 처음 당선된 김문수 경기지사가 경기도 영어마을에 대해 경영평가를 실시한다고 하고, 2007년 들어서는 적자투성이 영어마을을 흑자로 전환시키라고 지시했다는 보도를 봤다. 아주 잘한 일이라고 생각했다. 그리고 영어마을에 관한 자료를 들춰봤다. 2006년 현재 경기도가 영어마을을 만드는 데 들인 시설비만 천 7백억 원이고, 매년 운영비 적자가 330억 원 이상이었다고 한다. 도내 영어마을의 재정자립도가 10%에 불과했다고 한다. 막대한 예산이다. 파주 영어마을의 경우 850억 원을 투입, 8만 4천 평의 부지에 영국풍 건물 40여 동을 지어 2006년 4월 초 개장한 것이다.

김문수 지사는 2006년 12월 23일 한국표준협회가 주관한 최고경영자 특강에서 이렇게 말했다.

> "경기도에서 하는 것 중에서 제일 잘 알려진 것이 영어마을이다. 그런데 영어마을은 순 적자가 330억 원이다. 서울시 영어마을은 적자가 10억 원에 불과하다. 왜 경기도는 적자가 많으냐 하면 세계제일의 영어마을을 만들어서 시설이 방대하고, 인력이 많이 소요된다. 이것을 민간 위탁하려고 했더니 민

간 위탁하면 공공성이 없어져서 되겠느냐는 비판이 나온다. 하지만 공공성이 뭐냐. 경기도 영어마을에는 경기도 소재 중학교의 18%만 입소할 수 있다. 나머지 학교는 수혜를 못 받는데, 이게 공공성이냐. 공공성을 따지면 사람의 목숨을 구하는 것이 최우선일 것이다. 경기도 양주에는 소방서가 없다. 지난달에 양주시의 한 아파트에서 화재가 났는데, 소방파출소가 출동했지만 고가사다리차와 에어매트가 없어 7층에서 뛰어내린 4명 중 3명이 숨졌다. 나는 사람의 목숨을 구하는, 이와 같은 필수행정을 하는 데 모든 힘을 집중할 것이다. 필수 기본행정은 안 하고, 축제하고 행사하는 데 돈을 쓰는 것이 문제다.”

백 번 옳은 말이다. 한국의 지방자치단체장들의 고질적인 병폐가 바로 축제하고 행사하는 전시행정에 엄청난 돈을 쓰는 것 아닌가. 소방서를 확충하고 홍수로 무너진 하천을 복구하며 관청의 대민서비스를 개선하는 등의 기본행정은 별로 표가 나지 않는다. 그렇기 때문에 많은 단체장들이 당장 이름내기 좋은 곳에 돈을 쓰는 전시행정의 유혹을 받는다. 영어마을도 전시행정의 한 표본이라는 것이 김문수의 지적이었다.

물론 영어마을을 전시행정이라고 단언할 수는 없을지 모른다. 그러나 효과에 비해 비용이 지나치게 많이 들어가는 것 아니냐는 의문제기는 당연히 해야 한다. 영어마을을 관할하는 지방자치단체장이라면 더더욱 그렇다. 평판이 좋다고 해서 다 옳은 일이라고 할 수는 없는 것이니 말이다. 문제는 선거를 의식하는 직선제 자치단체장의 입장에서는 평판이 좋은 일을 건드리기가 쉽지는 않다는 점이다. 일반 사람들은 드러난 평판은 알지만 예산을 얼마나 쓰는지, 그 예산이 실은 자기들이 부담한 세금이라든지 하는 이면의 진실은 잘 모르기 때문이다.

선거 때 그런 문제를 제기하고 나서기는 더욱 어렵다. 물론, 평판이 좋은 일이라도 문제를 제기할 것은 제기하고 욕을 먹더라도 할 것은 한다고 공개적으로 밝히고 그에 대해 유권자의 냉정한 판단을 구하는 것이 좋다. 매니페스토라는 것이 선거 때 그렇게 당당하고 구체적으로 자신의 정책을 밝히라는 운동이기도 하다. 예를 들어, 도지사 후보자가 지사에 당선됐을 때를 상정, 구체적인 재정계획 등을 명기해 정책을 만들다 보면 빠듯한 재원 속에서 어느 것부터 우선 실시하는 것이 좋은지 판단할 수 있게 되고, 그러다 보면 막무가내 선심공약은 하지 않을 것이라는 전제가 매니페스토에는 깔려 있는 것이다.

김문수는 그러나 2006년 5월 31일 지사선거 때 발표한 매니페스토에서 영어마을을 언급하지 않았다. 문제를 몰라서 그런 것은 아니라고 한다. 경기도 영어마을에 대해서는 그 이전부터 교육부총리가 '저런 식으로 방만한 예산을 투입해서 영어마을을 운영하는 것은 오래 지속될 수 없다'고 지적하는 등 비판론이 제기됐었다고 한다. 김문수도 줄곧 비슷한 생각을 하고 있었다는 것이다. 그래서 선거 때 영어마을 문제를 제기하는 것을 검토도 해봤다고 한다. 그러나 결국은 포기했다. 평판이 무서워서 그런 것은 아니었다. 근거를 대고 설득하면 영어마을 문제를 건드리는 게 오히려 선거에 도움되면 됐지 손해는 아니라는 생각도 있었다고 한다.

영어마을은 김문수의 전임자인 손학규 전 경기도지사의 대표적 작품이다. 2007년 대통령선거 레이스에 뛰어들었던 손학규는 한나라당 내에서의 상황이 여의치 않자 2007년 3월 탈당했다. 이후 대통합민주신당에 합류, 후보경선에 참가하기도 했고 대선 뒤엔 대통합민주신당의 대표를 맡았다. 하지만 2006년 지방선거 당시는 엄연히 한나라당 소속의 현직 지사다. 그 후임자로 나서는 사람이 같은 당 소속 선배의 치적을 공개적으로 비판할 경우 이런저런 오해와 파문이 생길 수 있다는 점을 의식하지 않을 수 없었다고 한다.

지사에 당선돼 2006년 하반기 영어마을 운영개선에 착수했을 때도 마찬가지 고민이 있었다. 가까운 지인들도 '정치적으로 득이 될 게 없으니 영어마을은 건드리지 말라'고 충고하는 사람들이 대부분이었다. 경기도청 공무원들의 여론을 들어봐도 '기왕 잘되고 있는 것을 굳이 문제삼을 이유가 있느냐' 하는 의견이 상당했다. 하지만 김문수는 더 이상 영어마을을 그대로 놔둘 수는 없다고 판단했다. 도의 살림을 책임진 지사로서 무엇보다 하루하루 막대한 돈이 들어가는 것이 아까워서 견딜 수 없었다고 했다.

김문수는 2007년 12월 필자에게 이렇게 설명했다.

> "전임자를 의식하면 물론 조용히 있는 게 좋았다. 사람들은 영어마을을 싼값에 이용하면 그만이지 거기에 세금이 얼마나 쓰이는지, 기회비용은 얼마나 되는지 관심이 없다는 얘기였다. 하지만 나로서는 뻔히 문제가 보이는데 가만히 있을 수는 없었다. 도의 행정이라는 것은 도민의 세금을 걷어 집행하는 것이다. 그렇다면 그 세금은 공익적인 곳에 써야 하고, 최대한 아껴 써야 하는 것이 기본이다. 그건 소신 이전에 당연한 원칙이다. 영어마을도 그렇게 운영하자는 얘기를 한 것뿐이다. 도민의 세금으로 전시행정, 선심행정하는 것은 공익이 아니다. 기왕에 지어 놓은 영어마을을 더 멋지게, 더 오래 운영하기 위해서도 방만한 경영을 다이어트하고 수익성을 확보해야 한다. 지난해 취임 후 구조조정 작업을 한 결과 지금은 영어마을 적자액을 141억 원이나 줄였다. 파주 영어마을은 2006년 26%인 재정자립도를 85%까지 끌어올렸다. 하고자 하면 이렇게 개선되는데 왜 가만 둬야 한다는 말이냐."

영어마을뿐만 아니다. 김문수는 취임한 뒤 경기도의 산하기관에 대해 경영평가제를 도입했다. 외부기관의 평가를 받자는 것이다. 경기도에는 21개의 산하 출연기관이 있고, 2007년 기준으로 이들 기관의 연간 예산은 4조 1,326억 원에 달한다고 한다. 2007년 6월 19일에는 산하 기관단체장 및 예술감독 24명과 CEO경영성과 계약을 체결했다. 지방자치단체가 산하기관 전체와 성과계약을 체결한 것은 경기도가 처음이라고 한다. 산하 기관단체장이 자기네 기관(단체)은 이러이러한 경영성과를 내겠다는 목표를 제시하고, 이를 도지사와 계약하는 형식이다. 물론 여기에는 성과를 제대로 못 내면 응분의 조치가 뒤따른다는 함의가 들어 있다. 도청 공무원에 대해서도 업무성과를 평가해 인사에, 보상에 반영하는 통합성과관리시스템을 구축했다고 한다. 다음은 김문수의 설명이다.

> "공사라는 이름이 붙은 기관단체는 신이 내린 직장이라고 하지만 경기도에서는 통하지 않는다. 갑자기 없던 평가를 받으라고 하니 물론 반발도 많다. 노조가 생긴 곳도 있다. 하지만 도민의 혈세로 운영되는 공공기관이 평가를 받아 도민을 위해 더 좋은 성과를 냈다면 그만큼 인센티브를 받고, 반대로 성과가 저조하거나 비위가 있다면 그에 따른 불이익을 받도록 하는 게 당연한 것 아닌가. 이게 정의이다. 출연기관 간부들의 외유문제, 일에 비해 지나친 고액 연봉의 문제 등은 경기도에서는 어림 없는 일이다."

영어마을에 대한 구조조정, 산하기관에 대한 경영평가 같은 것은 사실 자치단체장으로서는 부담되는 일이다. 산하기관 종사원들도 다 유권자요, 지역에서는 여론주도층이다. 그들에게 밉보여서 좋을 것이 뭐가 있겠는가. 그런 부담스러운 일을 했다고 해서 김문수가 대단하다고 칭찬하려는 것이 아니다. 사실 공공기관에 대해 실적을 평가하고, 그 결과에 따라 상응한 조치를 취하는 것은 일반국민의 관점에서 보면 당연한 일이다. 더구나 김문수의 말대로 하면 경영평가를 한다고 해서 '당장 종사원들에게 나가라고 하는 것도 아닌', 작은 개혁일 뿐이다. 문제는 한국의 많은 지방자치단체와 공공기관들이 이런 류의 실적평가, 업적평가도 받지 않은 채 타성적으로 버티면서 조직을 늘려오곤 했다는 점이다. 그러다 보니 비상식이 상식처럼 돼버린 것이다.

김문수로 말하면 이처럼 상식처럼 보이는 비상식에 도전하는, 그래서 오히려 비상식처럼 보이는 유의 사람이다. 그만큼 고민을 많이

하는 스타일이라는 얘기다. 그가 2006년 매니페스토에서 영어마을 문제를 제외하는 것을 놓고 고민했다지만 매니페스토에 넣은 사항들에 대해서도 고민과 숙고를 수없이 했다고 한다. 고민이 지나쳤기 때문인지 그의 매니페스토에는 '비상식'이 담기기도 했다.

2006년 지방선거 당시 〈동아일보〉와 한국의회발전연구회(이하 의발연)가 공동으로 실시한 매니페스토 사전평가 때 김문수의 비상식이 실제로 논란이 됐었다. 김문수는 2006년 지사선거 당시 수도권정비계획법 폐지, 1시간 경기도 만들기, 경기도의 3대 낙후지역 해소 등 3대 대표공약과 7대 부문별 공약을 매니페스토로 제시했다. 이 중 수도권정비계획법 폐지가 문제였다. 매니페스토는 기본적으로 이행가능한 공약을 수치목표 등을 명시해 평가가능한 형태로 제시하고 이에 대해 이행평가를 받도록 한다는 취지다. 그러나 수도권정비법 폐지는 도지사의 역량을 벗어나는 것이다. 법률을 만들거나 폐지하는 것은 국회의 몫이다. 더구나 김문수가 속한 한나라당은 당시 야당으로, 국회 과반수에 훨씬 미달하는 원내 제 2당의 처지였다. 노무현 정부와 국회 과반을 차지하던 여당인 열린우리당은 국토균형발전이라는 대의명제를 내걸고 수도권 집중 억제를 강력 추진중인 상황이었다. 〈동아일보〉와 의발연 매니페스토팀에서는 수도권정비계획법 폐지라는 공약은 아무리 봐도 도지사의 역량을 넘는, 실현 불가능한 공약인데 왜 이를 대표공약으로, 그것도 제 1항에 내세웠는지 알 수 없다는 의문이 팽배했다.

〈동아일보〉와 의발연 매니페스토팀은 2006년 4월 29일 서울 팔레스호텔에 김문수를 초청, 매니페스토 사전평가를 위한 인터뷰를 했다. 당연히 수도권정비계획법 폐지 공약이 집중적으로 도마에 올랐다.

김문수는 "수도권정비법 폐지를 1순위로 내세운 데는 이유가 있다. 경기도의 상황을 생각하면 생각할수록 수도권정비법을 폐지하지 않고는 아무것도 할 수가 없기 때문이다. 아무리 매니페스토라고 하지만 가장 큰 문제점은 빠뜨린 채 다른 것들만 나열하면 무슨 의미가 있단 말이냐"고 항변했다. 김문수는 자신이 국회의원 시절(그는 경기 부천 지역구의 3선 국회의원이었으나 2006년 5·31 경기도지사 선거 출마를 위해 의원직을 사퇴했음) 발의한 '수도권정비계획법 폐지 및 수도권 계획적 관리를 위한 대체입법'에 이미 51명이 동참하고 있고, 자신의 지사 선거 경쟁자인 열린우리당 진대제 후보가 수도권정비법 폐지에 뜻을 함께 하고 있으므로 그를 지원하는 열린우리당 수도권 의원들이 동의한다면 법안 통과가 가능하다고 '억지'를 부리기도 했다. 당선되면 도지사 직속으로 '수도권규제혁파추진단'을 구성해 수도권 규제로 인한 각종 피해와 민원을 조사해 중앙정부에 청원할 것이라고도 했다.

그러면서 자신의 체험을 곁들인 논리를 폈다. 수도권정비법으로 대표되는 수도권규제가 어떤 폐해를 가져오는지, 어떤 불합리를 초래하고 있는지에 관한 내용으로 한미약품과 이천의 하이닉스반도체, 그린벨트 난개발에 관한 얘기였다. 하이닉스반도체와 그린벨트 난개발에 관한 얘기는 사진까지 준비해와 실감나게 했다.

하이닉스반도체는 2009년까지 13조 원 이상의 돈을 투자, 이천의 현 공장부지 내에 확보하고 있는 땅에 공장 2개, 충북 청주에 1개 등 3개의 공장을 신설하겠고 신청했으나 정부가 이천공장 증설은 불가하다고 결정하면서 논란이 된 사건이다. 하이닉스가 이천공장 증설을 신청한 것은 2006년 12월의 일이고 정부가 불허결정을 내린 것은 2007년 1월의 일이다. 이천에서는 공장증설을 허용하라는 시위가 발생하고 주민 2천 명이 항의 삭발하는 등의 소란이 2007년 내내 계속됐다.

김문수가 2006년 4월 〈동아일보〉와 의발연 매니페스토팀의 사전평가 인터뷰 자리에 들고 온 사진은 하이닉스 이천공장의 주차장 모습이었다. 공장 증설에 대비한 여유 부지로, 주차장으로 쓰던 것이었는데, 주차장으로 사용하는 것은 곤란하니 철거하라는 행정당국의 명

령을 받고 거기에 콩을 심게 됐다는 것이다. 김문수는 "원래 공장부지인데, 그 안에서 자율적으로 쓰면 될 일이지 사사건건 트집잡고 이래서야 공장이 살겠느냐"고 말했다. 하이닉스 문제는 김문수가 도지사가 된 뒤에도 곳곳에서 열변을 토하고 다니는 주제다. 중국은 하이닉스의 일부 공장을 유치하기 위해 1조 원 상당의 토지를 무상으로 제공했는데, 한국은 기왕에 있는 공장부지에 증설하는 것도 못하게 한다, 이천은 수도권 과밀억제라면서 안 된다 하고 청주공장은 허용한다는데 사실은 청주가 이천보다 인구밀도가 10배나 높은 곳이다 등. 정부가 이천 하이닉스공장 증설의 반대이유로 구리를 사용하는 반도체 웨이퍼 공장이라서 구리를 배출할 터인데, 구리는 유해한 중금속이라는 이유를 댄 것에 대해서도 김문수는 미량의 구리는 자연상태에서도 얼마든지 있으며 하이니스에서 배출하는 구리는 그보다도 적은 정도라고 구체적 수치를 들어 반박한다.

김문수가 제시한 다른 사진은 비닐하우스와 창고 등이 무질서하게 들어선 경기도의 그린벨트와 대단위로 개발된 신도시를 비교하는 사진이다. 그린벨트라고 묶어놓으니 결국 불법 편법으로 세워지는 비닐하우스와 창고가 늘어나 난개발이 됐다는 주장이다. 그래서 녹지도 아니고, 아무것도 아닌 지역을 계속 그린벨트로 묶어 놓는 것보다는 차라리 종합계획을 세워 충분한 녹지를 확보하는 방식으로 대규모로 개발하면 쾌적한 공간으로 탈바꿈시킬 수 있다는 것이다. 설득력이 있어 보이는 논리였다. 하지만 이는 결국 그린벨트를 해제하라는 얘기다. 그린벨트 해제 주장은 환경단체들에게 몰매맞기 쉬운 예민한 주제이기도 하다. 김문수도 이 점을 아는 듯했다. 그는 "환경, 환경 하는데, 나도 환경에 관하면 누구 못지 않은 전문가다. 국회에서 환경노동위원회 활동을 계속했다. 대한민국국회의원 중 환경업무를 가장 오래했다. 환경기사 자격증도 있다. 녹지는 산만 남겨도 충분하다. 분당, 일산 같은 계획개발 도시가 친환경적이냐, 아니면 광주처럼 난개발된 곳이 친환경적이냐. 대규모 계획 개발된 도시는 수질도 철저히 관리해 배출하고, 녹지도 많다. 하지만 난개발된 곳은 배출되는 오염물질이 처리도 되지 않고 그대로 흘러간다"고 주장한다.

한미약품의 사례는 경기 화성의 공장을 증설하려는데 정부가 증설은 못해준다, 정히 필요하면 통째로 지방으로 이전하라고 한다는 얘기였다. 문제는 그렇게 지방에 새로 지으려면 평당 천만 원씩 4백억 원 이상의 투자비가 든다는 것이다. 뿐만 아니다. 제약회사에는 젊은 여성의 섬세한 손작업이 필요한데, 지방에 가면 그런 인력을 구하기가 어렵다고 한다. 이 때문에 한미약품은 정부가 계속해서 증설허가를 내주지 않으면 중국 등 제3국으로 공장을 옮길 수밖에 없는 상황이었다고 한다. 김문수는 이런 얘기를 소개하며 "수도권 규제, 균형 발전을 고집하면서 결국 대한민국 정부가 하는 일이 이런 공장들을 해외로 내쫓는 것밖에 안 된다"고 탄식했다(그런 항변이 통했는지, 정부는 2006년 12월 한미약품에 대해 이례적으로 화성공장 증설 허가를 내주었다).

김문수가 왜 수도권정비법 폐지를 매니페스토 1순위로 제시했는지 그 뜻이 전달돼 왔다. 이는 비단 필자만의 생각이 아니었다. 당시 인터뷰에 참가했던 의발연 매니페스토팀의 평가위원들도 모두 같은 생각이었다. 김문수는 당시 매니페스토 문건으로만 행한 사전평가에서는 경쟁상대인 열린우리당 진대제에 비해 대체적으로 점수가 낮았었다. 사실, 김문수가 문건으로 제시한 매니페스토는 수도권정비법의 문제 말고도 전반적으로 산만한 느낌을 주었다. 말하자면 포장이 엉망이었던 것이다. 하지만 인터뷰를 하고 난 뒤의 평가에서는 김문수가 진대제에 비해 점수가 높아졌다. 포장에 비해 내용이 좋았다는 것이 평가자들의 일치된 의견이었다.

김문수의 매니페스토는 한결같이 개발위주다. 그것도 기왕이면 크고, 빠르게 하자는 내용이었다. 3대 공약부터가 그렇다. 첫째, 경기야 날자꾸나 수도권정비계획법 폐지. 둘째, 사통팔달 경기도—1시간 경기도 만들기. 셋째, 골고루 잘사는 경기도—3대 낙후지역 해소.

환경론자들은 개발하더라도 지속가능한 환경을 담보하는 개발이어야 한다고 말한다. 김문수가 환경을 잘 안다고 하지만 확실히 그의 매니페스토는 그런 지속가능성과는 거리가 있어 보인다. 물론, 내용으로 들어가면 더 크게 개발하는 것이 오히려 난개발을 막고 환경친화적 개발을 유도하는 것이라는 나름대로 타당한 논리가 있다. 그렇다 해도 비판은 남는다. 서울과 인천, 경기도를 묶어 대수도(大首都)를 만들고, 경기도의 그린벨트도 풀고 농업용지도 풀어서 공장도 짓게 하고 집도 짓게 하자는 주장을 다른 지방에서 곱게 보겠느냐는 것이다. 그렇지 않아도 모든 것이 수도권에 집중되는 상황에서 수도권만 먹고 살고 지방은 죽이자는 것이냐는 반론이 나올 것이다.

김문수의 과거를 아는 사람들은 김문수에 대해 더 차가운 시선을 던진다. 김문수는 경기도 출신도 아니다. 1951년 경북 영천 출신으로 경북고등학교를 나왔고, 서울대 상대를 다니다가 민주화운동으로 제적, 구속, 수배를 밥 먹듯이 당한 사람이다. 50회 이상의 구속, 수배를 당했다고 한다. 제적되고 나서 노동현장에서 일하다가 민중당을 만들어 제도정치권 진입을 추진했으나 실패한 뒤 1994년 김영삼 대통령 시절 여당인 민주자유당에 합류해 1996년 총선 때 경기 부천 소사에 지역구를 얻어 처음 당선됐다. 1996년 당시는 필자도 국회 현장에 출입하고 있었을 때다. 부천 소사는 전통적으로 호남 출신 유권자가 많아 민자당 후보가 당선되긴 어렵다는 것이 공통된 예상이었으나 의외로 김문수가 당선됐다. 경쟁후보가 혀를 내두를 정도로 악착같이 지역구를 누빈 것이 당선의 요인이라고 해서, 당시 국회에서도 화제가 됐었다. 김문수는 “당시 모든 여론조사에서 내가 떨어질 것이라고 나왔다. 왜 하필 부천으로 갔느냐는 얘기도 많이 들었다. 그래도 열심히 뛰었다. 투표일 3일 전부터 여론조사에서 내가 앞서는 것으로 나오더니, 결국 3%포인트 차이로 당선됐다"고 회고했다.

김문수는 서울상대 재학시절부터 당시 박정희 대통령에 반대했다. 박정희가 하는 모든 것에 반대했다고 한다. 세월이 바뀌어서 그 박정희의 장녀인 박근혜 전 한나라당 대표와 같은 당에서 일하게 된 뒤 김문수는 "정말 대표님(박근혜)에게는 미안한 얘기지만, 대표님 아버님이 돌아가셨을 때(1979년 10월 26일을 말함) 나는 만세를 불렀다. 12월 27일 아침에 출근하는데 '대통령 유고'라는 시커먼 제목의 호외가 뿌려져 있는데, 기분이 너무 좋았다. 이제 대한민국은 잘산다, 민주화가 된다고 생각했다"고 과거를 술회한 일이 있다.

김문수는 박정희의 유신정치에만 반대한 게 아니다. 박정희가 시작한 고속도로, 자동차공업, 조선소, 중화학공업 등에 대해 다 반대했다고 한다. 인구도 부족하고, 시장도 작고, 기술도 없는 후진국 중에서 어느 나라가 자동차를 한단 말이냐, 영국의 롤스로이스도 망하는 판인데 한국이 자동차를 해서 성공할 수 있다는 말이냐 하는 논리였다고 한다. 제철도, 중화학공업도 마찬가지라고 생각했다는 것이다. 그보다는 오히려 당시 운동화도 제대로 못 신던 서민을 위해 운동화를 싸게 공급할 수 있는 공장을 짓는 것이 옳은 길 아니냐는 게 당시 김문수의 생각이었다. 김문수는 2007년 12월 "내가 젊은 시절 생각했던 것은 자주경제, 자립경제, 민족주의, 민주화 등이다. 상당히 좌파적인 균형론, 평등주의, 사회주의적인 생각을 했다. 말하자면 오늘날 흔히 말하는 386세대라고 하는 사람들이 생각하는 것 그대로였다"고 말했다. 과거 김문수는 이를테면 개발주의와는 거리가 상당히 멀었던 셈이다.

달라진 지금의 자신에 대해 김문수는 이렇게 말한다.

> "사람들이 나보고 변절자라고 한다. 완전히 좌에서 우로 돌아섰다고. 그런데 생각해보면 그게 변절인지, 전에는 몰랐던 것을 뒤늦게 깨달은 것인지….

박정희 시대에 자동차, 조선소, 중화학공업을 시작하지 않았으면 우리가 지금 무엇을 먹고 살고 있을까, 답이 없다. 우리식대로 하자며 자주를 고집했던 북한의 지금 상황이 어떤가. 경부고속도로를 반대하던 내가 요즘 수도권 제2외곽순환고속도로를 만들자고 하니까 환경단체로부터 비판을 많이 듣는다. 옛날 생각이 난다.”

그가 대수도를 말하고, 수도권 개발을 주장하는 데는 현실적인 이유가 있다. 그렇게 하지 않으면 대한민국은 미래에 먹고 살 수 없다는 생각 때문이다. 이대로 가면 일본을 따라잡기는 고사하고 중국에 추월당한다는 위기감이다. 김문수는 다음과 같은 체험담을 들려줬다.

“일본의 가나가와현, 중국의 랴오닝〔遼寧〕성이 경기도의 자매관계다. 랴오닝성은 인구가 4천2백만, 가나가와현은 890만 명이다. 가나가와현 지사는 겸손하게 하는데, 랴오닝성은 부성장이 나오더니 자세를 떡 뒤로 젖힌다. 랴오닝성 부성장이 저 정도면 중국의 국가주석이나 당서기는 우리한테 어떻게 할지 상상만 해도 두렵다. 랴오닝성이 4년간 계속 11.12% 경제성장을 했다. 중국을 쳐다보고 있으면 보통 문제가 아니다. 내가 수도권 규제 철폐하자고 하면 정신나간 소리다, 수도권을 묶어놔야 지방에 공장이 온다, 김문수는 지방을 다 죽일 소리를 하고 있다고 비판한다. 나는 그래도 말한다. 대한민국 전체를 한 덩어리로 합쳐도 중국의 1개 성만큼도 안 된다. 가까운 산둥〔山東〕성만 해도 인구가 9천2백만 명이다. 남북한을 합친 것보다 1.4배가 많다. 그렇게 작은 대한민국에서 서울과 지방을 가르고 말고 할 게 뭐가 있느냐. 우리의 미래를 포기하자는 것인지 정말 황당하다. 일본에 가보니까 도쿄에서 남서쪽 후지〔富士〕산까지 직선거리로 200㎞가 넘는다고 하는데, 산도 없고 완전 평원이다. 그 사이가 모두 도시로 이어져 있다. 도쿄에서 후지산까지의 영역이 가나가와현인데, 요코하마〔横浜〕시를 포함해서 가나가와현은 현 전체가 사실상 전부 도시다. 그린벨트가 없다. 일본도 1980년대까지 수도를 옮기네 하며 말이 많았지만 지금은 전혀 다르다. 프랑스, 영국도 마찬가지다. 집적(集積)효과를 위해서 자꾸 모인다. 그런데 우리는 수도권을 묶어서 아무것도 못하게 한다. 174개나 되는 공공기관을 지방으로 옮긴다. 한반도

지도를 펴놓고 보면 서울은 심장부다. 그러기에 1000년 이상 중심지 기능을 해온 것이다. 어떤 권력자가 갑자기 이를 옮기고 할 문제는 아니다. 옮기면 비용이 늘어나는 것은 자명하다. 그런데도 옮기라니, 이게 정상인가. 수도권은 과밀이라고 하는데 경기도는 인구밀도가 서울의 17분의 1에 불과하다. 뭐가 과밀이란 말이냐. 부동산 얘기를 많이 하지만, 경기도에는 아직도 싼 부동산이 널려 있다. 이걸 왜 안 쓴단 말인가. 경기도에도 산이 많다. 그 산만 보존해도 녹지는 충분하다."

〈동아일보〉와 의발연 매니페스토연구팀의 파인(FINE)지표 평가는 후보자의 매니페스토가 실현가능한 것이냐(실현성 F), 실제적으로 필요한 것이냐(반응성 IN), 저비용 고효율의 정책이냐(효율성 E)를 따지는 것이었다. 김문수의 수도권정비법 폐지공약에 대한 평가점수는 인터뷰를 거친 뒤 부문별로 대략 2, 3점씩 올랐다. 실현성은 55.42점, 반응성은 71.56점, 효율성은 69.38점으로 평균 65.45점이었다. 경기도지사의 역량으로는 달성하기 어렵다는 점에서 역시 실현성에 대해서는 높은 점수를 주기 어려웠다는 것이 평가자들의 얘기였다. 하지만 반응성과 효율성은 높은 평가를 받았다. 그만큼 김문수의 주장에는 설득력이 있었다.

김문수의 매니페스토는 취임 1년 이행평가에서도 비교적 높은 평가를 받았다. 매니페스토실천본부의 평가에서는 100점 만점에 98.7점으로 1위를 차지했고, 경제정의실천시민연합의 평가에서는 5점 만점에 2.25점으로 2위를 기록했다. 경기도가 2007년에 제시한 이행평가 자료에 따르면 김문수는 지사에 취임한 뒤 수도권정비법 폐지 등의 매니페스토 실천을 위해 '접경지역, 자연보전권역 등을 정비발전지구에 포함토록 수도권정비법 개정 정책을 건의'했고(2006년 10월), 수도권 규제의 불합리성과 문제점을 알리기 위해 수도권 규제 피해사례집을 발간하는 등의 노력을 한 것으로 돼 있다.

취임 1년 단계에서는 이 정도의 노력만으로도 좋은 평가를 받을 수 있을지 모른다. 하지만 시간이 더 지나 임기 말까지 수도권정비계획법 폐지가 실현되지 않거나, 폐지될 전망이 보이지 않는다면 김문수의 매니페스토 이행평가 점수는 점점 낮아질 것이다. 2007년 대통령선거로 정권교체가 실현돼 한나라당 정권이 들어섰다고 하지만 수도권 집중 억제의 기본을 규정한 수도권정비법을 폐지하기는 쉽지 않을 것이다. 국정을 운영하는 입장에서는 지방의 반발을 고려하지 않을 수 없을 것이기 때문이다. 그렇다면 애초에 김문수의 매니페스토는 제 1항부터 터무니 없는 내용을 담은 '헛공약'에 지나지 않았단 말인가.

매니페스토의 기본에 대해 다시 한번 생각해볼 필요가 있다고 생각된다. 일본에서는 경기도와 자매관계인 가나가와현의 마쓰자와 시게후미 지사가 '매니페스토 지사'로 불릴 정도로 모범적인 매니페스토를 실행하는 것으로 정평이 나 있다. 그는 2003년 처음 당선될 때 매니페스토를 제시했고, 이를 종합계획화해 37개 항목의 매니페스토에 대해서는 매년 이행평가를 스스로 하기도 하고 제 3자로부터 받기도 하고 있다. 김문수도 마쓰자와의 매니페스토를 알고 있다. 김문수는 "마쓰자와 지사의 매니페스토를 읽어봤더니 임기 4년간 200회의 현장방문을 하겠다는 공약도 있더라. 잘 짜여져 있더라"고 했다. 마쓰자와는 첫 임기 4년 동안 성실하게 매니페스토 자기평가를 했다는 '공적'으로 일본의 2007년 매니페스토 어워드에서 대상을 받기도 했다. 마쓰자와의 매니페스토 이행평가표는 37개 항목별로 달성도에 따라 ABCD 4등급의 평가를 매기는 방식이다. A가 35.1%, B가 54.1%다. 일목요연하고 산뜻하게 작성돼 있다.

그런 마쓰자와의 매니페스토에도 '지역주권'이라는 선언적 대목이 있고 그 중에 수도권 연합을 추진하며, 도주제(현재 47개 도도부현으로 돼 있는 일본의 광역지방자치단체를 좀더 큰 규모의 道・州로 개편하자는 논의) 추진 등의 항목이 포함돼 있다. 이것도 기본적으로는 지사의 역량범위를 넘는 일이나 기왕에 추진논의가 있어왔던 것으로,

김문수가 내건 수도권정비법 폐지 같은 '무모한' 것은 아니다. 뿐만 아니다. 김문수의 매니페스토는 3대 대표공약과 7대 부문별 공약이라고 해서 말은 열 가지 공약이나 그 안에는 무수한 항목이 들어 있다. 이것저것 해야 할 일을 가득 구겨 넣은 것이다. 당선되면 중점 추진할 사항을 간추려서 매니페스토로 제시하라는 원론에서 보면 낙제점이다. 이에 비해 마쓰자와의 매니페스토는 간결하고 모범적이다. 하지만 그렇게 수치목표와 이행기간을 명시해, 간결하게 정책을 제시하라는 원론적 의미에서의 매니페스토를 작성해야만 잘한 것이라고 할 수는 없다는 게 필자의 판단이다. 진실과 성의가 담기면 그것으로 훌륭한 매니페스토가 되지 않겠는가.

김문수의 수도권정비법 폐지 주장에는 그의 기본철학이 담겨 있다. 일본도 수도권에 대한 규제를 풀어 집적의 효과를 노리고 있고, 1개 성이 한국보다도 큰 중국이 성큼성큼 도약하는 상황에서 한국이 지금처럼 수도권을 규제로 묶어놓아서는 미래가 없다는 소신이다. 그가 생각하는 경기도의 정책목표는 당연히 이 규제를 푸는 데서부터 출발한다. 수도권규제를 대표하는 것이 수도권정비법이다. 문제의 핵심인 수도권정비법은 제쳐놓고 다른 손쉬운 것만 언급하는 게 오히려 비겁한 일일 것이다. 정책으로 겨루는 선거를 실현하고 이를 통해 정치와 행정의 개혁을 추구하는 것을 목표로 하는 매니페스토의 기본정신에 비춰봐도 후보자가 자신의 정책적 소신을 확실하고 분명하게 제시하도록 하는 것은 권장할 일이다. 그래야 정책논쟁도 가능해지지 않겠는가. 후보자의 정책적 소신이 뚜렷하다면 그것이 설혹 무모하게 보이고 수치목표로 제시할 수 없는 것이라고 하더라도 매니페스토로 인정하고, 그런 도전정신을 평가할 수 있도록 매니페스토의 외연을 확대할 필요가 있다고 본다.

국회의 국정감사는 모든 피감기관들이 가능하면 회피하려고 하는 껄끄러운 장이다. 일부지방자치단체 공무원들은 국회 국정감사반의 입장을 저지하는 시위를 벌인 일도 있다. 하지만 김문수는 도지사가 된 뒤 국정감사를 적극 유치하는 운동을 하고 있다. 각종 수도권규제에 묶여 있는 경기도의 경우는 지방자치라는 것이 말로만의 구호에 지나지 않더라는 얘기다. 그렇다면 오히려 국정감사를 활용해 이런 문제점을 국회의원들에게 직접 호소하고 설득하는 것이 좋겠다는 역발상을 하게 됐다고 한다. 김문수는 "도지사가 되고 보니 국회의원의 힘이 세다는 것을 절감한다. 의원시절에는 장관을 쉽게 만날 수 있었지만 도지사는 장관 만나기가 하늘의 별 따기이다. 장관들에게 국회의원은 국정시책을 설명하고 예산협조를 구해야 하는 갑의 입장이지만, 도지사는 청원과 부탁을 하는 을의 입장이다. 2006년에는 국회 4개 상임위원회의 국정감사를 유치했다. 경기도지사 취임 1년 반 만에 국회의원들을 모시고 도정간담회를 13번했다. 그런 자리를 통해 경기도를 둘러싼 각종 규제의 문제점을 설명하고 있다"고 말했다. 그런 식으로 가능한 모든 역량을 동원해 자신이 제시한 정책목표를 실천하기 위해 노력하고 여론을 조성해 나가는 자세야 말로 모범적인 매니페스토일 것이다.

3. 어느 '혁명가'의 집념

기타가와 마사야스(일본 와세다대학 교수)

일본 히로시마〔廣島〕현에는 미요시〔三次〕라는 시가 있다. 일본 전통 인형이 특산이라는 미요시 시는 인구 6만 천 명 규모의 도농복합형 시로, 경상남도 사천시의 자매도시이기도 하다. 2007년 4월 8일 미요시 시에서 '역사적인' 선거개표가 있었다. 이날 실시된 히로시마현 의원선거에 투표한 미요시 시 거주 유권자는 모두 2만 9,952명이다. 미요시 시 선거관리위원회로부터 투개표 업무를 위탁받아 관련사무를 처리한 미요시 시의 시청 공무원들이 2만 9,952표를 개표, 당락을 확정짓기까지 걸린 시간은 29분 51초에 불과했다. 역사에 기록될 만큼 짧은 시간에 개표가 완료된 것이다.

한국에서의 개표작업은 투표마감 후 저녁 7, 8시에 시작한다고 했을 때 밤 12시를 넘기는 게 상례다. 국회의원 선거구별로 설치돼 있는 지역 선거관리위원회의 주관으로 해당지역의 시군구청 공무원이나 교사 등을 동원해 실시하는데, 투표율과 선거구의 인구규모에 따라 1개 선거구의 투표자수는 많으면 15만, 적으면 2만 명 정도인 게 한국의 현실이다. 하지만 선거구 인구규모에 따라 개표업무 동원 인력에도 차이가 나는 등의 이유로 2만 표든 10만 표든 개표작업은 대개 밤 12시 넘어까지 계속되는 게 일반적이다.

종이로 된 투표용지에 기표한 표를 한군데로 모아서 수작업으로 개표하고 기계로 그 수를 세는 방식은 한국이나 일본이나 매한가지고,

일본에서는 혼슈(本州, 일본의 중심지로 가장 큰 섬)의 서쪽을 주고쿠〔中國〕 지방이라고 부른다. 주고쿠의 동쪽 바로 옆, 오사카〔大阪〕를 중심으로 하는 지방은 간사이〔關西〕 또는 긴키〔近畿〕라고 한다. 1945년 원자폭탄이 투하된 히로시마시를 끼고 있는 히로시마현은 주코쿠 지방의 한 가운데에 있으며, 미요시 시는 히로시마현의 중앙 북부에 있다. 주고쿠, 간사이 등의 명칭은 행정지명이 아니며 한국에서 전라남북도를 호남이라고 하고 경상남북도를 영남이라고 하는 것과 같은 통상적인 명칭이다. 주고쿠라고 할 때 '國'은 근대적 의미에서의 국가를 의미하는 것이 아니다. 필자가 와세다대학 일본어 교수에게 들은 바에 의하면, 1868년 메이지〔明治〕유신 이전까지는 일본사람들은 현대의 일본 전체를 아우르는 의미에서의 국가라는 개념이 거의 없었다고 한다. 일반 백성들은 막부의 인정을 받는 지방 지배자인 번주(藩主)가 지배하는 영역을 자신의 나라(쿠니, 國)라고 생각했다는 것이다. 나라와 나라는 말도 상당히 달라, 먼 나라 사람들끼리는 전혀 말이 통하지 않을 정도였다고 한다. 주고쿠는 옛날부터 그렇게 부르던 지방이다. 중국(中國)에 중화민국 또는 중화인민공화국이 성립되기 전까지 일본사람들은 '中國'이란 말은 주고쿠 지방을 가리키는 용어로 썼다. 지금은 중국과의 혼동을 막기 위해 '주고쿠 지방'이라고 흔히 쓴다. 일본의 영역이 현재보다 훨씬 작았던 옛날 일본의 서울(교토, 나라 등 긴키 지방)에서보면 규슈〔九州〕의 먼 나라들 사이에 있는 '가운데 나라들'이란 의미로 '주고쿠'라고 불렀다고 한다. 현재 일본의 수도인 도쿄〔東京〕를 비롯한 간토〔關東〕 지역은 옛날에는 '나라'라고 부를 수 없는 촌동네였다고 한다. 메이지유신 이후 일본이 근대국가 체제를 갖춰가면서 '國'이라는 말의 의미가 달라졌다지만, 오늘날에도 일부 옛날의 잔재가 남아 있는 것이다. 참고로 메이지유신 이후 일본은 국민통합을 위해 가장 먼저 국어통합 작업부터 실시했다고 한다. 도쿄 지방의 말을 표준어로 정하고, 이를 '국어'로 이름붙여 보급하기 위한 교과서를 만들어 초등학교부터 교육시켰다. 학교에서 사투리를 쓰면 학생들끼리 서로 고발하게 해 강력 체벌하는 제도가 메이지유신 시기에 도입됐다고 한다. 그렇게 해서 확립된 것이 오늘날의 일본어요, 일본 민족의식이라고 한다.

시간도 대동소이하게 걸린다. 일본의 경우 2007년 7월 실시된 참의원선거에서 각 시구정촌(市區町村) 등의 기초행정단위별 선관위가 주관해 실시한 개표작업에 걸린 시간은 평균 3시간 56분이다. 참의원선거가 끝난 뒤 와세다대학 매니페스토연구소와 아사히〔朝日〕신문사가 공동으로 전국 3천여 개의 기초행정단위(자치단체가 아닌 행정단위를 포함) 중 1,827개를 대상으로 조사한 결과다.

참고로 일본의 지방행정단위는 전국 47개 도도부현(都道府縣)의 광역단체와 시구정촌의 기초행정단위로 나뉘어져 있다. 도(都, 일본음은 토)는 수도인 도쿄, 도(道, 일본음 도)는 홋카이도를 지칭하며, 오사카, 교토〔京都〕는 부(府, 일본음은 후)이다. 그 밖에 43개 현(縣, 일본음 켄)이 있다. 현(縣)과 도(道)는 한국의 도(道)와 비슷하다. 도(都)와 부(府)는 한국의 특별시, 광역시와 비슷하지만 농촌지역도 포괄하기 때문에 면적이 훨씬 크다. 시구정촌은 규모가 천차만별이다. 시 중에는 요코하마처럼 인구 370만에 달하는 큰 시도 있고 5만 정도의 작은 시도 있다. 구는 한국 대도시의 구와 인구 면에서 대략 비슷한 규모다. 구 중에서는 도쿄의 23개 구만 자치단체다. 나머지 대도시 산하의 구는 자치단체가 아니라 행정기구일 뿐이다. 정과 촌은 한국으로 치면 읍, 면에 해당한다. 교통통신이 불편하던 시절부터 지방자치를 시작한 일본은 한국처럼 군 규모를 자치단위로 하지 않고 옛날 1일 생활권을 기준으로 정과 촌의 작은 범위를 기초자치단위로 했기 때문에 기초단체의 수가 많다.

인구 수천 명 규모의 작은 자치단체가 포함된 정과 촌을 제외하고, 시구만 따지면 4시간 40분이 걸린 것으로 나타났다. 2004년 참의원선거 때 일본 시구별 개표작업에 걸린 시간은 평균 4시간 48분. 3년만에 8분이 단축됐으니 엄청난 진전이라고 하기는 어렵다.

선거구 내 투표자가 10만을 넘는 시구 중에서는 군마〔群馬〕현 다카자카〔高坂〕시가 2시간 5분으로 개표시간이 가장 짧았다. 투표종사

자 1인당 1분에 몇 표를 개표하느냐를 따진 개표효율성 부문에서는 역시 군마현 미도리(みどり)시가 5.04표로 가장 효율이 높은 것으로 집계됐다. 지역에 따라서 개표업무종사자 수는 최소 3명에서 최대 999명까지 다양한 것으로 나타났다. 도쿄도 가쓰시카〔葛飾〕구는 개표시간 10시간 15분으로 조사대상 전 시구정촌 중 가장 길었다.

이처럼 마냥 시간을 잡아먹는 개표작업을 계속하는 곳도 아직 많기는 하지만 일본에서는 지역에 따라서는 혁명적인 개선도 진행되고 있다. 어떻게 이러한 진전이 가능했는가. 미요시 시의 사례는 시간을 단축하겠다는 의지만 있으면 단축이 가능하다는 것을 증명해준다.

미요시 시의 경우 시장이 앞장서서 개표시간 단축을 '당면 과제'로 설정해 추진했다. 2007년 4월 8일 참의원선거를 앞두고 4월 4일과 3월 29일 두 차례에 걸쳐 시청 직원들과 함께 개표작업 리허설까지 했을 만큼 열성적으로 개표시간 단축에 매달렸다. 리허설 때는 지역 내 유권자의 85%인 3만 7천 명이 투표한 것을 상정, 3만 7천 표를 30분 대에 개표하는 것을 목표로 실시, 1차에 43분 35초, 2차에 32분 52초까지 시간을 줄였다.

단순히 직원들을 독려하기만 한 것이 아니다. 예를 들면, 개표 때 표를 쏟아내는 책상의 높이를 직원들이 서서 일하기 편하도록 조절한다든가 후보자별 기표용지를 담는 플라스틱 상자의 색깔을 다르게 해 작업의 효율을 높인다든가 하는 과학적 연구도 병행했다.

가장 큰 문제는 의문표의 처리였다. 사실 개표작업은 실제 작업에 걸리는 시간보다 의문표를 둘러싸고 각 후보의 참관인들이 시비를 제기하고, 경우에 따라서는 개표를 중단시키는 소동을 빚는 등의 이유로 늦어지는 시간이 더 많다.

이런 사태를 방지하기 위해 미요시 시의 경우 철저한 사전 대비작업을 했다. 예를 들면, 1후보자와 2후보자란 사이에 기표된 투표용지는 어떻게 처리하며 기표 후 투표용지를 접어 투표함에 넣는 과정에서 원래 기표한 난의 반대편에 인주가 묻은 표는 어떻게 처리할까 하는 구체적 사안에 대해 사전에 매뉴얼을 작성해 두었다. 개표에 종사하는 직원들은 물론 각 후보 진영의 참관인에게도 사전에 이런 매뉴얼을 공개함으로써 의문표 처리를 둘러싼 시비를 최소화할 수 있었다. 나아가 의문표 판정을 위해 투표장 한켠에 '심사계'를 설치, 시내의 변호사와 사법서사를 고용해 심사업무를 맡기는 등 만반의 준비를 갖췄다.

개표사무개혁은 사실 미요시 시가 처음은 아니다. 나가노〔長野〕현 고모로〔小諸〕시는 2006년 지사선거에서 개표소 작업대를 일반책상보다 10센티 정도 높이고, 투표장의 레이아웃을 혁신함으로써 이전 선거 때의 개표시간보다 절반 이상을 단축해 34분에 개표를 마친 사례가 있다. 같은 해 후쿠시마〔福島〕현 지사선거에서는 소마〔相馬〕시가 개표종사원을 20% 줄이고서도 이전 선거 때 61분 걸렸던 개표시간을 25분으로 단축했다. 이해 4월 16일 실시된 도쿄도 다마〔多摩〕시 시장선거는 46분에 개표를 완료했다. 이에 앞서 인구 24만 명의 도쿄도 후츄〔府中〕시는 이미 1992년 시장선거 때 33분에 개표를 완료한 기록을 갖고 있으며, 2004년 참의원선거 때도 35분 만에 개표작업을 완료했다.

〈아사히신문〉 2007년 1월 8일자 천성인어(天聲人語) 칼럼을 보자.

> "올해는 통일지방선거가 있다 (일본의 경우 4년에 한 번씩 기초와 광역단체장 및 의원을 뽑는 통일지방선거가 있다. 하지만 모든 지방자치단체가 한꺼번에 선거를 치르는 것은 아니다. 특히 자치단체장은 중간에 궐위될 경우 보궐선거에서 선출된 사람이 완전한 4년 임기를 이어나가도록 돼 있기 때문에 실제로는 각지에서 수시로 지방선거가 치러진다). 이번에 놓쳐서는 안될 것이 하나 있다. 전국 300개소가 넘는 자치단체가 개표시간 단축경쟁에 도전한다고 하는 사실이다. 전 미에〔三重〕현 지사로, 현재 와세다대학 대학원 교수인 기타가와 마사야스 씨가 제창한 일이다. 이름하여 '콤마 1초의 절약'. 전례

를 답습하는 데 익숙한 공무원들에게 창의적 사고의 바람구멍을 터주고 있다. 개표시간 단축은 선거결과의 속보성을 높여서 선거에의 관심도 높인다."

'콤마(.) 1초'라는 말은 0.1초를 의미한다. 단 0.1초라도 개표시간을 줄이자는 발상이다. 기타가와 교수가 '.1초 운동'을 시작하게 된 것은 다마시와 후츄시의 개표사무 개혁이 계기가 됐다. 와세다대학 대학원 공공경영학연구과 교수이자 와세다대학 부설 매니페스토연구소 소장을 맡고 있는 기타가와는 2006년 4월 18일 다마시와 후츄시의 개표작업 단축 결과가 실린 신문기사를 보고 즉시 사례연구를 시작해 〈아사히신문〉의 기사에서 보듯이 전국적인 운동으로 확대시키기에 이르렀다.

기타가와의 조사에 따르면, 후츄시의 경우 2004년 2월 시장선거 때 시내 50개소의 투표소마다 3명씩, 개표소마다 3명씩 시급 천5백 엔의 대학생 아르바이트를 고용해 배치했다. 개표장에도 100명의 학생을 배치한 결과 이전 1992년 선거에 비해 인건비만해도 천4백만 엔을 절약할 수 있었다. 1992년 당시는 439명의 시 직원을 투입해 개표작업을 진행했었다. 직원 대신 학생을 투입한 것은 직원에게 주는 특별수당 등을 절약하기 위한 조치이다.

다마시의 경우 2002년 시장선거 때는 개표작업에 90분이 걸렸지만, 2006년 시장선거 때는 이를 46분으로 줄였다. 그 결과 초과근무수당 등이 줄어들면서 인건비만 해도 약 70만 엔을 줄일 수 있었다.

이를 근거로 기타가와는 일본 전국적으로 각종 선거의 개표시간을 1시간만 단축하면 4년간 48억 엔의 인건비를 줄일 수 있다는 계산을 내놓았다. 물론 이는 후츄시처럼 아르바이트생을 쓴다는 전제가 아니라 각 자치단체 공무원들을 투개표 작업에 동원할 때의 계산이다. 2006년 기준으로 일본 지방공무원들의 평균임금(제 수당 제외)은 36만 5천 엔(구)에서 33만 천 엔(정촌)에 이른다. 연령대로는 대략 43

세 정도면 이 정도 평균임금을 받는다고 한다. 이들의 시간외 근로수당 체계는 휴일근무의 경우 125%, 휴일 야간 10시까지 초과근무는 135%, 야간 10시 이후 초과근무는 160%를 적용하는 식이다.

일본의 전국규모 선거는 휴일(일요일)에 치르는 것으로 돼 있으므로 투개표 사무에 공무원을 동원하는 게 자치단체로서는 휴일수당까지 겹쳐 상당한 재정부담이 되고 있는 것이다. 참고로 일본에선 중·참의원 선거의 관리비용은 국가가 부담하며, 현의 지사 및 의원선거 관리비용은 현이, 시정촌의 단체장 및 의원선거 관리비용은 해당 시정촌이 부담하게 돼 있다. 자기 지역 단체장 및 의원선거 비용을 최대한 절약하지 않으면 안 되는 상황에 처해 있는 '가난한' 자치단체들이 일본에는 적지 않다. 후츄시의 경우도 누적된 재정적자로 상당한 압박을 받고 있던 상황이었다.

0.1초만 단축하면 천억 원이 절약된다

기타가와는 말한다.

> "개표시간을 좀더 단축하면 전국적으로 4년간 120억 엔의 절약이 가능하다는 시산(試算)도 있다. 하지만, 그게 다는 아니다. 개표시간을 줄이기 위해 이런저런 연구를 하고, 연습하는 과정 자체가 자치단체 공무원들의 의식개혁으로 연결된다. 개혁이라는 것은 결국 이런 과정을 거치면서 하나하나 진전되는 것 아니겠는가. 또, 개표시간 단축은 민주주의 기본인 선거를 활성화시키는 효과도 있다고 본다."

기타가와는 '.1초 운동'을 통해 동시에 두 가지를 노리고 있는 것이다. 하나는 자치단체 공무원의 의식개혁을 통한 행정개혁이다. 일본도 공무원의 무사안일은 유명하다. 2007년 내내 논란이 된 것이지만, '공중에 뜬 연금기록' 문제는 일본 공무원들의 근무태도의 단면을 보여주는 하나의 예다.

얘기가 잠시 옆길로 새는 감이 있지만 일본의 연금문제를 조금 소개하는 것도 한국에는 참고가 될 듯하다. 일본의 연금은 크게 일반 자영업자들이 가입하는 연금, 공무원들이 가입하는 연금, 봉급생활자들이 가입하는 연금의 세 가지로 나뉜다. 각기 연금을 관리하는 기관도 다르다. 자영업자들의 연금은 사회보험청이라는 기관에서 관리하는데, 바로 이 사회보험청이 대표적인 '문제아'다. 현재 사회보험청의 컴퓨터 데이터베이스에 수록된 1억 건이 넘는 연금가입자 기록 중 5천만 건이 가입자 이름, 주소 등이 잘못됐거나, 연금 납부기록이 실제와 다르거나 하는 등의 문제가 있다는 것이다.

기록의 관리만이 문제는 아니다. 사회보험청은 일본의 버블경제 시절 국민이 납부한 연금을 갖고 골프장, 호텔 등을 갖춘 '그린피아'라는 리조트를 전국 곳곳에 건설했다. 명분은 투자다. 그러나 수천억 엔의 돈을 투입한 그린피아는 곧 적자의 눈덩이가 됐다. 예상에 비해 이용객이 턱없이 적었던 것. 누적되는 적자를 감당하다 못해 2000년대 초 각 지방자치단체에 거의 공짜로 그린피아 시설을 매각할 수밖에 없었다. 그래서 그린피아 하면 일본에선 지금도 대표적인 공금낭비 사례로 지목되고 있다. 그래도 책임지는 사람은 하나도 없다.

향후 지급할 연금액이 제대로 남아 있는가 하는 의문이 제기되고 있지만 사회보험청은 구체적으로 그동안 국민이 납부한 연금 총액이 얼마이며, 얼마를 지급했으며 앞으로 연간 얼마를 지급해야 하지만 남은 돈이 얼마 부족하다든가 하는 등의 구체적 통계를 밝히지 않고 있다.

물론 사회보험청의 예는 극단적인 사례라고 할 수 있다. 대부분의 일본 공무원들은 친절하고 꼼꼼하게 일을 처리해준다. 하지만 관공서를 찾는 민원인들 중에는 답답함을 느낀다고 하는 사람들이 꽤 있다. 뻔히 앉은 자리에서 할 수 있는 일도 '규정상 3일이 걸리니 3일

뒤에 오라'며 처리를 미루는 경우를 적잖이 겪기 때문이다. 규정대로만 하면 그만이라는 식의 풍조가 만연하다 보니 적극적이고 창의적인 사고가 부족하다는 평가가 나온다.

요컨대, 기타가와는 개표시간 단축운동을 통해 그런 공무원 사회에 새로운 바람을 불어넣고 싶었다는 얘기다.

기타가와의 또 하나의 목표는 선거관리의 개혁이다. 일본의 선거관리위원회와 선거법은 한국보다 일찍이 그 체계가 잡혔다. 제2차 세계대전 전까지 일본의 선거(당시는 보통선거가 아니었다)는 그 관리를 지방행정조직이 담당했다. 그러다가 전쟁 패배 후 미 군정하에서 완전한 지방자치제를 실시하게 되면서 '자치단체장을 뽑는 선거를 관리하는 업무를 해당 자치단체가 한다는 것은 공평성에 문제가 있을 수 있다'는 지적이 제기돼 시구정촌까지 각급 선거관리위원회가 조직되기에 이르렀다.

일본에서는 4년마다 한 번씩 치르는 대규모 지방선거를 통일지방선거라고 하지만 한국에서는 이와 비슷한 선거를 전국동시지방선거라고 한다. 지방선거제도도 닮았지만, 선거관리위원회제도나 선거법도 상당히 일본과 닮아 있다.

다만 선관위의 업무 면에서 보면 한국의 선관위가 일본보다 활동범위가 넓고 적극적이다. 일본이나 한국이나 선관위는 위원중심으로 구성돼 있다. 사무처 직원의 수는 많지 않다. 선거가 매일 있는 것은 아니니 많을 필요도 없다. 한국의 경우는 광역 및 기초자치단체 외에 읍면동 단위까지 선관위가 조직돼 있다. 기초단체급 이상의 선관위는 활동을 펼 수 있는 사무처 상근 인력이 있다. 하지만 일본의 시구정촌 기초단체 선관위는 상근 인력이 없는 경우가 많다고 한다. 선거 때가 되면 시구정촌의 공무원들이 선관위원장의 지시를 받아 선거관리 업무를 겸하는 상황이라는 것이다.

이러다 보니 선거관련 정보공개, 투표참여 홍보 등의 업무가 뒷전으로 밀리는 경향이 생긴다. 심지어 일부 지방 선관위는 유권자들에게 후보자 공보조차 보내지 않는 경우도 있다고 한다. 소극적 선거관리는 결국 투표율 저하로 이어진다는 것이 기타가와의 판단이다. 한국도 투표율 저하가 논란이 되고 있지만, 일본은 특히 심각하다. 젊은층이 좀처럼 투표하러 가지 않는다. 대도시 주변 위성도시의 투표율은 더욱 낮다. 지방선거의 경우 20~30%의 투표율이 예사다. 이렇게 투표율이 낮으면 조직을 갖고 있는 후보자가 이길 확률이 높아진다. 조직을 움직이기 위해서는 돈이 든다. 그 돈을 마련하기 위해 정경유착의 부패가 일어나기 마련이다. 예를 들어, 도쿄 인근 현의 전 지사는 공공시설물의 명칭을 자기 딸의 이름을 따서 붙이는 등 '횡포'를 일삼았지만 장기집권하는 데 아무 문제가 없었다. 주민들이 그만큼 정치에 관심도 없고, 투표율도 낮았기 때문에 가능한 일이었다.

선거관리를 개혁하지 않으면 일본 민주주의의 근간이 흔들릴 상황이라는 것이 기타가와의 진단이다. 기타가와는 아예 선거관리위원회의 명칭을 바꿔 '선거추진위원회', '유권자지원위원회' 등으로 하는 것이 어떠냐는 제안까지 하고 있다. 부정선거방지라는 소극적 개념에서 출발한 '관리'라는 말이, 선거관리위원회의 활동을 제한하고 있다는 것이다. '.1초 운동'에서 보듯, 효율성을 도모한다는 측면에서는 '선거경영위원회'도 괜찮다는 아이디어도 나오고 있다.

개혁을 지향하는 모든 것은 매니페스토로 통한다

기타가와는 일본에서 매니페스토의 제창자요, 매니페스토 운동의 선구자로 자타가 인정하는 사람이다. 그에 따르면 매니페스토라는 말은 '수치, 재원, 기한이 포함돼 있는 정권공약'으로 정의된다.

일본이 매니페스토의 원조인 영국에서는 선거철이 되면 2파운드 정도 하는 각 정당의 매니페스토가 수십만 부나 팔려나갈 정도로 매니페스토가 정치문화에 녹아 있다고 한다. 그런 개념의 매니페스토를 일본 선거에서 처음으로 실현한 이가 바로 기타가와인 것이다. 기타가와의 제창으로 2003년 4월 통일지방선거에서 처음으로 도입된 매니페스토는 일본에서 곧바로 하나의 정치용어이자 정치현상으로 정착됐다. 기타가와는 매니페스토가 뿌리내리도록 지금까지도 끈질기게 뒷받침해오고 있는 주역이다.

2007년 일본에서는 4월에 통일지방선거가 있었고, 7월에 참의원선거가 있었다. 매니페스토라는 말이 언론에서 빈번하게 다뤄진 것은 물론이다. 참의원선거가 집권 여당인 자유민주당이 과반수에 미달하는 참패를 기록하고, 민주당이 대승을 거두어 여야가 역전되는 상황으로 끝난 뒤에도 매니페스토는 심심찮게 거론됐다.

참고로, 일본은 중의원과 참의원 양원제이나 주요 권한은 중의원이 쥐고 있다. 중의원 의원 중에 수상이 선출되며 수상은 자신의 신임을 묻기 위해 중의원을 해산하고 총선거를 다시 치를 수 있다. 자민당은 참의원에서 과반수에 미달했지만 중의원은 여전히 과반수를 차지하고 있기 때문에 당연히 여당이다.

2007년 참의원선거 당시 자민당은 매니페스토라는 말을 쓰지는 않았지만 '성장을 실감으로'라는 제목으로 155개의 항목을 담은 선거공약집을 냈다. 그 중점과제로 '신뢰가능한 연금제도의 재구축', '공무원제도 개혁의 단행' 등 7개를 제시했다. 민주당은 '매니페스토 민주당의 정권공약'이라는 제목으로 3개의 약속과 7개의 제언을 내용으로 하는 매니페스토를 제시했다. 그 중에서도 제 1항으로 제시한 '기초연금은 국가의 세금으로 보장하겠다. 낭비되는 재원을 철저하게 차단하면 세금 인상 없이도 기초연금을 세금에서 지급하는 것이 가능하다'는 공약을 제시했는데, 과연 그처럼 세금 인상 없이 기초연금을 세금으로 보장해주는 정책이 실현가능한 것이냐 하는 얘기가 선거 후에도 관련 정치토론 때마다 양념처럼 등장한다.

민주당의 매니페스토가 이처럼 재원문제 등까지 언급한, 제대로 된 매니페스토라고 한다면 자민당의 155개 공약은 사실 '무엇이든 표가 되는 것은 다 한다'는 구래의 선거구호와 크게 다르지 않다. 연금기록을 철저히 조사해 모든 피보험자에게 연금을 완전 지급하며, 문제가 된 사회보험청은 폐지 해체하겠다, 공무원의 낙하산 인사를 근절하겠다, 교육을 재생하겠다, 의사(醫師) 부족을 해소하겠다, 환경과 성장을 양립시키겠다 등 당시 논란이 되고 있던 사안에 대해 '좋은 말'은 다 담았다. 선거 뒤 자민당이 이런 약속의 실현을 위해 뭔가 하고 있다는 말은 별로 들려오지 않는다.

이래서는 진정한 의미에서 매니페스토형 선거가 실현되고 있다고 말하기는 어렵다. 그런데도 일본의 매니페스토론자들은 자민당의 선거공약도 매니페스토로 간주하고, 100% 만족스러운 것은 아니나 매니페스토가 일본의 선거에서 정착됐다고 말하고 있다. 물론 기타가와도 그런 주장을 편다. 그것뿐 아니다. 기타가와는 '.1초 개표시간 단축'도 매니페스토 운동의 일환이라고 주장한다. 매니페스토가 '수치 재원 기한을 명기한 선거공약'으로 정의한다고 할 때, '.1초 개표시간 단축'이 도대체 선거와 무슨 상관이기에 ….

기타가와의 그런 주장에는 이유가 있다. 매니페스토는 목적이 아니라고 보기 때문이다. 매니페스토 자체가 정치개혁을 보장하는 것도 아니고 더구나 국민 개개인에게 곧바로 경제적 이익을 가져다 주는 것도 아니다. 기타가와도 이 점을 잘 알고 있다. 그는 다만 매니페스토라는 수단을 통해 결과적으로 국리민복을 가져오는 개혁을 앞당길 수 있다고 믿고 있을 뿐이다.

정치와 행정의 개혁이 그의 지향점이다. 표현을 매니페스토라고 할 뿐이지, 실제로 지금 그가 하는 운동은 정치개혁이요 행정개혁이다. 개혁에 대한 그의 집착은 2003년 처음으로 매니페스토를 주창하기 훨씬 이전으로 거슬러 올라간다.

일본 개혁파 지사의 리더 기타가와

기타가와는 1944년생으로 와세다대학 상학부를 졸업했다. 1972년부터 출신지인 미에현 의회 의원을 3기 연임한 후 1983년부터는 중의원 의원에 연속 4번 당선됐으나 1995년 4월 중의원 의원직을 던지고 미에현 지사선거에 도전, 당선한 뒤 2003년 4월까지 2기 8년간 재임했다.

미에현 지사 시절에 그는 개혁지사로 유명했다. 〈도쿄신문〉의 가나이 타쓰키〔金井辰樹〕 기자는 지사로서의 기타가와에 대해 "임기중에 현청 업무 및 직원에 대한 사무사업 평가시스템을 도입하고, 원자력발전소 건설계획을 백지화시키는 등의 정책을 펴 높은 평가를 받았다. 한마디로 개혁파 지사의 리더격이었다"고 평가했다(가나이 타쓰키 저, 이홍천 역, 《매니페스토의 탄생》, 2006년).

기타가와 본인은 자신의 미에현 지사 시절에 대해 다음과 같이 회고하고 있다.

> "한마디로 말하면 새로운 행정 비즈니스 모델에의 도전이었다. 지금 되돌아보면 개혁은 거의 실패였는지도 모르겠다. 또, 보는 이에 따라서는 8승 7패 정도였을지도 모르겠다. 하지만 새로운 가치를 창조하고자 현청의 직원들과 함께 '강하게 하자'고 하는 기개에 넘쳐 있었다. 실패하기도 하고, 비판을 듣기도 했지만 '핀치는 찬스'로 받아들여 전진했다. 몇 번이나 시행착오를 거듭했지만 사실은 그 시행착오의 과정 자체가 학습효과가 있어 개혁을 튼튼하게 뒷받침할 수 있었다고 생각한다"(생활자 기점의 행정혁명, 2004년 9월).

미에현은 일본의 옛날 도읍지인 나라〔奈良〕, 교토 및 오사카 등의 지역을 일컫는 별칭인 긴키(近畿, 여기서 '畿'라는 한자는 '서울 주위'를 뜻한다. '긴키'란 말은 옛날 도읍지 가까운 지역이란 뜻이다. 한국의 경기도도 조선의 도읍지인 한양의 주위라는 뜻에서 붙은 이름이다) 지방에 속하는 것으로 돼 있다. 도쿠가와〔德川〕 막부 시절 실권은 없었지만 어쨌든 임금이었던 일본 천황이 살던 곳이 교토이고, 일본사람들은 그 교토를 '서울'로 생각했다. 메이지유신 이후 천황이 에도〔江戶〕로 옮겨와 도쿠가와 일가가 살던 에도성(城)을 점령해 새로운 거처로 삼고, 이 일대의 이름도 동쪽 서울이라는 뜻의 도쿄로 고쳤다. 천황의 새로운 거처는 '천황이 사는 곳'이라는 뜻의 고쿄(皇居, 황거)라고 한다.

태평양을 연한 미에현은 서쪽으로는 나라현에 접하고 있고, 동쪽으로는 아이치〔愛知〕현에 접하고 있다. 아이치현은 오사카에서 멀지는 않지만, 생활권이 다르고 사투리 억양도 판이하다. 도요타 자동차로 유명한 도요타〔豊田〕시와 나고야〔名古屋〕시를 포함하는 아이치현은 일본에서도 가장 부유한 현에 속하며, 주부〔中部〕, 주니치〔中日〕 지방이라고 칭한다. 미에현의 동쪽 지역은 실질적으로는 주부지방 경제권에 속한다고 한다. 이세진구〔伊勢神宮〕라는 유명한 신사가 있다. 일본의 3대 신궁(일반 신사보다 격이 높은 신사)으로 꼽히는 이세진구는 기원전 2세기 천황가의 조상이 세웠다고 하며 매년 6백만 명의 관광 참배객이 찾는다. 이세진구 앞에서 팔리는 아카후쿠〔赤福〕라는 팥떡이 복을 주는 떡이라고 해서 유명한데, 2007년 일본에서는 300년 역사를 자랑한다는 아카후쿠 업소가 유통기한을 속여 팔아 소동을 빚은 일이 있다. 현재 미에현의 인구는 187만여 명이다. 이세진구가 있는 이세시 앞바다에서 잡히는 '이세에비'(이세새우)가 특산물이라고 한다. 이세에비는 커다란 집게발은 없지만 생긴 모습이 바닷가재와 닮았다. 이 때문에 이세새우라는 말은 일본에서 바닷가재를 의미하는 말로도 쓰인다.

기타가와의 설명을 종합하면 그가 지사시절 한 일은 관료주의 타파로 요약될 수 있을 듯하다. 예를 들면 이런 것이다.

> "부장회의(일본의 중앙정부에서 국장이 최고직책이라면 현은 대개 부장이 최고직책이다)는 현의 최고의사결정기관인데, 처음 취임해서 보니 부장회의라는 것이 각 부장의 보고사항만 읽고 아무도 얘기하지 않는 것이었다. 원래 그러냐고 물으니, 당연한 듯이 '그렇다'는 대답이 돌아왔다. 나는 보고사항 같은 것은 사전에 전화나 메일로 끝내면 되는 것이니 회의에서는 토론하도록 하라고 말했다. 'A부장의 의견이 틀렸다면 다른 부장은 틀렸다고 지적할 일이다. A부장에게 지적했다가 나중에 자기도 지적받을 것을 염려해 침묵하고 있는 것이라면 담합조직에 불과하다. 서로 상처주지 않도록 하는 부장회의라면 할 필요 없다. 현민을 가장 먼저 생각한다면 서로 지적하고 지적당하는 게 마땅하다.' 이렇게까지 했는데도 의견을 말하지 않는 부장에 대해서는 내가 지명해서 발언을 시켰다. 그렇게 토론 풍토가 조성됐으나 서로 토론하는 데 익숙하지 않은 탓에 부장들끼리 싸움하는 상황이 됐다."

그렇게 시작해서 종래의 부장, 차장, 과장, 계장 등으로 이어지는 수직계급구조를 뜯어고쳐 차장이나 과장보좌 등의 중간계급을 없애고 지사, 부장, 총괄매니저, 팀매니저, 팀원 식으로 현청의 조직 자체를 바꿨다. 전래대로 해왔기 때문에 하는 것이 아니라, 현민을 위해 필요하기 때문에 한다는 '업무'중심으로 조직을 바꾼 것이다.

기타가와는 이렇게 현정을 개혁해 나가는 과정에서 외부 민간기업의 경영기법을 열심히 배우고 도입했다. 인사개혁안이며 사무사업평가 등 주요한 개혁과제는 민간전문가들이 참여해 직원과 공동으로 만든 것들이다. 행정기관 등의 공공부문도 목표 계획을 세우고(PLAN)—이를 실행하며(DO)—평가도 하는(SEE) '사이클'을 도입해야 한다는 것이 그의 지론이다. 그 자신 미에현 지사 시절 현청의 사무와 사업에 대해 이 같은 평가시스템을 일본 최초로 도입했다. 몇 년의 시행착오를 거쳐 단순히 개별 사무사업의 비용 대비 효과에 대한 평가가 아니라 그 최상위 개념인 '이념', 그리고 이를 실현하기 위한 정책, 시책, 기본사업, 그리고 사무사업에 이르는 '톱 다운' 방식의 평가로 진화시켜 과연 개별 사무사업이 이념을 구현하는 데 얼마나 기여했느냐를 평가하는 단계까지 이르렀다고 한다. 그것이 중앙정부에도 영향을 미쳐 2001년 3월 '행정기관이 행하는 정책의 평가에 관한 법률'이 제정되기에 이르렀으며 지금은 공공부문에서도 정책평가(행정평가)가 표준어로 자리잡았다.

호텔 서비스를 배우는 공무원

미에현은 오사카 경제권과 밀접하다 보니 오사카 쪽으로 왕래하는 사람들이 많다. 오사카의 최고급 호텔로는 '리츠칼튼 오사카'가 꼽히는데, 이 호텔은 서비스가 남다른 것으로 정평이 나 있다. 고객이 한 번 왔다 가면 그 고객의 모든 기호사항을 체크, 그 정보를 전 부서직원이 공유해 다음에 그 고객이 다시 올 때 '깜짝 놀랄 서비스'를 베푸는 식이다.

가족 손님이 식당에 들어오면 웨이터는 그들이 혹시라도 생일축하 외식을 하러 온 것은 아닌지 분위기를 살펴서 진짜 생일축하 외식이라면 주방에 살짝 연락해 작은 생일 케이크 하나를 내옴으로써 의외의 기쁨을 선물한다. 도어맨은 고객이 타고 온 승용차 번호를 기록하고 이를 투숙객 명부와 대조해 승용차 주인의 이름을 외웠다가 다음에 그 승용차가 다시 왔을 때 자연스럽게 고객의 이름을 부르며 안으로 안내해준다. 객실담당은 고객이 맘에 들어했던 객실구조와 침대배치를 기록해 뒀다가 다음에 그 고객이 다시 오면 그 취향을 고려해 방을 배정한다. 주방 요리사는 고객이 스테이크를 먹을 때 어느 정도 익힌 것을 먹는지 기록해뒀다가 다음에는 차질 없이 서비스를 제공한다.

이런 서비스를 제공하기 위해 리츠칼튼 호텔은 20개의 '기본사항'을 제정해 놓고 종업원들이 출근하는 대로 매일 돌아가면서 한두 항목씩 낭송토록 하고 있다고 한다. 이렇게 하면 몇 달이 되지 않아 20개의 항목을 전 종업원이 외우게 된다는 것이다. 고객을 맞거나 보낼 때는 '마음에서 우러나는 인사를 하고 고객의 이름을 외어 부를 수 있도록 한다'는 등의 서비스 수칙이다. 이런 서비스를 하기 위해서는 종업원도 자긍심이 있어야 한다는 것이 리츠칼튼의 경영철학이라고 한다. 리츠칼튼의 종업원들은 그래서 "우리는 신사숙녀를 모시는 신사숙녀다"라는 표어를 내걸고 있다.

기타가와는 리츠칼튼 같은 민간부문의 이런 철저한 서비스 정신이 공무원에게도 필요하다고 강조한다. 견학도 시키고 초청해 강연도 들었다. 미에현의 주민은 고객이고 공무원은 서비스맨이라는 의식이다. 그의 말로는 생활자 기점(生活者起点)에서 모든 것을 사고하고 행동하라는 주문이었다.

기타가와가 미에현 지사를 그만둔 지 3년이 넘은 2007년 현재도 미에현의 총무부 홈페이지에는 '경영품질향상활동' 등 민간기업에서나 씀직한 말들이 아직도 상당히 보인다. 그 중의 하나 '미에현 생활자 기점 매니지먼트 베이직 20'이라는 게 있다. 이는 현청 내의 직원들이 스스로 의견교환을 통해 2004년 작성한 것으로 일종의 체득지침이라고 할 수 있다. 거기에 이런 구절이 있다.

> "고객의 요구를 먼저 읽도록 노력하겠습니다. 지금 내가 하는 일의 고객은 누구인가, 그리고 그 고객에 있어 가장 중요한 가치(요구)는 무엇인가를 명확하게 해 일을 진행하겠습니다. '관리'로부터 '경영'으로, 관리형, 조정형의 일처리에서 경영형 매니지먼트로의 진화를 지향하겠습니다."

동료 지사들에게 매니페스토를 '강요'하다

2003년 1월 25, 26일 양일간 기타가와가 지사로 있는 미에현 요카이치〔四日市〕시에서 '심포지엄 미에, 분권시대의 지자체 변혁 내 손으로 어떻게 벽을 허물까'라는 모임이 열렸다.

그해 4월로 재선 임기가 끝나는 기타가와는 전년 11월에 지사 3선에는 출마하지 않을 것이라고 선언한 바 있다. 기타가와로서는 이 심포지엄을 통해 자신이 지사재임 8년간 실행한 미에현의 개혁을 평가받는 것과 함께 지방에서부터 시작되는 자치개혁의 흐름을 가속화시키려는 목적이 있었다.

그의 3선 불출마 선언을 두고는 당시 일본 정치권에서 온갖 억측이 난무했었다는 것이 가나이 기자의 술회다. "기타가와가 신당을 만들려고 한다", "(당시) 고이즈미 준이치로〔小泉純一郎〕 수상에게 발탁되어 지방분권담당 각료가 될 것이다" 등. 그렇기 때문에 이 심포지엄에서 기타가와가 무슨 말을 할지 주목의 대상이었다. 그러나 정작 기타가와는 여기서 '엉뚱한' 얘기를 했다. 매니페스토를 제창한 것이다.

그렇다고 그 자신 지사선거에 출마해 매니페스토를 한다는 얘기는 아니었다. 자기는 출마하지 않지만 출마하는 다른 지사들은 매니페스

요카이치는 한국말로 번역하면 '나흘(4일)장' 혹은 '나흘장터' 정도의 의미다. 그러므로 요카이치시(市)는 '나흘장 시'란 뜻이 될 것이다. 일본에서는 시(市)를 크게 두 가지로 읽는데, 훈독으로 하면 '이치'다. 한국말로는 '장터'라는 의미다. 음독으로 하면 한국어와 발음이 같아 '시'가 된다. 행정구역 단위인 시를 가리킬 때나 추상적인 시장의 개념을 뜻할 때는 '시'로 읽는다고 한다. 같은 '市場'이란 한자를 써 놓고도 'OO건어물시장'의 경우엔 훈독으로 '이치바'라고 읽고, 주식시장 같은 경우엔 음독으로 '시죠'라고 읽는다.

토를 제시해 달라는 주문이었다. 심포지엄중 마스다 히로야〔增田寬也〕 이와테〔岩手, 일본 혼슈 동북부 지방에 있으며, 중심도시는 모리오카(盛岡)〕현 지사, 아사노 시로〔淺野史郎〕 미야기〔宮城, 이와테현의 바로 남쪽 아래 지방에 있으며, 중심도시는 센다이(仙台)〕현 지사, 기무라 요시키〔木村良樹〕 와카야마〔和歌山, 오사카의 남쪽 바로 아래에 있으며, 중심도시는 와카야마〕현 지사, 가타야마 요시히로〔片山善博〕 돗토리〔鳥取, 일본 주고쿠 지방에 속하며 한국의 남해와 동해 쪽에 연하고 있음. 중심도시는 돗토리〕현 지사, 하시모토 다이지로〔橋本大二郎〕 고치〔高知, 일본 주고쿠 지방의 남쪽에 있는 섬을 시코쿠(四國) 지방이라고 하는데, '네 나라'라는 뜻의 시코쿠에는 지금도 고치를 포함한 4개의 현이 있음. 고치의 중심도시는 고치〕현 지사 등 이른바 개혁파 지사들과의 합동토론 시간에 나온 말이었다.

조금 길지만 당시 기타가와의 발언 내용을 정리해 소개한다.

> "이번 4월 11일에 11명의 지사선거가 실시돼 후보자가 입후보 한다(2003년의 일본 통일지방선거를 지칭하는 말. 통일지방선거라고는 하지만 지방 단체장이 궐위돼 보궐선거로 새 단체장을 선출하면 정식으로 4년 임기가 새로 시작되기 때문에 실제 선거일이 다른 경우가 많다. 2003년 통일지방선거의 경우 전국 47개 도도부현 광역자치단체 중 지사선거를 한 곳은 11군데에 불과했다). 그러면 공약과 슬로건을 내세우기 마련이다. 지금까지는 '희망목록'을 만들어 이를 공약이라고 내걸었다. 그런 공약에는 재원문제가 거의 보이지 않는다. 정책을 실행하는 데 얼마의 기간이 걸릴 것이라든지, 예산배분과 재원조달의 과정은 어떻게 한다든가 하는 것은 거의 보이지 않았다. 이 점에서 나는 여기 마스다 지사와 가타야마 지사의 경우는 4월 선거에서 재선을 위한 입후보를 할 때 틀림없이 '매니페스토'를 제시할 것이라고 여러 사람에게 선전했다. 매니페스토를 내지 않으면 비판받을 것이다. 관념론이 아니라 현 지사의 입장에서 매니페스토를 마련하기 바란다. 그것은 슬로건이 아니다. 재원설명도 붙여야 한다. 이런저런 예산으로 이것도, 저것도 하겠다는 식이어서도 안 된다. 예를 들어 '복지예산을 늘리는 대신에 공공사업을 삭감

하겠다'라는 식으로 확실한 매니페스토를 만들기 바란다. 두 분은 지금 이 자리에서 선언해 주기를 바란다.

이번 지사선거 뒤 언젠가는 있을 중의원 총선거에서 정당이 정말로 재원 등의 문제를 확실히 한 선택지를 국민에게 제시하기 위해 매니페스토를 만든다면 정치에 긴장감이 돌 것이다. 지금까지의 콘센서스 정치(일본 자민당의 1당 독주상황에서 자민당이 가능한 많은 사람들의 의견을 수렴해 적당히 타협하는 식의 국정운영을 의미)는 가장 낮은 수준의 논의이며, 이는 담합이라고 해도 좋다고 본다. 다수결 정치로 국민에 신임을 묻는다고 하는, 주권재민의 민주주의를 실행하는 것이 가장 중요하다. '이 정책에 대해서는 이렇게 생각합니다. 이를 제시하는데, 여러분은 어떻게 생각합니까'라는 것을 제시하고, 약속을 하지 않으면 긴장감은 없어진다.

후보자가 매니페스토를 만들려면 재원의 문제에 부딪치게 돼 있다. 재원 조달 방안을 명확히 하는 것은 확실히 어렵기는 어렵다. 하지만 최근 지방에도 우수한 인재들이 있어, 매니지먼트를 확실히 하고 있으므로 그런 점을 활용하면 매니페스토를 작성하기가 비교적 쉽다고 본다. 그러니 이번 4월에 출마하는 분은 솔선수범해서 훌륭한 매니페스토를 작성하기 바란다. 여기 두 분이 지방분권을 통해 21세기 일본의 민주주의를 열어주기를 희망한다.

영국에서 보수당의 마가렛 대처 전 수상이 큰 개혁을 이룬 데 이어 이번에는 노동당의 토니 블레어 수상이 나와 반 년 만에 엄청난 개혁을 진행했다. 대처에 이은 블레어의 개혁은 결국 '나는 이런 일을 하겠다'는 것을 국민에게 호소해 압승했기에 가능했다고 본다. 민주주의는 이런저런 요소가 뒤섞여 있기 때문에 아무리 좋은 정책이라도 해도 그것이 지속되면 결국에는 정책전환을 하지 않으면 안 되는 상황이 생기고, 그래서 여야당의 전환이랄까 이런 것이 일어나게 된다"(심포지엄 미에 '분권시대의 자치체 변혁', 〈지역정책 '내일의 미에'〉 특별호, 2003. 3).

기타가와는 어찌보면 애걸하듯이, 어찌보면 강요하듯이 매니페스토 작성을 지사들에게 요구하는 것이다. 기타가와의 매니페스토에 대한 열성과 기대가 어느 정도인지 충분히 알 수 있는 대목이다.

기타가와의 요청에 대해 이와테현의 마스다 지사는 "지금 매니페스토라고 하지만, 아무래도 친숙하지 않은 점이 있으니 정책강령이라고 하면 좋지 않을까 생각한다. 어쨌든, 작년부터 기타가와 지사와 이에 관해 상담한 일이 있지만 나는 준비하려고 생각하고 있다. 나는 지금까지 2차례 선거를 치렀고, 그때마다 공약이라는 것을 내긴 했지만 그 한계를 절감하던 차이기도 하다. 시기와 수량, 재원을 명확하게 하고, 책임 있는 자세로 제시하고 싶다"고 적극 공감을 표했다. 그러면서 그는 "가장 어려운 것은 재원이라고 생각한다. 진실로 매니페스토 형식에 맞추려고 하면 할수록 아무것도 쓸 수 없게 된다"고 실제 매니페스토를 작성하는 과정에서의 어려움을 토로했다.

돗토리현의 가타야마 지사도 "대찬성이다"고 적극 동참 의지를 표시했다. 그러나 그는 "현재 지방자치단체는 중앙정부와의 관계, 특히 중앙정부의 정책 여하에 따라서 좌우되는 부분이 많은 것이 사실이다. 이 점에서 기타가와 지사의 말처럼 착실하게 매니페스토를 내세워 선거를 치른다고 할 때, 그래서 이를 성실히 이행한다고 할 때 (중앙정부가 권한을 쥐고 있는) 재원문제에 부딪쳐 좌절하게 된다. 역시 재원의 전망이 서지 않는 지방재정의 현 상황을 탈피하지 않으면 안 된다는 생각이다"고 문제도 제기했다. 매니페스토는 원칙적으로 찬성하지만, 상당부분의 재원을 중앙에 의존하고 있는 자치단체가 재원을 명기해 자기만의 특성 있는 정책을 추진할 매니페스토를 작성한다는 게 현실적으로 가능하느냐는 의문이었다.

기타가와가 매니페스토 운동을 시작한 것은 2002년 가을부터이다. 2003년 11개 지역 지사선거에 나설 사람을 찾아다니며 매니페스토의 필요성을 강조하고 선거 때 이를 작성해 제시해 달라고 요청했다. 토론에 동석한 마스다 지사와 가타야마 지사는 이미 그때 찬동의사를 밝힌 터였다. 그러니까 토론에서의 '요청'과 '호응'은 사실상 미리 짜여져 있던 셈이다.

이들 2명 외에도 다른 3명의 현직 지사가 "2003년 4월 선거에서는 작성하기 어렵지만 매니페스토에는 찬동한다"는 의사를 표명했다. 그러나 일부 인사들은 "매니페스토를 작성할 수 없다. 재원을 국가가 쥐고 있는데 무책임하게 약속할 수 없는 것 아니냐"는 반응을 보였다. 지금까지는 지키지 않아도 되는 공약이었으므로 적당히 만들었지만, 매니페스토를 작성하면 책임을 져야 되니 만들 수 없다는 것이었다고 한다. 그럼에도 불구하고 기타가와는 "이제부터는 지방과 중앙의 관계가 변한다. 자기결정 자기책임이 지방분권의 기본이 된다. 말씀처럼 책임지는 자치행정을 위해서도 매니페스토는 절대적으로 필요하다"고 정성을 다해 설득한 결과 그 같은 회의론을 극복할 수 있었다고 한다. 지사후보들이 매니페스토를 작성하다 보면 재정자치가 제대로 되고 있지 않은 현실에 눈을 뜨게 될 것이고, 그런 각성은 결국 재정자치가 가능한 지방분권에 대한 요구로 이어져 분권개혁을 앞당길 것이라는 설명이다.

일점 돌파 전면 전개의 혁명

기타가와는 왜 이처럼 만사 제쳐놓고 매니페스토에 매달렸는가. 본인이 정치를 다시 할 것도 아닌데 말이다. 필자는 와세다대학에서 기타가와의 강의를 듣고 접하면서 "그에게는 혁명가적 기질이 있다"는 느낌을 종종 받았다. 기타가와가 사람들과 대화하는 중에, 혹은 강의하는 중에 즐겨 쓰는 '말'이 있다. 그 중에는 자신이 만든 조어가 많다. 그 말들은 발상 자체가 혁명적인 분위기를 풍긴다. 몇 가지 예를 들어보면 다음과 같다(설명은 기타가와 본인의 말).

'문명사적 전환점': "지금은 일본에 있어 메이지유신, 제 2차 세계대전 후의 개혁에 이어 제 3의 개혁의 시기다. 제 3의 개혁 시기는 이전보다 다이내믹한 문명사적 전환을 가져올 것이라고 확신한다. 또, 세계사적으로 보면 농업

혁명, 산업혁명에 필적하는 문명사적 전환점이다. IT(정보기술)의 발전에 의해 단지 개선이 아니라 라이프스타일과 행동양식도 바꾸지 않으면 안될 정도의 개혁이 찾아오고 있다.”

‘새로운 가치의 창조’: “미에현 지사가 돼서 종래의 수직형 관료조직을 부수기로 마음먹었다. 전례를 답습하는 것이 아니라 새로운 가치를 창조하는 파워가 직원에게 필요하다고 되풀이 강조했다. 구래의 ‘상사의 의중을 먼저 살피는’ 스타일, 현장에서의 책임모면이 특기인 사람, 지금까지 해오던 대로 하면서 대과 없이 시간을 보내면 만사가 ‘오케이’라는 종래의 예정조화설에 익숙해 있는 사람은 인사에서 배제했다. 목적을 분명히 제시하고 그 목적을 향해 뛰어서 성과를 내는 새로운 정책을 입안하는 직원에 햇빛을 비추었다. 나는 자유인으로 살아왔다. 현 체제에 잘 순응하고, 거기에 잘 올라타는 생존방식은 내게는 체질적으로 맞지 않는다. 이 점에서 나는 구래의 관료출신 지사와는 발상이 달랐을지도 모른다.”

‘생활자 기점’: “생활자 기점이라는 사고방식은 어떤 점에서는 지금까지의 현정을 부정하는 것일지도 모른다. 중앙정부와 지방이 상하주종 관계였듯이, 현과 시정촌, 혹은 현과 현민의 관계는 상하주종까지는 아니더라도 일방적으로 관리하고 지도하는 경향이 있었다는 것을 부정하기 어렵다. 하지만 생활자 기점은 행정서비스를 ‘받는 이’의 입장에서 생각하는 발상이 필요하다. 생활자를 잘 분석하면 퍼블릭 거버넌스, 매니지먼트가 나온다. 생활자의 주체적 활동을 지원하는 게 행정의 본래 역할이다. 납세자로서의 생활자는 당연히 행정서비스를 받을 권리가 있는 것이다.”

‘일점 돌파 전면 전개’: “예를 들어 의회개혁이라고 한다면 모든 것을 한꺼번에 할 수는 없다. 지방의회 개혁이라고 하면 의원입법권(조례제정권)을 살려 의원이 스스로 조례안을 만들어 의회에서 처리하는 것부터 개혁이 시작될 수 있다. 일단 한 부분에 힘을 집중해 이를 달성하면 거기서 얻은 자신감으로 다른 많은 부분을 개혁할 수 있는 힘을 얻게 된다. 매니페스토를 기제로 하나의 점(一点)을 돌파(突破)하고 나면, 정치개혁을 향해 전면(全面)적으로 전력을 전개(展開)할 수 있다.”

> '베이징의 나비': "베이징에서 나비 한 마리가 날개짓을 하면 뉴욕에서는 허리케인이 일어난다. 나는 물리화학의 세계에서 사용되는 복잡계(複雜系) 이론을 '베이징의 나비'라는 예화를 들어 정치학과 사회학의 세계에 받아들이려고 노력하고 있다. 로렌츠라는 기상학자에 의하면 끊임없는 소용돌이 형태로 움직이는 기상에 어떤 이질분자가 주어지면 그 소용돌이가 변해 두 개의 소용돌이가 생기는데 그 모양이 나비의 날개를 닮았다고 한다. 두 소용돌이가 상호작용하면 거대한 소용돌이도 되고 허리케인도 된다는 것이다. 국회는 기존체제에 의해 선출된 의원에 의해 구축돼 있다. 그런 의원이 기존체제를 부수려 하지 않는 것은 당연하다. 자기의 존립기반이 위험해지기 때문이다. 하지만 그 정치가를 움직이게 하는 것은 민의다. 민의는 변덕이 심하다고 하지만 일단 인식을 공유하고 공명이 일어나면 폭발적인 힘을 갖고 정치가를 움직일 수 있다. 매니페스토라는 한 마리 나비의 날개짓이 촉매효과를 발휘하고 상호작용이 일어나 허리케인이 발생하면 나라는 크게 바뀔 수 있다."

그의 이러한 '말'은 혁명, 혁신, 개혁이라는 개념을 자연스럽게 떠올리게 된다.

> "기존체제는 문제가 많다, 바꾸지 않으면 안될 '악'이다. 나는 그 기존체제와는 맞지 않는다. 아니, 기존체제가 문제가 많다는 것을 알면서 거기에 내가 타협할 수는 없다. 나는 소수일지는 모르나 옳은 일을 하고 있고, '선'이다. 선은 반드시 승리하게 돼 있다. 저기 하나의 점만 돌파하면 전면적인 승리가 기다리고 있다."

'일점 돌파 전면 전개'는 16세기 일본에서는 전국시대라고 칭하는 시기, 일본 통일의 목전까지 갔던 장수 오다 노부나가〔織田信長〕가 5만의 적군을 대적할 때 썼던 전법이라고도 한다. 중국 공산당의 게릴라 전법을 연상시키기도 한다. 러시아 볼셰비키 혁명의 지도자 레닌은 혁명노선을 둘러싸고 트로츠키의 멘셰비키와 대립할 때 자신이 사실은 소수파임에도 불구하고 다수파(=볼셰비키)라고 자칭하며, 상대를 소수파(=멘셰비키)로 몰아붙였고, 결국에는 다수파의 지위를 얻었다고 하는 건 유명한 얘기다. 자기최면이랄까, 자기확신이 없으면 지금 자기가 하는 '정치개혁을 통해 나라를 바꾼다'는 거대한 과제를 밀고 나가는 게 불가능할 것이다. 기타가와가 지금 하고 있고, 하고자 하는 바가 바로 그런 것이다. 그것은 혁명가적 소명의식이 없다면 불가능한 일이다.

소선거구제와 지방분권이 기타가와 매니페스토의 원점

기타가와가 2002년 11월 지사 3선 불출마를 선언했을 때 이런저런 정치적 관측이 나왔다지만 정작 기타가와 본인은 "처음 지사 출마를 선언했을 때 밝힌 대로 했을 뿐이다"고 말한다.

> "나는 원래 권력의 자리는 오래면 오래될수록 부패한다는 인식을 강하게 갖고 있었다. 처음 미에현 지사선거에 입후보할 때 기자회견에서 '권력의 자리는 2기 8년이 적당하다'고 분명히 말했다. 많은 기자들은 '어차피 정치인의 말이니까'라며 별로 진지하게 받아들이지 않았지만 나로서는 상당한 결의를 담아서 한 말이었다."

기타가와가 주민의 신망을 잃어서, 즉 지사 3선이 불가능해져서 불출마 선언을 한 것은 아니었다는 건 일본 정치권에서 인정되는 바다. 그에게는 다시 국회의원에 출마할 수 있는 선택지도 있었다. 하지만 그는 매니페스토 운동에 투신하기로 결심했다고 한다.

> "현 의원부터 시작해 30년의 공직체험을 기초로 뭔가 사회에 공헌하고 싶었다. 그 도구로서 가장 유효한 것이 매니페스토라고 생각했다. 매니페스토는 선거를 통해 가치전제의 정치행정을 행하는 도구이자, 일본 민주주의를 발

전시킬 도구가 될 것이라고 확신했다."

그가 지사를 그만두고 매니페스토 운동에 뛰어든 것은 그의 혁명가적 기질로 볼 때 어떤 점에서 당연한 귀결이었는지도 모르겠다. 기타가와 본인의 설명에 따르면 매니페스토 운동의 발단 자체가 1989년까지 거슬러 올라간다고 한다.

당시는 다케시타〔竹下〕 내각이 리크루트 사건으로 퇴진하는 등 부패사건이 잇따르면서 정치개혁에 대한 국민적 요구가 높아지던 시점이다. 1989년 1월 18일 자민당에 정치개혁위원회가 만들어져 정치자금 등과 관련한 윤리확립 방안과 함께 중의원 중선거구제 개혁에 대한 논의가 시작됐다. 1992년에는 사가와큐빈〔佐川急便〕이라는 회사로부터 5억 엔의 돈을 받은 사건으로 자민당 가네마루 신〔金丸信〕 의원이 사퇴하는 사건이 터지면서 자민당 최대 파벌인 다케시타〔竹下〕파가 붕괴되고 오자와 이치로〔小澤一郎〕와 하타 쓰토무〔羽田孜〕가 주축이 된 하타파가 새로 생겼다. 자민당 하타파를 중심으로 제기됐던 소선거구제가 정치개혁 논의의 주류로 등장하면서 1993년에는 소선거구제를 기정사실로 하되, 그 내용이 논란이 되는 상황으로 급변했다. 그 와중에 야당이 자민당의 미야자와 키이치〔宮澤喜一〕 수상에 대한 불신임 안을 발의하는 사단이 벌어졌고, 이에 자민당의 하타파가 동조해 미야자와 정권이 붕괴됐다. 자민당 이탈파들이 신당사키가케, 신생당 등을 결성하는 정개계편을 거쳐 7월 18일 총선이 치러졌는데, 이 총선에서 자민당은 233석을 얻어 과반수가 붕괴됐다. 그 결과 자민당을 제외한 8개 정당이 모두 연립해 호소가와 모리히로〔細川護熙〕 일본신당 대표를 수상으로 추대, 일본 사상 처음으로 일시적인 비자민당 정권이 들어섰다. 그리고 11월 18일 중의원 본회의에서 소선거구제 개혁안이 통과됐다.

당시 중의원 의원이었던 기타가와는 소선거구제를 요구하는 입장에 있었다. 그때까지 일본은 한 선거구에서 2명 이상을 뽑는 중선거구제가 기본이었고, 지금도 참의원은 여전히 중선거구제다. 지방의원도 대부분 중대선거구제다. 기타가와 등 소선거구제를 밀어붙인 소장파 의원들의 생각은 소선거구제를 해야지 수십 년 독주해온 자민당에 맞설 수 있는 강력한 야당의 출현이 가능하다는 것이었다고 한다. 그렇게 해서 양당제가 구축돼야 비로소 선거에 의한 정권교체가 가능해지고, 그래야 일본정치의 고질적 병폐인 정경유착의 부패, 파벌안배 등의 문제를 타파할 수 있다는 것이었다.

확실히 기타가와 등의 이런 생각은 일리가 있는 것이었다. 당시는 사회당이 제1야당이었지만 중의원의 과반 후보자를 내지 못하는 상황이었다. 힘이 약하다 보니 3명을 뽑는 선거구에도 1명만 공천한다. 2명을 공천했다가 그나마 사회당 표가 갈려 2명 다 낙선할 수 있다는 점을 걱정하기 때문이다. 물론 자민당은 한 선거구에 여러 명을 복수 공천, 전체적으로는 당연히 과반수를 훨씬 넘는 사람을 공천한다. 구조적으로 자민당이 다수의석을 차지할 수밖에 없는 상황이었던 것이다. 뿐만 아니다. 중선거구제는 선거구 단위에서의 정책경쟁을 원천적으로 불가능하게 한다. 같은 선거구에 출마한 2명의 자민당 공천후보가 소속정당의 정책을 내세운다고 하면 같은 얘기를 하는 것밖에 안 된다. 그러니 같은 당이지만 선거구의 경쟁자인 다른 자민당 공천후보와 차별화하기 위해서는 정책이 아니라 조직으로 싸울 수밖에 없다. 정책선거는 요원해진다.

그러나 소선거구제를 하면 상황이 달라진다. 자민당이 아무리 거대정당이라고 해도 1개 선거구에 1명밖에 공천할 수 없다. 선거구에서 같은 당의 경쟁후보와 싸우는 일은 없다. 그러니 자신이 소속한 정당의 정책을 내세워 선거전을 진행하는 것이 가능해진다. 정책선거가 되면 조직이 약한 야당도 선거에서 싸울 만한 상황이 된다. 강한 야당이 부상할 수 있는 기반이 마련된다는 얘기다.

중의원 소선거구제 개혁안이 1993년 국회에서 통과된 후 우여곡절은 있었지만 민주당이 단연 제1야당으로 부상한 일이 있는 등 일본의 정치는 비로소 양당제 모양을 갖춰가고 있다. 민주당은 2003년 중의원 총선에서는 300석의 지역구와 180석의 비례대표를 합친 총 480석 의석 중 180석 가까이 획득하는 비약적 발전을 했다. 자민당은 210여 석. 민주당은 그후 고이즈미 전 수상이 우정개혁을 내세워 치른 2005년 총선에서 113석으로 후퇴했지만(자민당은 296석) 다시 2007년 7월 참의원선거에서 대승해 기반을 다졌다. 2007년 참의원선거에서 민주당은 종전 81석이던 의석을 109석으로 늘린 것이다. 일본의 참의원은 총 242석에 임기 6년이며, 이를 반으로 나눠 3년에 한 번씩 선거를 치른다.

물론 아직도 일본의 야당은 문제가 있다. 2007년 11월 민주당의 오자와 이치로 대표는 여당인 자민당과의 연립을 모색하는 움직임을 보이다 그 연립 논의가 당의 거부로 무산되자 '민주당으로서는 정권교체를 이루기가 매우 어렵다'는 말을 던지며 돌연 대표직 사의를 표명했다가 당원들의 만류로 이를 번복하는 소동을 빚기도 했다. 당시 언론 등에서는 '참의원에서의 민주당 승리로 일본에서도 (차기 중의원 선거를 통해) 정권교체가 가능해질 수 있다는 기대를 했는데, 그 기대를 저버려서는 곤란하다'는 여론이 들끓었다. 이에 대해 오자와 대표는 "300개의 중의원 선거구 중 100군데 이상의 선거구가 후보자(출마예정자)를 정하지 못해 공석으로 남아 있다. 당선가능성이 있는 분을 영입하기가 정말이지 쉽지 않다"고 어려움을 토로했다.

그게 일본의 현실이다. 기타가와는 자민당 독주로 인해 빚어지고 있는, 이 같은 일본 정치의 정체에 대해 '분개'하는 사람이다. 그는 "정권교체가 없으면 자민당의 일당독재가 영원히 계속된다. 이는 국민에게 있어 불행한 일이다. 긴장감이 없어지고 부패가 일어나며 미루고 보자는 체질이 돼 버린다. 정치가 제 기능을 하고 긴장감 있게 하기 위해서는 정권교체가 필수다"고 말한다.

그런 공감대가 일본에는 꽤 있다. 일본에서 TV토론을 보면 "야당이 잘하는 것도 아니고, 능력도 알 수 없지만 그동안의 적폐를 청산하고 새로운 토대를 만들기 위해서는 역시 정권교체를 한번은 해야 한다"고 발언하는 전문가들이 꽤 있다. 실패로 끝난 민주당과 자민당의 대연립 해프닝 자체가 달라진 일본의 현실을 보여준다는 분석도 있다. 일본에는 정치가 정체상황에 처했을 때 이른바 '원로'들이 여야의 지도자, 또는 파벌지도자를 막후로 불러내 중재안을 제시하고 합의를 종용하고, 그러면 현실정치인들은 이를 수용해 적당한 선에서 타협하곤 했다고 한다. 그런 막후정치는 공개되지 않는 게 관례였지만 2007년엔 달랐다. 2007년 대연립 논의의 발제자가 와타나베 쓰네오〔渡辺恒雄〕〈요미우리〉〔讀賣〕 회장이며 그가 후쿠다 야스오〔福田康夫〕 수상과 민주당 오자와 대표를 불러내 자민, 민주당의 연립을 권했다는 막후의 얘기가 만천하에 공개됐다. 와타나베 회장에 대해서는 "언론이 현실정치에 개입하는 게 타당한가"라는 비판이 제기됐다. 오자와 대표는 결국 "저도 나이가 들다 보니 판단이 흐렸었다"며 연립소동에 대해 사과하고 이를 철회했다. 상황전개가 이전과는 많이 달랐다는 얘기다.

2007년 5월 28일에는 정치자금 의혹으로 궁지에 몰린 마쓰오카 도시카쓰〔松岡利勝〕 농림수산장관이 자살하는 사건이 있었다. 당시 일본에 체재한 지 얼마 안 되는 상황이었던 필자는 그의 자살에 대한 일본인들의 반응이 궁금했다. 일본에는 '자살의 미학'이란 말도 있어서 자살한 사람에 대해서는 더 이상 묻지 않고 모든 것을 덮어둔다던데 …. 그러나 일본인들의 반응은 썰렁했다. TV뉴스프로그램에서는 "애도는 표하지만, 자살하기 전에 의혹의 진상을 밝혔어야 하는 것 아니냐"는 말이 나왔다. 일반인들 사이에서는 "죽는다고 다냐"는 비아냥도 들을 수 있었다. 한 일본 기자에게 물었더니 '자살한 사람에 대한 반응으로 따지면 이전과는 상당히 분위기가 다르다'고 설명해주었다.

현 체제 옹호론도 물론 강하다. 자민당에 문제는 있지만 민주당은 더 믿을 수 없기 때문에 정권교체는 불안하다는 것이다. 자민당이 '장기 독재'하고 있다지만 일본 정치에서 정권교체가 전혀 없다고 할 수는 없다는 주장도 있다. 자민당 내 파벌간의 '내부 정권 주고받기'를 두고 하는 말이다. 파벌간에 정권순환이 이뤄지고 있으므로 나름대로 최소한의 견제기능은 발휘되고 있다는 논리이기도 하다.

이에 대해 기타가와는 '정책의 차이점을 분명히 하고 선거에서 국민의 심판을 받지 않은, 파벌 내부의 타협에 의한 정권 주고받기는 담합에 불과하다'고 잘라 말한다. 사실 자민당의 수상 옹립과정을 보면 파벌간의 사전조정에 의해 각료직을 할당하는 등 '담합'처럼 보이는 점이 꽤 많다. 자민당의 파벌은 정책과는 별 관계 없는 집합체이다. 전통적으로 '돈'이 파벌의 세를 좌우한다. 돈을 많이 끌어와 나눠주는 정치인이라야 파벌을 거느릴 수 있다.

기타가와가 자민당 내부의 정권 '순환'을 담합에 불과하다고 일축하는 데는 보다 중요한 배경이 있다. 파벌간의 타협과 안배에 치중하다 보니 정책경쟁이 사라지고, 국가의 정책은 결과적으로 관료가 좌우하는 상황이 된다는 것이다. 기타가와는 "이 상태로 가면 관료지배, 관료주도의 국가가 되고 말 것이라는 위기감이 있다"고 우려한다.

일본 정치의 불가사의

필자는 일본 정치에 대한 기타가와의 '분개'를 이해할 수 있을 것 같다. 필자는 2007년 4월부터 일본에서 1년 기한으로 '연수'하는 동안 일본 정치의 '불가사의'를 적지 않게 느꼈다. 일본의 국회의원들은 정치후원금을 걷어 쓸 수 있다. 마구 걷어서 마구 쓰지 말도록, 사용내역을 정부기관에 보고하도록 돼 있다. 하지만 적당히 허위보고를 해도 이를 제재할 근거가 없다. 2007년 상반기에 정치자금 사용내역 보고의 문제가 연일 언론에 오르내렸다. 어떤 장관(내각제인 일본은 대부분의 각료를 의원들이 겸임한다)은 지역구에 있는 자기집을 정치사무소라고 내세우고, 그 정치사무소 유지비로 10년간 억 엔대를 넘게 지출한 것으로 계상해 신고했다. 어떤 장관은 영수증을 복사해 이중으로 처리했다. 어떤 장관은 직무상 후원금을 받으면 안 되도록 돼 있는 자신의 소관부처 산하기관으로부터도 거액의 후원금을 받았다.

하지만 논란이 제기돼도 해당 장관들은 '법률에 어긋난 것은 없다', '단순한 사무착오일 뿐이다'라며 버틴다. 농림수산장관의 경우 끝까지 문제없다고 주장하다가 정치적 궁지에 몰리자 자살을 택했는데, 그 후임 농림수산장관이 또 비슷한 정치자금문제로 결국 사퇴하는 일도 있었다. 하지만 장관직 사퇴로 끝이다. 문제됐던 장관들의 경우 의원직은 여전히 유지하고 있다. 언론도 장관직을 사퇴하면 더 이상 문제삼지 않는다. 장관이 아닌 의원들도 비슷한 문제가 있으련만 대체로 그냥 넘어가고 있다. 문제된 정치자금 사용내역 보고서는 대개 10년 이상 누적된 결과물이다. 정보공개를 청구하면 확인할 수 있는 내용이다. 하지만 2007년 상반기 논란이 되기 이전까지는 아무도 이런 문제를 제기하지 않았던 모양이다.

이런 '한심한' 정치자금 처리문제가 국민의 비판을 사고, 7월 참의원선거에서 쟁점이 되자 여당인 자민당은 '모든 정치자금 사용내역의 영수증을 공개토록 하겠다'고 공약했다. 그러나 선거가 끝나자 자민당 내에서는 영수증을 전면 공개하면 정치의 자유가 침해된다는 이유로 반대론이 고개를 들었다. 5만 엔 이하 지출항목에 대해서는 영수증을 처리하지 않아도 되도록 하자는 주장도 나왔다. 최종적으로는 야당과 여론에 밀려 모든 지출항목에 대해 영수증을 첨부한다는 데 합의하긴 했지만 1만 엔 이상 항목의 영수증만 총무성에 보고하고 1만 엔 이하 항목은 정치후원단체가 자체 보관하도록 분리하는 '장치'

를 뒀다. 영수증 보관장소가 다르면 일반인은 이를 확인하기가 쉽지 않을 것이다.

일본 사회보험청이 관리하는 연금기록의 부실문제가 2007년 일본에서는 최대 논란의 하나였다. 1억여 건이 넘는 연금가입자 기록 중 5천만 건은 가입자 이름이나 주소가 잘못되는 등의 이유로 '공중에 떴고', 상당수는 연금납부 사실 자체가 '사라졌다'는 것이다. 공중에 뜬 기록이 5천만 건인지 얼마인지 정확한 것도 아니다. 샘플조사를 해봤더니 그 정도의 비율로 문제가 있다는 추계가 나왔을 뿐이다. 사회보험청은 이 사실을 수십 년 전부터 알았지만 당대에 책임지기 싫어 하는 관료의 속성으로 줄곧 덮어두고 왔다.

연금이라는 게 매월 얼마씩 몇 년간 납부하면 노후에 얼마씩 받는지, 그 계산방식이 복잡해 일반인은 여간해서 이해하기 어렵다. 그러니 대부분은 노후에 당국에서 주는 대로 받기 마련이다. 더구나 일본은 공무원연금, 봉급생활자연금, 자영업자연금으로 연금이 각기 나눠져 있다. 월급쟁이 생활을 하다 중도퇴직하고 자영업을 한 사람 같은 경우는 관리기관이 다르다 보니 연금계산이 더욱 복잡해진다. 사회보험청이 수십 년간 '공중에 뜬' 연금기록 문제를 감춰올 수 있었던 것도 이런 복잡한 구조 때문에 가능했을 것이다.

논란이 되자 사회보험청은 2007년 가을부터 연금기록 확인과 정정 작업을 하고 있다. 그런데 이 작업에 또 한국 돈으로 수천억 원이 든다고 한다. 확인작업이라는 것도 연금가입자들이 사회보험청에 연금을 납부했다는 근거서류를 갖춰 신고하면 이를 인정할지 말지를 제 3자위원회가 심사하는 복잡한 절차를 요한다. 그러나 자신의 과거 연금납부 기록이 누락됐다는 사실을 알아도 수십 년 전 납부한 영수증을 지금까지 보관하고 있는 사람이 몇 명이나 되겠는가.

사태가 이 지경에 이르렀는데도 책임지는 사람은 하나도 없다. 사회보험청은 연금기록 확인작업이 시급하다는 이유로 아르바이트생을 대거 고용해 민원상담을 받고 있는데, 어떤 방송에서는 아르바이트생을 동원할 정도의 그 '바쁜' 와중에도 정작 창구 안쪽의 사회보험청 직원은 여유를 즐기고 있더라는 보도가 나오기도 했다.

10월에는 일본 방위성의 직전 차관이 야마다요코〔山田洋行〕라는 무기거래회사로부터 10년 이상의 기간에 걸쳐 수백 회의 골프접대를 받았다는 사실이 신문에 폭로돼 논란이 됐다. 관료 출신의 최고직위인 사무차관을 4년이나 재직(일본에서 평균 차관 재직기간은 2년이라고 한다) 하며 방위성의 '황제'로 불릴 정도로 권력을 휘둘렀다는 그 전직 차관은 부인이 업자로부터 4백만 엔의 현금을 받은 사실까지 드러나 결국 부인과 함께 구속됐다.

나중에 그 전직 차관이 향응접대를 받는 자리에 국회의원 출신의 전직 장관도 동석했고, 다른 국회의원도 연루됐다는 얘기가 나오면서 정치권에도 불똥이 튀기는 했다. 하지만 초기단계에서 방위성 차관의 골프접대 문제만으로 연일 신문 1면 톱을 장식하는 보도를 보고 필자는 다소 의아하게 생각했다. "일개 차관, 그것도 이미 퇴직한 사람인데, 그렇게까지 요란하게 …." 그런 필자에게 한 일본 언론인은 "그 전직 차관은 방위성의 황제라고 불렸던 특별한 사람이라서 충분히 비중 있게 다룰 가치가 있다"고 설명해줬다.

'그렇게 중요한 사람이고, 업자와 수백 회 골프를 했다면 소문도 날 법하건만 왜 현직에 있을 때는 문제제기가 되지 않았을까', '일본은 사무차관이 힘이 세다지만 아무리 그래도 정치인 출신 장관의 아래에 있는데 한계가 있는 것 아닌가'라는 등의 의문도 들었다. 필자는 어느 일본의 젊은 관료가 "우리 국장은 맨날 장관 눈치만 본다. 이래서는 관료의 정치적 중립이 침해되는 것 아니냐"고 불평하는 것을 들은 일이 있다.

필자의 과문일지 모르지만 일본도 부처의 최종 인사권은 장관이 쥐고 있을 것이다. 직업관료의 독립이 보장돼 있다고는 해도 고위직으로 갈수록 관료는 정치인 출신 장관 앞에서 약자의 입장일 수밖에 없다. 그게 상식이다. 장관에게는 소관부처 공무원을 관리감독할 책임이 있다. 그런 역할을 제대로 못하면 정치적 책임을 져야 한다. 국민에 의해 선출된 정치직이 임명직을 통제하는 문민통제, 이게 대의민주주의가 굴러가는 기본시스템일 것이다. '황제차관' 비리를 밝혀냈다고 흥분하는 이면에는 '궁극적인 관리책임은 장관, 즉 정치직에 있다'는 대의민주주의의 기본에 대한 인식의 왜곡이 자리잡고 있는 것은 아닌지. 문제의 핵심은 장관을 제쳐두고 차관이 그렇게 황제로 군림하는 것이 용납돼 왔다는 점이라고 본다. 요컨대, 일본에서는 책임정치가 제대로 구현되지 않고 있다는 느낌이 드는 것이다.

뿌리 깊은 일본의 조직선거

기타가와가 지적하는 일본 정치의 문제도 바로 책임정치의 부재다. 자민당의 독주체제로는 책임정치가 이뤄질 수 없다, 그러니 일당이 장기 독주하는 체제를 부수어야 한다는 논리다. 문제는, 일본에는 이전부터 이런 주장을 하는 사람은 많았지만 어떻게 그것을 실천할 수 있느냐는 각론에 들어가면 모두가 꿀 먹은 벙어리가 된다는 점이다. 일본 유권자들의 정치적 관심이 낮은데다 자기 먹고 사는 데는 지장이 없기 때문인지 정치에 대해 관대하다.

선거는 조직표에 의해 좌우되기 십상이다. 한국으로 하자면 지역유지라고 할 사람들의 힘이 일본에서는 대단하다. 이들 지역유지들은 이런저런 친목모임을 통해 유대를 맺고 있다. 이들이 지방의원들의 상당수를 점하고 있기도 하다. 이들은 유망한 정치신인을 국회의원으로 옹립하기도 할 정도로 막강한 힘을 가지고 있다. 한국은 '지구당'을 책임지고 있는 국회의원이 관내의 지방의원 공천에 막강한 영향력을 행사하지만 일본은 반대라고 한다.

국회의원이 지방의원의 공천을 좌지우지하는 일은 있을 수 없다는 것이다. 자기 마음대로 지방의원을 공천에서 배제하는 국회의원은 차기 선거에서 낙방하기 십상이다. 국회의원의 입장에서는 관내의 지역유지들에게 항상 잘 대해야 한다. 그것이 조직관리다. 이는 도쿄 인근의 꽤 큰 위성도시의 시의원 출마를 준비중인 일본의 한 정치지망생에게서 필자가 직접 들은 얘기다. 그에 따르면 "특히 자민당의 경우 실질적인 힘을 갖고 있는 사람은 지방의원이다. 국회의원은 지역에서는 상징적 존재이지 실질적 힘은 별로 없다"는 것이다. 조직관리에는 막대한 돈이 들기 마련이다. 이 돈은 정경유착을 통해 조달돼 온 것이 그동안 일본의 현실이었다.

다른 형태의 조직표도 있다. 예를 들어 일본에서 건설과 토목, 교통망 등을 담당하는 국토교통성의 관료 출신이 국회의원에 출마한다면 전국의 건설업계는 조직적으로 그를 밀어주는 운동을 한다. 특히 관급공사에 의존하는 지방의 군소건설회사는 열성이다. 그런 이가 당선돼야 국토교통성에 영향을 미쳐 토목건설사업 예산을 더 많이 확보할 수 있고, 그래야 자기회사도 일거리가 생긴다는 생각인 것이다. 2007년 7월 일본 참의원선거 때 한 군소 건설회사 사장이 사원들을 모아놓고 이런 식의 논리를 펴며 특정의원의 지지를 부탁하는 연설을 하는 장면을 TV에서 본 일이 있다. 일본의 각 지방에는 이런 식으로 잠재적 이권문제와 연결되는 조직표가 크든 작든 존재한다. 이런 조직표는 결국은 공공부문의 비대화, '낙하산 인사', 그리고 예산낭비 등으로 이어지게 된다.

조직표와 긴밀하게 연결돼 있는 정치세력은 물론 여당인 자민당이다. 조직표가 살아있는 한 여당이 선거에 강할 수밖에 없고, 여당이 강한 만큼 조직표도 건재한다. 이런 구조를 어떻게 바꿀까. 막막하지만 기타가와는 매니페스토라는 이름을 내세워 차근차근 그 현실의 벽을 허무는 작업을 하고 있다. 거대담론으로 우국충정을 얘기하는 것은 누구라도 할 수 있는 것이지만 그래가지고는 일본정치가 바뀌지 않는다는 것이 기타가와의 지론이다. 작은 것이라도 실천하는 게 중요하다는 것이다.

기타가와가 매니페스토 이름을 내걸고 추진하는 '정치행정개혁'의 기본은 조직선거를 정책선거로 바꾸자는 것이다. 2003년 4월 전국통일지방선거 때는 이와테현의 마스다 지사 외에도 일본에서는 가장 큰 현의 하나인 가나가와현(도쿄와 접해 있으며 요코하마시를 포함하고 있는, 한국으로 치면 경기도에 비견되는 현)의 지사후보에 출마한 마쓰자와 시게후미도 구체적인 재원조달 방안과 수치목표를 제시한 매니페스토를 발표했다. 이런 식으로 11개의 광역자치단체 선거에 출마하는 후보 중 14명이 매니페스토를 내걸었고, 그 중 마스다와 마쓰자와를 포함한 6명이 실제 당선됐다. 특히 현직 지사가 아닌, 신진 후보자였던 마쓰자와가 가나가와현 지사에 당선된 것은 매니페스토라는 신선한 정책선거를 솔선한 덕분이었다는 평가가 일본에는 많다. 2007년 4월 선거에서 재선에 성공한 마쓰자와는 지금도 자신의 매니페스토 이행실적을 매년 평가해 공개하고 있다.

2003년 11월에 실시된 중의원 총선거에서는 민주당과 자민당이 매니페스토를 제시하지 않을 수 없는 상황으로 급격히 발전했다. 중앙선거 차원에서도 정책선거가 실현돼가고 있는 것이다.

지방을 개혁해 중앙을 포위한다

일본에서 중앙 차원의 매니페스토는 '새로운 일본을 만드는 국민회의'〔21세기 임조(臨調)라는 별칭으로 더 알려져 있음. 임조는 임시조사위원회의 일본식 줄임말〕라는 데서 중점 추진하고 있다. 기타가와는 21세기 임조의 4명 공동대표 중 한 명이다. 중앙정당 차원의 매니페스토에도 깊숙이 간여하고 있는 것이다. 하지만 기타가와가 우선적인 역량을 쏟고 있는 부분은 지방 매니페스토다. 중앙정치를 한꺼번에 바꾸기는 어려우니 지방부터 바꾸고 그 개혁의 성과를 토대로 중앙을 압박해 나가자는 게 기타가와의 기본 생각이다. 매니페스토는 민주주의의 기본인 지방분권으로 가는 길이기도 하다는 것이다.

일본의 매니페스토가 지방에서부터 시작될 수 있었던 것은 2000년 4월 지방분권일괄법, 2003년 3위일체 개혁(중앙정부가 지방에 주는 보조금과 지방교부세를 줄이고, 대신에 세원을 지방에 이양하는 법제개혁을 지칭하는 말)에 의해 지방에로의 권한이양이 상당부분 이뤄지는 기본토대가 있었기 때문에 가능했다는 것이 기타가와의 술회다. 특히 2000년 지방분권일괄법은 당시까지 일본에 존재하는 법의 5분의 1을 개정할 정도의 대대적인 개혁작업으로, "이전까지 지방자치단체의 업무가 거의 대부분 중앙의 위임과 지시를 받아서 하는 것이었다면, 지방분권일괄법으로 인해 그 중 6, 7할은 지방이 스스로 할 수 있는 권리를 갖게 됐다"고 한다.

그런데도 지방은 이전까지의 관행에서 벗어나지 못하고 있었던 상황이었다. 그렇기 때문에 2003년 기타가와 처음으로 매니페스토 선거를 요청하고 다녔을 때 "재정이 중앙에 매어 있기 때문에 자주적인 재정계획을 요하는 매니페스토를 쓰기 어렵다"는 반응들이 나왔다는 얘기다. 기타가와는 이에 대해 "재원을 특정화하기는 힘들다는 사실, 그래서 지사들이 선거공약조차 제대로 할 수 없을 정도라는 사실이 매니페스토 운동을 통해서 드러난다는 것 자체가 진보다. 지방선거에서의 매니페스토 운동은 반드시 지방에 재원의 자유를 달라는 운동으로 발전할 것이다"고 설파했다. 사실 그때는 이미 고이즈미 수상이 지방재원 문제에 대한 개혁을 언급해 중앙 차원에서도 재정에 관한 지방분권 움직임이 시작된 때이기도 했다.

기타가와는 지방의 지사, 시구정촌의 수장(단체장)들이 매니페스토를 제시하고 자기결정, 자기책임으로 정책을 펼 수 있는 길을 막는 가장 큰 원흉이 보조금이라고 봤다. 보조금은 국가가 지방에 대해 용도를 지정해서 내려주는 돈이다. 기타가와는 당시 매니페스토 운동에 참가하고 있던 후보자들에게 보조금 반환운동을 시작할 것을 요청했고, 지사 6명이 이에 동참해줬다. 조사결과 도도부현 차원의 보조금이 44가지, 11조 엔에 달했는데 그 중 8할이 필요 없다고 판단되는 것이어서 국가에 대해 '필요 없다'고 제출했다고 한다.

약 9조 엔에 달했던 시구정촌 차원의 국가보조금에 대해서도 마찬가지 운동을 벌인 결과, 2003년 3위일체 개혁 때 약 4조 엔의 국고지원금을 폐지하거나 삭감하는 결과로 이어졌다는 것이다. 물론 당연히 지방으로의 세원이양도 이뤄졌다. 보조금 반환운동은 말하자면 지방에 재정의 자주권을 달라는 역발상의 운동이었던 것이다.

지방의회의 변화 — 조직에서 정책으로

자치단체장의 매니페스토는 필연적으로 지방정치의 활성화로 이어졌다. 특히 지방의회가 활성화되기 시작한 것이다. 어느 자치단체든 의회에는 단체장에 대해 비판적 견해를 갖는 의원들이 있게 마련이다. 이 의원들이 재원과 수치를 명기한 단체장의 매니페스토 이행여부를 집중적으로 물고 늘어지면서 따져 묻는 풍경이 곳곳에서 벌어지게 됐다. 일부 단체장은 기타가와에게 "매니페스토 때문에 의회에서 공격당한다"며 불평성 하소연을 하기도 한다. 그러나 그렇게 의회에서 단체장과 정책을 놓고 격론을 벌이게 되면서 지방의원들도 비로소 민주주의를 자각하게 됐다는 것이 기타가와의 설명이다.

그래서 시작된 것이 지방의회의 조례제정 운동이다. 지방의회는 조례제정권을 가지고 있다. 그러나 이전까지 일본의 지방의회는 사실상 단체장이 제출하는 조례안을 가결하는 정도의 역할밖에 해내지 못했다고 한다. 그러나 최근 들어 의원이 조례안을 만들어 제출하는 움직임이 활발해지고 있다. 지방의원들의 이런 '자각'은 의회의 개방과 개혁을 규정하는 의회조례제정으로 이어지고 있다. 2006년 5월에는 홋카이도의 쿠리야마〔栗山〕정 의회가 지방의회로는 전국 최초로 의회기본조례를 제정했다. 그해 12월에는 도도부현 차원에서는 처음으로 미에현 의회가 의회기본조례를 제정하면서 일본 전국으로 의회기본조례 제정 움직임이 확산되고 있다.

지방의회 차원의 이런 개혁 움직임은 '연 1건 이상 조례제정'을 공약한 후쿠이〔福井〕현 의회의 회파(교섭단체) 인 '현민연합'의 경우처럼 지방의원 선거 출마자들이 매니페스토를 제시하는 현상으로 이어지고 있다. 또, '열린 의회'를 약속한 마쓰다 요시아키〔松田良昭〕 가나가와현 의회의장처럼 의장경선 출마자들이 의회개혁에 관한 매니페스토를 내거는 일도 생겨나고 있다.

기타가와는 현재 자신이 소장으로 있는 와세다대학 매니페스토 연구소에 '로컬 매니페스토 추진 지방의원연맹', '로컬 매니페스토 추진 수장(단체장) 연맹', '로컬 매니페스토 추진 네트워크'의 사무국을 두고 지방 차원의 행정 및 의회 개혁작업을 지원하고 있다.

이 단체들은 2006년부터 매년 '매니페스토 어워드'라는 행사를 주관하고 있다. 2007년 11월 9일 열린 제 2회 '매니페스토 어워드'에서는 '베스트 홈페이지', '최우수 아이디어', '최우수 성과', '지방의회부문 매니페스토 대상', '단체장부문 매니페스토 대상' 등 총 5개 부문에 걸쳐 우수한 사람(혹은 단체) 을 선정해 시상했다. '매니페스토 어워드' 자체가 일본 매니페스토의 현재를 보여준다. 2006년 제 1회 대회 때는 일본 전국에서 136단체, 221건의 응모가 있었다. 그것이 2007년에는 338단체로부터 547건의 응모가 들어와 배 이상 늘었다.

기타가와가 지방의회 차원까지도 매니페스토를 적극 권유하는 데는 다른 이유도 있다. 지방의원들이야말로 정당의 뿌리다. 이들이 매니페스토를 통해 정책선거에 눈 뜨기 시작하면 필연적으로 정책을 제시하는 정당을 요구하게 될 것이요, 이런 과정을 통해 지방에도 정책으로 승부하는 정책정당이 들어설 입지가 마련될 것으로 보기 때문이다. 그렇게 되면 현재처럼 자민당 조직 일색의 지방정치도 바뀌게 될 것이란 게 기타가와의 판단이다. 지방의 정당구조가 정책정당으로 바뀔 때 비로소 진정한 지방분권이 가능하고, 정책선거에 의한 정권교체가 가능한 정치구도가 실현될 수 있다는 것이다.

4. 내가 선택한 자주 자립의 길, 책임도 내가 진다

미조베 코키(후쿠시마정 의회의장)

일본 홋카이도의 하코다테〔函館〕시 남서쪽에 있는 후쿠시마〔福島〕정이라는, 인구 약 5천 명 남짓(정확하게는 2007년 4월 1일 현재 5,708명)의 작은 동네가 있다. 정(町)은 일본의 기초지방자치단체의 한 단위다. 일본의 기초지방자치단체는 한국의 일반 시에 해당하는 시(市), 도쿄의 구(區), 시골지역인 촌(村), 시골 중에서는 그래도 약간은 도회 티가 나는 정 등 네 가지로 구분된다. 행정단위를 표시할 때의 시(市), 구(區), 정(町), 촌(村)은 음독(일본 발음으로는 시, 구, 쵸, 손)으로 읽는다. 이 중 시(市)는 시장을 뜻할 때는 '이치'라는 훈독으로 읽기도 한다. 정(町)은 동네라는 뜻의 일반명사로 쓰일 때는 훈독으로 '마치'라고 읽는다. 촌(村)도 마을이라는 의미의 일반명사로 쓰이면 '무라'라고 훈독한다.

같은 기초단체라고 하지만 큰 곳은 인구 100만이 넘기도 하고, 작은 데는 수천 명에 불과한 등 그 규모는 천차만별이다〔기초자치단체 중에 인구 370만 명의 요코하마시를 비롯, 대략 100만 명 이상의 큰 시는 별도로 정령시(政令市)로 지정, 산하에 구를 설치할 수 있게 하고 있다. 다만 도쿄의 구가 자치구인데 반해 다른 대도시의 구는 자치구가 아닌 행정편의를 위한 기구이다〕. 인구의 도시 집중으로 인한 주민 감소, 노령화 등으로 존립이 어려워지는 기초자치단체들은 스스로 인근 자치단체에 합병해 기초자치단체의 수는 점점 줄어들고 있는 상황이다.

2007년 10월 27일 일본 도쿄 와세다대학에서 열린 '지역자립과 매

와세다는 훈독이다. '올벼(일찍 여무는 벼) 논'이란 뜻이다. 원래는 도쿄 신주쿠〔新宿〕구에 있는 동네의 이름이다. 와세다대학은 2008년으로 설립 126주년이 되는데, 옛날 와세다대학의 사진을 보면 대학 주변이 온통 논이다. 이르다는 뜻의 '早'의 대표적 일본어 훈독은 '하야'이다. 벼라는 뜻의 '稻'는 '이네' 혹은 '이나'이며, 논이라는 뜻의 '田'은 '다'이다. 한국에서는 '田'이 밭을 의미하지만 일본에서는 논을 뜻한다. 그 세자를 합쳐놓고 왜 와세다라고 읽는지 알 수 없지만 하여튼 일본사람들은 와세다라고 읽는다. 와세다를 음독으로 읽는다면 '소토덴'〔早稻田〕이 되지만 아무도 그렇게 읽는 사람은 없다. 하지만 예외가 있다. 한국에서 연세대학을 줄여서 연대, 고려대학을 줄여서 고대라고 하듯이 일본도 와세다대학을 줄여서 '早大'라고 쓰기도 하는데 이 경우는 '와다이'가 아니고 반드시 '소다이'라는 음독으로 읽어야 한다(大의 일본 발음은 '다이'다). 한국에 연세대와 고려대의 정기전을 연고전이라고 한다. 일본에는 게이오대학과 와세다대학 간에 비슷한 경쟁이 있다. 한국과 다른 것은 특별히 두 대학만 별도 경기를 하는 게 아니고, 대학야구대회에서 두 대학이 맞붙게 되면 의미를 부여해 와세다의 '早'와 게이오의 '慶'자를 따서 '早慶戰'이라고 하는 식이다. 이 경우도 '소케이센'〔早慶戰〕이라고 음독으로 읽는다. 고려대가 와세다대학의 학풍을 닮았다고 하고, 연세대가 게이오대학의 학풍을 닮았다고 해서 두 대학을 연고대에 비유하기도 한다. 한국에서 고연대보다 연고대라는 말이 보다 일반적이라면, 일본에서는 '早慶大'라는 말이 보다 일반적이다.

게이오대학은 일본 메이지 시대의 사상가인 후쿠자와 유키치〔福澤諭吉〕가 1858년 설립한 난학숙(蘭學塾, 네덜란드 학문을 가르치던 글방)에서 출발했으며, 1868년 천황의 연호(年號)인 게이오〔慶應, 경응〕를 따서 게이오 기주쿠(義塾, 의숙, 즉 의로운 글방이라는 뜻)로 개칭했다가 뒤에 거기에 대학이라는 말까지 붙였다. 게이오대학은 항상 스스로를 '慶應義塾大學'이라고 풀네임으로 표기한다. 뿐만 아니다. 일본은 제2차 세계대전 패전 후 한자의 약자(略字)화를 단행, 약자로 지정된 한자는 모든 공식문서에 약자만 쓰도록 돼 있다. 이에 따르면 慶應의 '應'는 '応'로 써야 하나 게이오대학은 지금도 정자체를 고집하고 있다.

니페스토' 심포지엄에서 후쿠시마정 의회의 미조베 코키 의장을 대할 수 있었다.

미조베 의장은 첫 인상부터 시골 할아버지의 수수함 그대로이다. 심포지엄에서는 토론자로 나섰는데, 토론에 앞서 "어렸을 때부터 동경해오던 와세다대학을 이렇게 직접 방문할 수 있고, 더구나 토론자로 심포지엄에 참여할 수 있게 돼서 감개무량이다"라며 처음 서울 구경 온 시골사람 같은 인사말을 했다. 1947년 9월생이니 만 60세가 넘었다. 홋카이도 하코다테 서고등학교를 졸업한 고졸학력의, 동네에서 작은 사업도 하고 있는, 어찌 말하면 전형적인 지방의원이다. 1975년 후쿠시마정 의원에 처음 당선됐으며 2007년 현재 28년째 의원생활을 하고 있다.

28년간이나 의원생활을 했으면 나태해지고 타성에 젖기 십상이건만 그 시골 할아버지는 실상 누구보다 혁신적인 지방정치 개혁을 밀어붙이고 있다. 그 성과가 일본 전국적으로도 인정돼 2006년 제1회 매니페스토 대상에 이어 2007년에도 우수성과상을 수상하는 등 '화제'를 불러일으키고 있다.

후쿠시마정 의회의 인터넷 홈페이지에 들어가보면, 후쿠시마정 의회의 개혁 노력의 실상을 한눈에 알 수 있다. 후쿠시마정의 재정과 예산에 관한 중요 정보가 대부분 공개돼 있다. 후쿠시마정이 어떻게 살림을 꾸려나가고 있는지, 누구라도 한눈에 알 수 있을 정도다.

인구는 6천 명이 안 된다지만 2007년 후쿠시마정의 총 예산은 31억여 엔. 특별회계 17억여 엔 더하면 48억 엔 정도다. 이 중 정세(町稅)가 4억 4천 7백만 엔 정도. 재정자립도가 10%를 넘는다. 한국엔 인구 4만, 5만 명 규모의 군 중에도 재정자립도가 10%도 안 되는 지역이 있다.

후쿠시마정은 모든 분야에서 정장(집행부)보다는 의회가 솔선수범하고 있다. 법에 규정된 후쿠시마정 의회의 의원정수는 18명이지만 자체 결의로 의원수를 줄여온 탓에 현재 의원수는 12명에 불과하다(일본은 지방자치단체가 자체 결의로 의원수를 줄이는 것이 가능하다). 2007년 8월에는 의원보수를 종전 월 15만 7천 엔에서 13만 천 엔으로 삭감했다. 의장의 보수는 19만 8천 엔. 회의수당 같은 것은 없다. 이에 비해 정장은 65만 엔, 부정장은 57만 엔의 보수를 받는다는 것도 홈페이지에는 명기해 놨다.

의회가 쓰는 1년 예산은 총 4천만 엔. 구체적으로는 의원보수 2,348만 천 엔, 의원수당 799만 4천 엔, 의원공제비 429만 2천 엔, 의회사무국 임시직원 임금 153만 4천 엔(의회사무국 정규직원 3명의 임금은 별도), 전문적 심사 등에 대한 보상비 10만 엔, 의원여비 99만 엔(시찰연수비 20만 7천 엔 포함), 교제비 20만 엔, 정무조사비 42만 엔 등이다. 후쿠시마정 의회는 해외시찰을 전혀 하지 않고 있다.

정의 여비규정도 공개돼 있다. 정장이나 의원, 일반직원 구별 없이 일당 천 엔, 교통비 1㎞당 37엔, 식대 1일 천 엔으로 동일하다. 다만 숙박비는 정장이나 의원은 1박 11,800엔인데 비해 일반직원은 9,800엔으로 차등을 뒀다. 그러나 어느 경우든 간에 이 정도의 여비는 한국으로 치면 허름한 호텔에서 묵고, 밥도 가장 싼 것을 골라 먹어야 하는 수준이다. 일이 생겨서 불가피한 경우가 아니면 출장을 가지 말라는 얘기인 셈이다.

후쿠시마정 의회가 이렇게 세세한 정보를 공개한 데는 이유가 있다. 정보공개가 곧 예산절감의 지름길이고, 정의 행정개혁의 시발점이라는 발상에서다.

미조베는 말한다.

> "우리 정은 항상 '내일은 유바리〔夕張〕'가 될 수 있는 위험을 안고 있다. 개혁을 해야만 정이 살아 남을 수 있다. 문제는 개혁에는 아픔이 수반되는데, 이를 주민에게 요구하기에 앞서 의회가 철저하게 자기개혁을 하자는 발상이다."

유바리는 홋카이도에 있는 시의 이름이다. 유바리 메론으로도 유명한 지역으로, 한동안은 경기가 좋아서 흥청망청 예산을 쓰다가 결국 파산선고를 받은 시이다. 이후 시 당국은 직원수를 반 이상 줄이는 등 비상경영체제에 들어갔다. 주민은 주민대로 공공요금은 오르는 반면 쓰레기 수거도 제대로 안될 정도로 행정서비스의 질은 떨어져 곤경에 처해 있다.

일본은 지방자치단체 파산제가 실시되고 있다. 파산선고를 받은 지자체는 자치권이 상당부분 제한되고 국가의 직접 감독을 받게 된다. 일본에서 지자체 파산선고는 해당 지자체의 재정적자 정도(일반회계에서 적자가 차지하는 비율)를 기준으로 정해진다.

도도부현 광역자치단체의 경우는 재정적자 비율이 5% 이상, 시구정촌의 기초자치단체의 경우는 20% 이상이면 재정파탄상태로 간주해 중앙정부가 해당 지자체를 직접 관장하도록 하고 있다. 2008년도부터는 이 기준을 한층 강화, 단순히 일반회계만 보는 것이 아니라 지하철이나 공립병원 등의 특별회계까지 합산한 연결 적자가 15%(도도부현), 30%(시구정촌)를 넘거나, 앞으로 자치단체가 떠안을 가능성이 있는 '제 3섹터'(산하 단체 등) 운영재원을 포함한 '미래부담율'이 현재 예산의 400%(도도부현), 350%(시구정촌)를 넘을 경우 등 네 가지 기준을 설정해, 어느 하나라도 미달하면 파산처리하기로 결정했다(2007년 12월 7일, 〈아사히신문〉 석간).

새로운 기준에 따르면 홋카이도의 아카비라〔赤平〕시, 나가노현의 오타키〔王瀧〕촌이 2009년도부터 새롭게 재정파탄 자치단체로 지정돼 국가의 직접 관할로 들어가게 된다고 한다. 2006년 결산을 기준으로 볼 때, 아카비라시는 약 26억 엔의 불량채무를 안고 있는 병원과, 약 10억 엔의 누적적자를 기록하고 있는 국민건강보험사업의 부실 때문에 연결실질적자비율이 75.7%에 이르러 자력으로는 재정재생이 곤란한 상황이라는 것이다. 오타키촌은 관광객 유치를 목적으로 한 스키장 건설 때 진 빚 21억 엔(2000년도 기준)이 부담이 돼 재정이 악화일로라고 한다.

미조베가 '내일은 유바리가 될지 모른다'며 후쿠시마정의 살림을 걱정하는 데는 그런 배경이 있는 것이다. 후쿠시마정은 2007년 예산기준 일반회계 31억 794만 엔 중 채무가 2억 3,070만 엔으로 채무비율이 7.4%밖에 안 된다. 현재로서는 파산기준 20%에 훨씬 미달하지만 노령인구 증가에 따른 노인보건특별회계나 국민건강보험특별회계의 상황악화 등을 감안할 때 절대 안심할 수 없다는 것이 미조베의 설명이다.

후쿠시마정은 25년 전 인구 1만 2천 명이었으나 해를 거듭할수록 인구가 줄어 현재는 그 반도 안 된다. 정의 살림을 축소하고 허리띠를 졸라매지 않으면 결국 미래에는 파산할 수밖에 없다는 위기의식을 체감하고 있는 것이다. 의회의 홈페이지는 정 집행부 홈페이지의 한 켠을 빌려 간이형태로 제작했다. 때문에 홈페이지 외관은 화려하지

후쿠시마정 의회.

않지만 내용은 어느 지방자치단체의 그것보다 알차다.

한국도 농촌인구가 줄어들기는 일본과 매한가지다. 오히려 그 줄어드는 속도가 일본보다 빠른 감이 있다. 그러나 한국의 기초단체장이나 기초단체 의원들이 자기 허리띠를 졸라매가며 자력갱생의 길을 모색하고 있다는 얘기는 별반 들어보지 못했다. 우리 시, 우리 군도 다른 시군이 하는 만큼의 사업은 다 해야 하고, 최소한 다른 시군이 보유한 인력규모만큼은 유지한다는 전제에서 살림을 꾸려나가는 시군이 대부분이다. 그리고는 중앙정부에 대고 당연한 듯 손을 내미는 것이 한국 지방자치의 현실이다.

미조베는 "지방의회가 법률을 바꿀 수는 없다. 그건 중앙의 국회가 할 일이다. 그러나 법률을 바꾸지 않고도 지방의회가 알아서 할 수 있는 일은 많다. 우선 지방의회 자기 스스로를 바꿔야 한다. 그리고 나야 비로소 지방분권, 지방의 권리를 주장할 수 있을 것이다"라고 말한다.

후쿠시마정 의회의 '자기개혁'은 어떤 면에서 눈물겨울 정도다. 후쿠시마정 개혁의 기본은 정보공개에서부터 시작된다.

미조베는 의회의 활동 및 예산 사용내역의 대부분을 의회 홈페이지에 공개했다. 뿐만 아니다. 의회의 회의를 누구라도 와서 방청할 수 있도록 방청규칙을 크게 완화했다. 2004년 의회방청규칙을 개정, 본회의는 물론 위원회까지 '공개'하는 것을 원칙으로 정했다.

한국도 그렇지만 이전까지의 후쿠시마정 의회의 방청관련제도도 '회의 질서유지'를 명분으로 내세워 방청을 규제하는 데 초점이 맞춰져 있었다. 이런 방청제도로는 정의 행정에 대한 주민의 관심이 점점 멀어질 뿐이라는 반성에서 출발했다. 주민의 행정에 대한 관심을 높이고 주민의 참여를 도모하기 위해서는 무엇보다 방청하려는 사람을 '환영'하지 않으면 안 된다는 취지에서 방청제도를 개정했다고 한다. 특히 정 살림의 총론을 논의하는 본회의보다 구체적 안건이 다뤄지는 각

위원회(상임위원회 및 특별위원회)를 개방키로 한 것이 특색이다. 소규모의 위원회에서는 의원과 행정담당자 간에 은밀한 주고받기가 이뤄지기도 하는 등, 밀실운영이 일본에서도 일반적 관례였다고 한다.

개정된 관련조례에 따르면 종래 의원이나 위원장의 허가가 있어야 회의를 공개(방청 허용)하도록 한 조항을 고쳐 '위원회는 공개한다'고 명확히 규정했다. 누구라도 방청할 수 있도록 한 것이다. 방청제한 규정도 대폭 완화, 카메라를 지참해 사진촬영을 하거나 회의 내용을 녹음하는 것도 허용하도록 했다. 자신의 발언 하나하나가 방청자 누군가에 의해 촬영되고 녹음될 수 있다는 사실은 의원 개개인에게는 부담이 아닐 수 없다. 자칫 말실수 한마디가 녹음돼 외부로 반출될 경우 의외의 사태로 비화될 가능성도 있을 것이다. 그럼에도 불구하고 후쿠시마정 의회가 이렇게 과감한 조치를 취한 것은 의회가 더 이상 주민과 유리돼서는 후쿠시마정의 미래가 없다는 고민이 반영됐다는 것이 미소베의 설명이다.

후쿠시마정 의회는 의회평가, 의원평가를 실시해 매년 발표하고 있다. 2005년 3월부터 시작된 의회평가는 일본 전국의 다른 지방의회와 비교해서 후쿠시마정 의회가 어느 정도 활발하게, 주민에 대해 열린 자세로, 생산성 있게 운영되고 있는지를 자체 평가하는 작업이다. 주요 평가항목은 ① 의회의 활성화(질문 및 토론자 수, 안건제출 건수 등), ② 의회의 공개도(위원회의 공개, 심의기록의 공개 등), ③ 의회의 보고도(의회 홈페이지 운영 등) 등 10개에 이른다.

'의회의 활성화' 항목은 한국의 지방의회에도 많은 시사점을 준다. 한국도 어느 지방의회의 의원이 임기 4년 동안 단 한마디의 의정질문을 하지 않았다고 해서 화제가 된 일이 있지만 일본의 지방의회, 특히 기초단체의회의 경우 제대로 질문하지 않는 의원들이 적지 않다고 한다.

여기에는 몇 가지 이유가 있다. 첫째, 단체장, 즉 행정을 담당하는 측에 대해 질문하려면 나름대로 행정에 대해 공부를 해야 하는데, 그럴 만한 전문적 지식도 없고 노력도 하지 않는 의원들이 존재한다는 사실이다. 둘째, 공개적으로 발언하기보다는 단체장이나 공무원들과 은밀한 뒷거래를 하는 편이 '이익'이라고 생각하는 의원들도 그 중에는 없지 않다는 점이다. 이런저런 이유로 지방의회는 대체로 알맹이 없는 질문 몇 마디에, 두루뭉수리 답변으로 넘어가는 장면이 흔하게 벌어진다.

후쿠시마정 의회가 의회평가를 공개하기로 한 것은 일차로 이런 '무사안일 관행'을 타파하기 위한 의도가 숨어있다. 하지만 평가결과 '의원들의 질문 활성화'는 아직은 기대에 미흡한 것으로 나타났다. 2007년 1월 16일에 발표된 2006년도 후쿠시마정 의회평가표를 보면, '대략 일정 수준에 도달함(○)', '일정 수준에 도달하지 못함(△)', '조치가 필요(△)' 등 3단계 평가에서 의회활성화 항목이 가장 미흡한 것으로 나타났다. 의회활성화의 구체적 내역에서는 일반질문자 수 및 질문항목이 적었고(△), 특히 결산심사특별위원회에서의 질의자 수도 적었으며(△), 정장의 제안에 대한 토론이 적었다(△)고 적시돼 있다.

후쿠시마정 의회는 의회평가와 별도로 의원들의 자기 평가도 실시하고 있다. 의원들의 자기 평가는 강제적인 것도 아니고, 객관적인 잣대가 있는 것도 아니나 1년을 돌아보는 이러한 평가작업을 통해 의원들의 자질상향을 도모할 수 있다는 것이 미조베의 생각이다.

의원들의 자기 평가는 행정 재정 경제 복지 교육 등의 분야에 대한 의원 각자의 활동사항을 6개 항목에 걸쳐 평가하도록 돼 있다. 6개 평가항목은 '태도'(주민의 입장에서 일했는가 등), '감시'(질의와 토론 등의 활동을 통해 행정을 제대로 감시했는가), '정책제언'(주민의 의견을 정책에 반영시키기 위한 노력을 했는가), '정책실현'(질문 등을 통해 지적한 내용이 실제 행정에 반영되고 있는가), '자치활동 및 의회개혁' 등이다.

이러한 평가작업에는 2006년도의 경우 14명(2007년 8월 의원선거를 기해 의원수가 12명으로 줄어듬)의 의원 중 8명이 참가했다. 자기 평가라고는 하지만 일방적으로 '잘했다'라고 하기는 어려운 법. '대체로 만족(○)', '노력이 필요(△)', '더욱 노력이 필요(△)'의 3단계로 나눠 8명의 의원들이 매긴 평가를 총 집계한 139개 항목별 건수를 분석하면 '대체로 만족'이 49건, '노력이 필요'가 57건, '더욱 노력이 필요'가 33건인 것으로 나타났다.

눈에 띄는 것은 의장 미조베의 자기 평가. 8명의 의원들 중 '○'는 가장 적고(3개) '△'는 가장 많다(15개). 누구보다도 자기 자신을 가혹하게 평가했다는 얘기다. 의장이 이처럼 솔선수범하고, 겸허하게 의회를 이끌어 나가기 때문에 의원들도 '개혁'에 동참하지 않을 수 없게 된다.

미조베가 개혁을 고집하는 배경에는 의무감도 자리잡고 있다. 직접적으로는 2004년 후쿠시마정과 인근 마쓰마에〔松前〕정의 합병논의에 반대, 후쿠시마 정의 자립노선을 택한 데 대한 책임을 져야 한다는 중압감이 그를 짓누르고 있다.

일본은 인구가 적고 재정상황이 열악한 소규모 정과 촌은 인근의 시정촌에 통합하도록 하는 정책을 꾸준히 시행해 오고 있다. 제 2차 세계대전이 끝난 뒤 1953년 정촌합병촉진법(町村合併促進法)을 시행, 기초자치단위로서 시정촌은 인구 8천 명 이상 규모를 유지하는 것을 목표로 하도록 했다. 여기에는 중학교의 설치 및 관리, 소방대 및 자치경찰의 창설 사무, 사회복지 및 보건위생관계 사무를 시정촌의 사무로 이관하는, 진정한 의미의 지방자치를 실현한다는 정책이 배경으로 작용하고 있었다. 중학교 1개교를 효율적으로 설치관리하기 위해서는 8천 명 규모의 인구가 필요하다는 것이 당시 일본 정부의 판단이었다.

정부의 적극적인 합병정책이 효력을 발휘, 1953년부터 1961년까지 일본의 시정촌 수는 약 1만 개소에서 3,472개소로 거의 ⅓로 줄었다.

1990년대 후반부터 시정촌의 대대적인 합병이 다시 한번 추진됐다. 농촌인구의 감소와 고령화로 인해 제2차 세계대전 종전 직후에 비해 인구가 반 이상 줄어들어 자치단체로서의 기능을 사실상 상실한 정과 촌이 속출했다. 한편으로 지방분권을 요구하는 목소리도 높아졌다. 일본 중앙정부는 1999년 '지방분권을 이루기 위한 관계법령의 정비에 관한 법률'까지 개정해 가며 합병하는 정과 촌에 대해서는 보조금을 지급하는 등 강력한 합병정책을 폈다. 그 결과 1999년 3,229개소였던 시정촌 기초자치단체의 수는 2008년 1월 15일 현재 1,795개소로 줄었다(도쿄의 23개 자치구는 별도).

이러한 합병의 움직임이 후쿠시마정에도 몰아친 것이 2003년의 일이다. 인구 1만 명 규모의 인근 마쓰마에정과 통합하는 방안이 논의되기 시작했다. 형식상은 대등한 통합이었으나 실제 통합논의의 주도권은 후쿠시마정보다 인구가 배나 많은 마쓰마에정이 쥘 수밖에 없었다.

후쿠시마정을 대표하는 사람의 일원으로 통합협상에 참가했던 미조베는 통합과 자립의 두 가지 카드를 동시에 염두에 두고 협상장에 나갔다. 미조베는 "중요한 것은 어느 것이 후쿠시마정 주민을 위해 이익이 되느냐 하는 점이었다"고 말한다.

막상 협상장에 나가보니, 마쓰마에정에는 몇 가지 중대한 문제점이 있었다. 마쓰마에정은 정립병원을 운영하고 있는데, 이 정립병원이 당시 60억 엔 이상의 적자가 누적된 상태인데다 매년 2억 엔의 적자를 내고 있는 상황이었다. 또, 진행중인 개발계획이 산적해 무려 100항목 이상에 달했다. 향후 막대한 자금을 지속적으로 투입하지 않으면 안 되는 상황이었던 것이다. 마쓰마에정은 관할지역이 넓은 관계로 곳곳에 분사무소 등을 두고 있기 때문에 후쿠시마정에 비해 공무원의 수가 터무니없이 많았다. 합병할 경우 중앙정부가 주는 50

억 엔의 장려금에 대해서도 마쓰마에정은 정립병원 적자보전에 우선 20억 엔을 쓰고 나머지 30억 엔을 인구비례로 배분하겠다는 계획을 제시했다. 결국 후쿠시마정 지역을 위해서는 10억 엔밖에 쓸 수 없다는 주장이었다. 마쓰마에정으로서는 '인구가 적은 후쿠시마정이 합병하지 않고 배기겠느냐'하는 자신감이 있었던 듯하다는 얘기다.

그런 문제들은 있지만 그래도 자립보다는 합병이 나을 수 있다는 게 미조베의 생각이었다. 다만, 향후 재정운용에 대해서는 확실한 다짐을 받아둘 필요가 있었다. 미조베는 마쓰마에정에 "통합할 경우 재정개선 계획을 제시해 달라"고 요구했으나 해가 지나도록 답변이 없었다. 하는 수 없이 2004년 12월 미조베는 통합논의 중단을 결정하고, 후쿠시마정은 자립노선을 걷겠다고 선언했다.

다음은 미조베의 설명이다.

> "말로는 대등한 합병이라고 했다. 통합하고 나면 재정을 공평하게 사용하도록 법률로 규정도 돼 있었다. 하지만 '공평한 재정'이 보장된 것은 1년에 국한된 것이다. 1년이 지나면 합병된 정의 의회에서 재정배분을 결정하게 될 텐데 마쓰마에정이 인구도 많고 의원수도 많으니, 당연히 마쓰마에정에 유리한 방향으로 흘러갈 수밖에 없다. 문제는 그렇게 될 경우 여태까지 방만한 살림을 해온 마쓰마에정의 뒤치닥꺼리를 인구도 적은 후쿠시마정이 해야 한다는 얘기가 된다. 이것은 아무리 생각해도 불합리한 것 아닌가. 힘들더라도 자립해야겠다고 결단을 내렸다."

합병논의가 결렬된 직후 미조베는 의회 차원에서 주민보고대회를 열었다. 보고대회 현장에서는 신랄한 비판도 쏟아졌다. 가난한 어촌에, 변변한 기업 하나 없고, 교통도 불편하며, 인구감소와 노령화가 급속히 진행되는 후쿠시마정이 합병하지 않고 자립한다는 것이 정말 가능한 일인가 등.

미조베가 답했다.

"물론 후쿠시마정이 자립한다는 것은 험난한 일이다. 결코 미래가 보장돼 있지 않다. 하지만 합병한다고 상황이 나아진다는 보장이 있는 것도 아니다. 미쓰마에정도 인구감소 노령화가 진행되기는 마찬가지다. 어차피 보장된 미래가 없다면, 큰 데 의지하는 것보다 우리의 힘으로 우리가 설계해서 미래를 개척해 가는 것이 나은 것 아닌가."

후쿠시마정은 일본 홋카이도와 혼슈〔本州〕 사이의 쓰가루〔津輕〕 해협에 연하고 있으며, 홋카이도의 하코다테〔函館〕시와 혼슈의 아오모리〔青森〕를 잇는 세이칸〔青函〕 해저터널의 홋카이도 쪽 입구에 위치하고 있다. 홋카이도 제2도시인 하코다테까지 자동차로 1시간 반이 걸린다. 주산업은 어업이다. 수산물 가공업이 다소 있지만, 특별히 산업이라고 할 게 없는 전형적인 시골동네다. 홋카이도 하면 한국 사람들은 흔히 게를 떠올리지만 후쿠시마정은 오징어가 특산물이다. 일본사람들은 오징어를 회로도 잘 먹고, 건어물로도 잘 먹는다. 미조베는 도쿄에 출타할 경우 오징어 채를 작은 단위로 포장해 들고 와서 사람들에게 나눠주며 후쿠시마정을 선전한다. 후쿠시마정의 또 하나의 자랑거리는 일본씨름, 즉 스모의 천하장사에 해당하는 요코즈나〔橫綱〕가 '두 명이나' 배출됐다는 것이다. 그래서 후쿠시마에는 요코즈나 기념관도 있다.

2006년 후쿠시마정의 출생자 수는 19명에, 사망자 수가 108명이었다. 인구감소와 노령화의 정도를 실감할 수 있는 수치다.

일본의 기초단체 중에는 극단적으로 인구 2백~3백 명의 산골 촌도 있기는 하다고 한다. 하지만 통상적으로는 인구 3천~4천 명 정도가 최소규모다. 후쿠시마정은 현재 일본에서 가장 작은 자치단체 중의 하나인 셈이다. 일본의 기초단체 합병작업은 2007년 들어 대략 마무리됐다. 지금 일본에서는 이런저런 이유로 합병하지 않고 남은, 이 같은 소규모 자치단체가 어떻게 생존할 수 있을 것인가 하는 문제가 논의되기 시작했다.

미조베는 "전문가의 의견을 들어보니, 인구 1만 명 이하의 소규모 자치단체는 단체장 직선제를 없애고 대신 의원을 5명 정도 선출해 그 중에서 단체장을 간접 선거하는 방식을 도입하는 등 별도의 방식으로 생존을 모색하지 않으면 안될 것이라는 의견이 나오고 있다"고 말한다. 미래에 후쿠시마정도 그렇게 될지 모른다는 얘기다.

하지만, 현 단계에서는 그렇게 '불쌍한' 존재로 전락하지 않기 위해서도 할 수 있는 것은 다 해야 한다는 게 미조베의 각오다.

애초 미츠마에정과의 합병논의 때 제기된 안에 따르면 합병 후에는 후쿠시마정에 의원정수를 8명 내지 10명 할당하는 것으로 돼 있었다고 한다. 합병하지는 않았지만 기왕 의원수 축소논의가 있었던 만큼 의회도 이에 부응해야 한다는 의무감에서 당시 14명이던 의원정수를

요코즈나 기념관.

12명으로 줄이겠다고 공약하고, 결국 2007년 8월 의원선거 때 이를 실현했다는 것이다. 미조베는 "한꺼번에 너무 많이는 줄이지 못하겠더라. 의원수를 9, 10명으로 줄이면 두세 명의 의원이 앉아서 상임위원회를 진행해야 하는 상황이 되더라. 그래서 일단은 2명만 줄이고, 대신에 의원보수를 줄이기로 했다. 의원수는 12명으로 하지만 이들이 받는 보수 총액은 10명분에 해당하는 액수로 하기로 한 것이다"라고 말했다.

의원들 사이에 불만은 있었겠지만 의원정수를 줄이는 것에 대해서는 표면적인 이의제기는 없었다고 한다. 이렇게 의원정수의 자체 조정이 가능했던 것은 대선거제를 기본으로 하는 일본 지방선거의 특성이 배경으로 작용하고 있다. 일본 기초자치단체 의원선거는 해당 기초단체를 한 선거구로 하는 게 일반적이다. 단일 기초자치단체 내에는 별도의 선거구가 없다. 당선자는 다득표 순으로 정해진다. 후쿠시마정도 마찬가지다. 선거구가 없으니 의원들간에 선거구 조정을 둘러싸고 마찰을 빚을 일이 없었던 것이다.

다만, 보수를 삭감하는 데 대해서는 일부에서 불만이 제기됐다고 한다. 15만여 엔의 종전 보수도 많은 것은 아니지만 13만여 엔으로 삭감된 보수로는 의정활동, 즉 공익을 위한 활동을 하는 데 실비도 충당되지 않는다는 볼멘소리가 일부에서 터져 나왔다. 미조베가 삭감논의를 제기하자 당시 부의장은 "더 줄여서 어떻게 하자는 말이냐. 이런 식으로 가면 의원을 하려는 사람이 없어진다. 현의 살림을 제대로 하려면 유능한 사람들이 의원에 나서야 하는데, 앞으로는 그런 이들이 절대 나서지 않을 것"이라며 강하게 반대했다는 것이다. 지금도 의원들 사이에는 보수 인상을 요구하는 목소리가 간간히 터져 나온다고 한다.

가나자와 슈이치〔金澤秀一〕라는 의원은 2007년 8월의 의원선거 당시 자신의 선거공보를 의원 보수에 관한 불만으로 가득 채워서 제작했다(후쿠시마정은 선관위가 제작하는 선거공보에 후보자별로 동일 분량의 칸을 할당, 그 분량 내에서 후보자가 하고 싶은 말을 자유롭게 써 넣도록 한 뒤 신문형태로 인쇄해 가정에 배포하고 있다). 그 불만의 내용은 이렇다.

> "정장은 4년 임기가 끝나면 상당한 퇴직금을 받습니다. 정의회 의원은 퇴직금이 없습니다. 실업보험도 없습니다. 의원의 보수와 연금은 '낮을수록 좋다'는 의견에는 찬성할 수 없습니다. 보통 근로자에 비해 적은 보수와 연금으로는 달리 수입이 있는 사람이나 재력가 등 경제적으로 혜택받은 사람이 아니면 의원이 되는 게 불가능하다는 얘기가 됩니다. 이는 100년여 전 '제한선거'(보통선거가 아닌, 귀족이나 부자에게만 투표권을 부여한 선거)로의 퇴보입니다."

2007년 8월 선거에서 처음 당선된 27살의 기무라 타카시라는 젊은 의원이 어느 날 미조베를 찾아왔다. "의장, 다른 것은 몰라도 의회운영위원회에 소속된 의원들만이라도 보수를 올려줬으면 좋겠습니다. 운영위 소속 의원들은 다른 상임위에 비해 의회 출석일수가 배 이상 많습니다. 그 중에는 집에서 한 시간 이상 차를 몰고 와야 의회에 나올 수 있는 사람도 있습니다. 그런 수고에 대한 최소한의 보상은 해줘야 할 것 아닙니까." 듣고 보니 지당한 말이었다. 하지만 미조베는 "사정은 알지만 보수를 자진 삭감한 게 엊그제인데, 얼마나 됐다고 다시 올릴 수 있겠습니까. 의원만 고생하는 것이 아니고, 주민도 다들 힘든 상황이니 참고 견딥시다"라고 달래서 돌려보낼 수밖에 없었다.

그 적은 보수도 삭감되는 경우가 있다. 후쿠시마정 의회는 장기 결석한 의원에 대해서는 보수를 삭감해 지급하는 제도를 도입하고 있기 때문이다. 그만큼 후쿠시마정 의회는 돈에 대해 엄격하다.

후쿠시마정 의회의원들은 대부분 자기 직업을 가지고 있다. 의원

보수만으로는 생활이 안 되기 때문이다. 시내에서 CD와 책 등을 파는 가게를 운영하고 있는 미조베의 경우처럼 가게를 운영하는 사람들이 많다. 27살의 젊은 의원은 학원강사로 활동하고 있다.

이들을 평일 낮에 불러모아 회의하려면 돈도 돈이지만 여간 미안한 일이 아니었다고 한다. 그래서 미조베가 생각해 낸 것이 평일 야간 회의제다. 낮에는 의원들도 자신의 일을 할 수 있도록 하자는 취지다. 후쿠시마정 의회는 지금 대부분의 상임위를 평일 야간에 하고 있다.

의원선거일은 휴일(일본은 통상 전국규모의 선거는 일요일에 실시한다)로 할 경우 투개표 작업을 위해 동원하는 공무원들에게 휴일특별수당을 줘야한다는 점을 고려해 평일로 바꿨다. 이를 통해 이전 선거에 비해 150만 엔의 인건비를 절감할 수 있었다.

잠시 일본의 지방자치와 선거관리 문제에 대해 설명이 필요할 듯하다. 일본의 지방선거는 철저하게 해당 지방자치단체의 비용부담으로 치러진다. 현의 지사선거와 현 의원선거의 비용은 현정부가, 시정촌의 단체장과 의원선거는 해당 시정촌이 부담한다. 그뿐 아니다. 자치단체장과 의원의 보수 등의 경비도 해당 자치단체가 부담해야 한다.

이 때문에 일본의 자치단체들은 경비부담을 줄이기 위해 여러 궁리를 하고 있다. 자치단체들의 이러한 노력은 법률에 의해 뒷받침되고 있다. 의원선거구를 대선거구로 할지 소선거구로 할지도 자치단체 의회가 알아서 정할 수 있다. 선거일을 언제로 할지도 해당지역 선거관리위원회와 협의해 조정이 가능하다. 말하자면 지방자치단체에 가능한 대로 많은 자유를 줄 테니 어떤 식의 자치를 해 나갈 것인지, 자치비용으로는 얼마나 쓸 것인지 등은 스스로 알아서 결정하라는 것이 지금 일본 지방자치의 방향이다. 물론 자치단체는 그 대신에 책임도 져야 한다. 돈을 펑펑 써서 재원이 바닥나면 파산처리된다.

후쿠시마정 의회는 2007년 8월 말로 임기가 끝나는 의원들을 다시 뽑는 정기선거의 투표를 8월 15일에 실시했다. 일본은 8월 15일이 공식 휴일이 아니나 '오봉〔御盆〕야스미'라고 해서 고향에 돌아가 성묘도 하고 가족도 만나는 날로 돼 있다. 우리의 한가위 명절처럼 전국적인 귀성행렬이 이어지지는 않지만 민간기업은 대부분 이날을 전후해 며칠씩 쉬는 것이 관례로 돼 있어 여행과 귀성에는 딱 알맞은 시기다.

후쿠시마정이 선거를 이날 실시한 것은 비용문제도 있지만 투표율을 높이기 위한 측면도 있다. 오봉야스미 때는 학업과 취업을 위해 도회지에 나갔던 젊은이들이 고향을 찾아온다. 오봉야스미 때는 후쿠시마정에도 해마다 천 명 정도는 귀향하는 것 같다고 미조베는 말한다. 그 젊은이들을 투표장에 끌어들이겠다는 생각이다.

후쿠시마정의 자립을 위해 의회가 자체적으로 할 수 있는 일은 대체적으로 이 정도였다. 물론 보다 가혹한 개혁이 필요하다고 지적하는 사람도 없지는 않지만 기득권을 가진 의원들의 반발을 눌러가면서 이 정도의 개혁작업을 완수한 것은 전적으로 미조베의 솔선수범 지도력이 있었기에 가능했다고 한다.

미조베의 솔선수범을 보여주는 실례가 있다. 그가 후쿠시마정의 의장이 된 것은 1999년의 일이다. 그 전까지 의장에게는 연간 70만 엔의 교제비(한국으로 말하면 판공비 개념)가 배정됐으나 미조베 의장은 이를 지속적으로 줄였다. 2007년 현재 의장 교제비는 15만 엔이다.

교제비 대부분은 관혼상제 부조금으로 쓰인다. 일본은 모르는 사람에게까지 청첩장을 보내 사실상 축의금을 강요하거나 하는 일은 거의 없다. 결혼식 같으면 친한 지인 몇 명만 초청하는 것이 관례인데, 초청받은 사람은 대개 최소 3만 엔을 축의금으로 낸다. 후쿠시마정은 시골이다 보니 친한 동네사람들끼리 상조회를 만들어 회원의 관혼상제 때 서로 부조해주는 게 일반적이라고 한다. 회원의 집에 혼사가 있으면 일괄적으로 회비를 걷어 목돈을 마련해 주는데, 그 회비가 평균 1만 3천 엔이라고 한다.

장례식은 그 특성상 상주의 초청에 의해서가 아니라 '알아서' 참석하는 것으로 돼 있다. 지인의 장례식에 참석하면 부의금을 내는데, 후쿠시마정에서는 일반인이 보통 5천 엔 정도를 낸다고 한다.

의회의장이다 보니 미조베는 관혼상제에 참석하는 일도 많고 장례식 때도 부의금을 남들보다 많게 1만 엔 정도를 낸다고 한다. 그래서 연간 부조금으로 들어가는 돈이 70만~80만 엔이다. 이 중 의장 교제비 15만 엔을 제외하면 60만 엔 정도는 사비로 지출한다.

의장이 앞장서서 '자기희생'으로 개혁을 실천하고 있기에 다른 의원은 물론 정의 집행부에까지 개혁을 요구할 근거가 생기고, 또 그 요구가 무게 있게 받아들여진다. 미조베는 정의 재정살림에 대해서는 어떤 점에서는 자기살림보다 더 엄격하다.

2008년 예산안의 사전심의 과정에서는 이런 일이 있었다. 2007년 말 정장이 밝힌 예산 초안에는 관내 하수도사업 정비라는 명목으로 수년간 총 130억 엔의 사업을 진행한다는 계획이 들어 있었다. 이를 본 미조베가 흥분했다.

> "자립을 위해서는 긴축에 긴축을 거듭해도 모자랄 판인데, 우리 같은 조그만 자치단체에서 130억 엔의 예산을 쓰겠다니 이게 말이 되나. 하수도 정비라고 하면 결국 현재의 하천에 콘크리트 관을 깔고 종말처리를 한다는 것인데 지금 후쿠시마 시내의 하천은 아주 깨끗한 것은 아니지만 그렇다고 아주 더러운 것도 아니다. 대도시에 가면 여기보다 더러운 하천이 얼마든지 있다. 요는 우리는 견딜 만한 상황이라는 거다. 하수도 정비는 불요불급한 사업의 전형이다."

하지만 정장도 간단히 물러서지 않았다. 하수도 정비사업은 그로서도 심혈을 기울여 내놓은 야심작이기 때문이다. 이 상황에서 미조베는 '감성적인 반대만 가지고는 말발이 먹히지 않겠다'고 판단했다. 정장의 '하수도 정비 필요' 주장을 논리적으로 반박할 근거가 필요했던 것이다. 이에 따라 의원들을 관련기관 등에 파견, 정장이 제출한 하수도 정비사업의 비효율성, 환경 관련 문제점 등을 지적할 논리적 대응자료를 만들어 조목조목 정장을 몰아세웠다. 결국은 정장이 두 손을 들었다.

정장의 예산 초안에는 관내에 있는 온천에 100실 규모 호텔을 세워 제3섹터로 하여금 운영토록 한다는 구상도 들어 있었다. 현재 후쿠시마에는 20~30군데의 작은 온천여관 등이 있는데, 이 중 하나를 집중 개발해 정의 출자기관이나 산하기관으로 하여금 운영케 하겠다는 얘기였다. 미조베가 반대했다.

> "현재의 여관도 장사가 제대로 안 되는 상황이다. 100실 규모의 현대식 호텔을 짓는다고 대도시의 사람들이 교통 불편한 이곳까지 온다는 보장이 있는가. 그에 앞서, 수많은 자치단체와 기업들이 호텔이다, 스키장이다, 골프장이다, 관광객 유치를 명분으로 사업을 벌였지만 지금 결과는 모두 적자에 허덕이고 있는 것을 보지 못했는가."

홋카이도를 비롯한 일본 북동부 지역의 지방자치단체들이 스키장 등의 개발사업에 손을 댔으나 이용객이 예상보다 턱없이 적고 적자는 해마다 누적돼 지금은 헐값에 팔려고 해도 원매자가 없어 팔지도 못하는 곤경에 처해 있다는 것은 일본에서는 너무도 잘 알려진 상식이다. 미조베의 반대론은 그 같은 상식에 근거했던 것이다. 이번에도 정장이 졌다.

화장장 건설을 두고도 논란이 있었다. 후쿠시마정에는 현재 4개의 공공화장장이 있다. 사람이 죽으면 화장하는 것이 상식으로 돼 있는 일본에서는 동네마다 화장장이 필수다. 문제는 그 4개의 화장장 모두가 상당히 낡았다는 것이다. 정장은 이 4개의 화장장을 하나로 통합해 현대식의 대형 화장장을 8억 엔을 들여 짓겠다는 구상을 밝혔다.

미조베가 또 반대했다. 낡기는 했지만 4개의 화장장 모두 아직은 쓸 만하니 화장장 신축은 천천히 진행하는 것이 좋겠다는 의견이었다. 정장은 일견 이 반대의견을 수용하는 듯했으나 며칠 뒤 전혀 새로운 제안을 들고 나왔다.

통합화장장이 아니라 현재대로 4개소 분산방식을 유지하되 그 모두를 새로 짓겠다는 것이다. 현재 화장장 1개소의 규모는 125평방미터인데 비해 새 화장장은 500평방미터로 하는 것으로 해, 1개소당 2억 5천만 엔씩 총 10억 엔을 반영했다. 철회한 것이 아니라 오히려 예산을 늘려 갖고 온 셈이다.

2007년 11월 29일 업무 차 도쿄를 찾은 길에 필자와 저녁식사 겸 인터뷰를 한 미조베는 이 같은 예산 사전심의 상황을 설명하며 언성을 높였다.

> "현재 시설로도 충분히 처리하고 있는데, 갑자기 사망자가 느는 것도 아니고 규모를 4배로 늘려 지을 필요가 뭐가 있다는 말인가. 더구나 단일종합화장장 계획에 반대한다는 것을 분명히 했는데, 마치 조삼모사처럼 배치계획만 바꿔 다시 가져오다니 의회를 우롱하는 것이 아니고 뭐란 말인지."

필자가 한국의 상황을 잠시 설명했다. 한국의 자치단체장들은 공공사업을 많이 벌이려는 경향이 있는데, 그 이면에는 건설회사 등 업자와 결탁문제가 자리잡고 있는 경우가 꽤 있다고.

미조베가 고개를 끄떡인다.

> "일본도 그런 경우가 꽤 있다. 더구나 지금 일본은 중앙정부가 가급적 공공사업을 억제하는 정책을 펴면서 지방의 군소 건설업자들이 일거리가 없어 도산 일보직전이라는 등의 불만이 팽배해 있다. 자치단체장들도 업자들로부터 그런 압력을 느끼고 있을 것이다. 자세히는 모르지만 그 중에는 업자와의 유착이 개재돼 있는 경우도 있을 수 있다고 본다."

불합리한 것을 보면 못 참고 한마디 해야 하는 기질, 모르는 것은 풀어헤쳐야 직성이 풀리는 성격, 미조베는 자신을 그런 성격의 소유자라고 했다. 돌이켜보면 의원이 된 것도 그런 성격과 무관치 않은 듯하다고 한다.

그는 1975년 26세 때 후쿠시마정 의원에 처음 당선됐다. 고교를 졸업하고 대학입시에 실패, 오사카에 살던 형에게 얹혀 살며 1년간 재수생 생활도 했으나 진학을 포기하고 고향으로 돌아와 하코다테시 인근의 상공회의소에 직원으로 취직했다가 4년여 만에 그것도 그만두었다. 그리고 장사를 시작했다. 당시 양재를 하던 모친을 도울 겸 옷감을 떼다가 팔고 하는 일이었다. 그냥 평범하고 조용한 시골 청년이었다.

다른 게 있었다면 당시 그는 동네 청년단 활동을 열심히 했다는 것이다. 일본에는 이전부터 각 지방마다 청년단이라는 조직이 있었다(1970년대 이후는 대략 소멸돼 지금은 거의 남아 있지 않다고 한다). 미조베가 청년단 사무국장을 맡고 있을 당시 후쿠시마정 의회의장이 하코다테시의 술집에서 폭행사건을 일으켜 말썽을 빚은 일이 있다. 이 일이 후쿠시마정 청년단에서 논의됐고, 미조베 사무국장을 중심으로 의장 사퇴를 요구하는 문건을 만들어 발표하기도 했다. 미조베로서는 그것이 그 지역 정치와의 첫 인연이었다. 다음해 의원선거 때 미조베는 청년단원들의 권유로 출마해 당선됐다.

초선의원으로서 미조베가 맡은 첫 번째 업무는 공교롭게도 폭행 등의 말썽 끝에 결국 재선에 실패한 전임 의장의 문제를 조사하는 위원회의 위원으로 참여하는 것이었다. 이 위원회 활동을 통해 그는 당시 일본 지방의회의 부패구조를 적나라하게 목격했다고 한다.

당시 후쿠시마정에는 정의 재산인 돌산에서 돌을 채취해 이를 잘게 부순 뒤 도로 포장재료나 건설재료 등으로 판매하는 회사가 있었다. 돌산이 정의 재산인 만큼 당연히 정의 특별허가를 받아야 가능한 사업이었고, 허가만 받으면 막대한 이익이 저절로 굴러들어오는 '땅 짚고 헤엄치기' 장사였다. 그런데 전임 의장이 그 회사의 고문이었다는 사실이 사후조사에서 드러난 것이다. 어떠한 검은 거래가 오갔을지 상상하고도 남을 일이었다.

검은 거래의 방증은 곳곳에 있었다. 그 채석회사가 정에 내는 돌값의 단가를 정하는 의회 위원회 기록을 살펴봤더니, 예를 들어 100엔을 전제로 했던 논의가 휴회를 한번 거치면 갑자기 70엔을 전제로 얘기되는 식의 사례가 빈번했다. 채석뿐 아니라 하천의 모래, 자갈 채취료와 관련한 논의도 예외 없이 이런 식이었다. 결국 업자와 결탁돼 있는 의원 누군가가 휴게중에 위원들을 불러내 은밀한 조정을 했다는 얘기였다.

뿐만 아니다. 당시 후쿠시마정에는 나라의 지원으로 지은 공영주택이 있었다. 주택의 질에 비해 임대료가 싸 인기가 높았다. 서민의 입장에서는 입주권을 얻기가 하늘의 별 따기라는 말이 나올 만큼 어려웠다. 그런데 전임 의장이 버젓이 여기에 입주해 있었다. 공영주택 입주 희망자의 자격을 심사해 입주 여부를 결정하는 심의위원회가 있었는데 거기에 의원들이 참여하고 있었던 것이다. 미조베는 "입주자격 기준을 정해놓고, 그에 맞는 사람은 신청을 받아 순번대로 입주권을 배정하면 될 일에 왜 의원들이 들어갔는가. 그것도 이권이었기 때문에 그런 것 아니겠는가"고 말했다. 전임 의장은 자기의 개인적 식사비를 의회에 대납시키고, 이런저런 입찰에 개입한 사례도 많았다.

당시 의장을 비롯한 의원들의 탐욕은 여기서 끝나지 않았다. 과거 일본에는 공공사업이 종료되면 그것이 제대로 시공됐는지를 검증하는 위원회가 있었다. 사업을 시공한 회사는 이 검증위에서 문제점을 지적받으면 재시공하거나 보완공사를 해야 하기 때문에 검증위원들의 한마디에 벌벌 떨었다고 한다. 시공회사들이 검증위원들에게 뒷돈을 제공하거나 접대하는 것이 다반사였다. 의원들은 그 검증위에도 참여하고 있었다. 검증위원회에는 건축전문가 등이 참여하는 게 상식일 테지만 당시의 지방정계는 그런 상식과 관계없이 움직이고 있었던 것이다.

당시 후쿠시마정에는 정장 자문기구로 개발계획심의위원회라는 것이 있었다. 지역개발계획을 사전심의하는 기구로 개발이익과 직결될 수 있는 정보와 권한을 갖고 있었다. 이 심의위에 총 26명의 의회의원 중 반 이상이 위원으로 참여하고 있었다.

이처럼 힘있고 권세를 부릴 수 있는 심의위나 상임위에 의원들 중 누구를 참여시킬까 결정하는 권한은 의장에게 있다(일본의 지방의원, 특히 기초단체 의원들은 무소속인 경우가 많아 정당의 힘이 크지 않다). 당연히 의장은 누구보다도 많이 부패에 노출돼 있었던 셈이다. 그 문제 많았던 전임 의장에 대한 사후조사를 통해 후쿠시마정의 정경유착 부패구조를 밝혀낸 것은 의미가 있었다. 그 건을 계기로 의회의원들의 부패와 뒷거래 등의 폐습이 많이 사라졌다는 것이 미조베의 술회다.

이에 비해 한국은 어떤가. 일본이 1970년대 겪었던 악폐가 30년이 지난 지금 이 순간 한국에서는 여전히 횡행하는 것은 아닌가. 필자가 착잡한 생각에 '한국에는 아직도 그런 문제들로 사법처리되는 지방자치단체장이나 의원들이 꽤 있다"고 말하자 미조베는 "그런 것은 따라할 필요 없는 것인데"라며 웃어넘겼다.

미조베가 처음 당선해 첫 번째 본회의 질문 때의 일이다. 지금 후쿠시마정 의회는 1문 1답식 회의진행을 하고 있지만, 당시는 의원이 질문원고를 미리 준비해 그것을 죽 읽으면 정장이 몰아서 답변하는 식이었다. 대신, 답변이 불충분하거나 더 할말이 있으면 의원은 2차례의 보충질문을 하도록 허용돼 있었다. 미조베의 질의에 대한 정장의 첫 답변에는 빠진 것이 많았다. 이에 미조베가 "내가 지적한 사항에 대해 답변이 없었다. 답변해 달라"고 의사진행 발언을 했다. 의사진행 발언은 보충질문 횟수에 포함되지 않는 것이 상식이었으나 당시

의장은 이를 횟수에 포함시켰다. 미조베는 그만큼 발언기회를 박탈당한 것이다. 어찌 생각하면 대수롭지 않게 넘겨버릴 수도 있는 것이었으나, 미조베는 이것이 두고두고 가슴에 남았다고 한다.

> "의회를 대표하는 사람이 이런 식으로 적당히 정장의 눈치를 봐가면서 의사 진행을 해서야 곤란한 것 아닌가. 이래서야 정의 행정을 감시하고 비판하는 의회 본연의 임무가 달성되겠는가."

그때부터 미조베는 언젠가 의장이 되면 의회운영을 확실히 개혁해야겠다는 결심을 했다는 것이다. 그러나 현실은 그리 간단치 않았다. 의장이 되기는커녕 의원 3기 도전 선거 때는 낙선하는 불운을 겪기도 했다. 후쿠시마정 같은 시골동네 의원선거에서는 같은 동네에 친인척이 많이 사느냐가 표를 얻는 데 중요한 요소가 된다고 한다. 그러나 미조베의 부친은 멀리 야마구치〔山口〕현 출신이어서, 후쿠시마정에는 친인척이 거의 없었다. 이 점이 선거에도 불리할 뿐더러, 의회 내에서 영향력을 넓혀가는 데도 약점으로 작용했다는 것이다.

겨우 의장이 된 것이 1999년의 일이니, 5선 의원이 되고 나서의 일이다. 그는 의장으로서 여러 가지 개혁을 했다. 그 중에는 정의 예산으로 보내는 의원들의 해외연수를 없애버린 것도 포함된다.

지방의원들의 해외연수 문제는 한국에서는 논란이 끊이지 않는 문제다. 일본에서도 2007년 후쿠오카〔福岡〕현 의원들이 유럽 '유람여행'을 다녀온 뒤 출장보고서에 미술관 사진만 붙여서 제출했다는 사례를 제시하며 지방의원들의 공금 해외여행을 비판하는 텔레비전 프로그램이 방영된 일이 있다. 공짜로 해외여행한다는 것은 나라를 불문하고 의원들에게는 여간해서는 뿌리치기 어려운 유혹인 모양이다.

한국의 경우 시군구 기초단체 의원들도 대략 1년 또는 2년에 한 번은 반드시 공짜 해외여행을 하지만 일본의 기초단체 의원들은 옛날에도 이 정도는 아니었다고 한다. 홋카이도의 경우 여러 시정촌 의회의원들을 모아서 1년에 1회 정도 해외여행을 다니는데, 여기에는 한 자치단체 의회에서 한두 명 정도가 참가한다고 한다. 후쿠시마정 의회는 매년 한 명을 해외에 내보내고 있었다고 한다. 하지만 미조베가 의장에 취임하고 그나마 이것도 없어져, 지금 후쿠시마정은 정의 예산으로 의원을 해외에 보내는 제도 자체가 없다.

미조베는 말한다.

> "의원들이 해외여행이라는 것이 말로는 연수요 시찰이라고 한다. 말 그대로 자기가 속한 자치단체를 위해 공부가 되고 도움이 되는 여행이면 필요할 수도 있다. 그러나 의원 대부분이 외국어도 모르는데, 해외에 간다고 해서 무슨 공부를 하겠는가. 결국 관광밖에 안 되는 것 아닌가."

미조베는 지금까지 해외여행 경험이 딱 한 번밖에 없다. 의원이 되기 1년 전, 청년단 활동을 하던 26세 때의 일이다. 당시 홋카이도는 1년에 한 번, 그 해 20세 성년이 된 청년들을 선발해 '홋카이도민의 배'라는 1만 톤급 여객선에 태워 1개월여간 동남아시아를 한 바퀴 순회하는 프로그램을 갖고 있었다. 미조베 의장은 당시 나이가 좀 들었다는 이유로 일반 단원들을 지도하는 '분담장'의 역할을 맡아 이 여행에 동행했다. 부산과 홍콩, 방콕을 거쳐 싱가포르까지 갔다가 마닐라를 거쳐 일본으로 돌아오는 코스였다.

여행이라기보다는 고행에 가까웠다고 한다. 홋카이도를 출발, 동해를 거쳐 부산에 이르는 첫 여로에 승객 태반이 멀미로 쓰러질 정도였다. 심지어 매일 바다에 나가 고기잡던 어부 출신도 멀미를 하더란다. 고기잡이용 작은 배가 파도에 흔들리는 것과, 큰 여객선이 흔들리는 것은 느끼는 감각이 다르다나.

그런 고행이 미조베에게는 자신을 돌아보는 계기도 됐다고 한다.

'역시 내 나라, 내 고장이 좋구나' 하는 느낌이 새로이 들면서 고향에 확실히 뿌리를 내리고 살아야겠다는 결심이 서더라는 것이다.

미조베는 의장이 되고부터는 가게 경영을 여동생에게 맡기고 의회 일에만 전념하고 있다. 의장이 되기 전까지는 의회에서 정의 살림에 대해 열심히 지적하고 대안을 제시해도 제대로 반영되는 일이 적었지만 의장이 되고 나서는 말 한마디로 가능한 것들이 굉장히 많아졌다고 한다. 그만큼 의장의 권한이 많다는 얘기다. 현재 후쿠시마정 의회의 의원 12명 중 정당소속은 2명에 불과하다. 의장 자신을 포함해 10명이 무소속이다. 교섭단체가 없으니 의회의 운영은 대체로 의장이 알아서 결정하는 방식으로 돌아가고 있다.

열린 의회, 의원들의 자기 평가 등 일련의 의회개혁으로 2006년 매니페스토 대상을 받은 뒤 미조베는 다소 유명해졌다. 전국의 자치단체와 지방의회에서 심심찮게 후쿠시마정의 개혁사례를 알고 싶다는 문의가 오고 있다. 2007년 초에는 기후(岐阜)현의 한 기초단체의 공무원이 견학 차 후쿠시마정 의회를 직접 찾아오기도 했다.

상황이 그렇게 되면서 의장으로서의 행동이 조심스러워진 측면이 있다고 한다. 주변으로부터 일종의 질투 심리를 느낀다는 것이다. 특히 정의 집행부를 의식하지 않을 수 없다. 현재 후쿠시마정 홈페이지의 의회란에는 집행부의 입장에서는 달갑지 않은 재정 관련 정보들이 잔뜩 실려 있다. 정의 공무원들로부터 불만의 소리도 들려온다고 한다. 그래서 미조베 의장도 '꾀'를 쓰고 있다. 지역신문에 나는 후쿠시마정 관련 기사를 모니터 해, 행정정보가 조금이라도 실리면 그 관련 정보를 홈페이지에 공개하는 식이다. 이렇게 하면 행정당국에서 항의가 들어와도 "이미 신문에도 난 정보다. 그걸 종합해서 공개한 것일 뿐인데 무슨 문제이냐"는 반박이 가능하다.

2008년도 회계년도부터는 아예 의회 홈페이지를 독립시킬 생각이다. 현재처럼 정의 홈페이지에 부속된 형태로는 아무래도 자유로운 행정정보 공개가 어렵다는 판단에서다. 정의 감사위원회가 매월 실시하는 정기재정감사 결과도 의회 홈페이지에 공개할 계획을 세웠다. 이렇게 하면 정의 차입금, 대월금 등 재정의 흐름을 누구라도 일목요연하게 파악할 수 있게 된다는 것이 미조베의 설명이다.

이렇게 노력해도 후쿠시마정의 미래는 장담할 수 없다. 지금의 속도로 노령화와 인구감소가 계속되면 …. 2007년 8월 의원선거에서도 이 문제를 지적하며 '합병을 재론해야 한다'고 요구하고 나선 의원이 있었다. 산업을 유치해보려고 돌아다녀 봐도 입지가 불편하다는 이유로 선뜻 나서는 기업이 없다. 여기에 노인의료 및 복지에 들어가는 비용은 해마다 증가일로다. 이런 대목에 이르면 미조베의 표정도 어두워진다.

> "그렇지만 미래가 안 보인다고 아무렇게나 내팽개칠 수는 없는 것 아닌가. 최선을 다해서 나와 우리 고장을 지켜나가야 한다. 설혹 미래 후쿠시마가 의회를 둘 형편조차 안 되고, 행정서비스도 줄여야 하는 명색뿐인 자치단체가 된다고 해도 최후까지 우리의 힘으로 당당하게 걸어가고 싶다."

비교를 위해 한국 자치단체의 현황을 잠시 살펴보자. 재정자립도 7.4%로 전국 최하위인 경북 봉화군은 2005년 말 기준 인구 3만 2,327명이다. 2007년 일반회계예산은 1,563억 7천 3백만 원(특별회계를 포함하면 1,715억 원)이다. 지방세 수입이 51억 4,320만 원, 세외수입이 64억 6,437만 원에 불과하다. 2007년 현재 봉화군 의회 의원수는 8명인데 비해 의회 사무과 직원은 총 10명이다. 대략 이 정도가 홈페이지에 실려 있는 내용이다. 실제 예산을 어떻게 쓰고 있는지 짐작할 만한 내용은 많지 않다.

인구 1만 254명(2006년 말 기준)으로 전국 최소규모 자치단체인 경북 울릉군의 2007년 총 예산은 930억 원 규모이다. 주민 1인당 예산

액으로 따져보면 일본 후쿠시마정보다 훨씬 많다. 2007년 지방세는 17억 5,300만 원밖에 안 되지만 세외수입이 119억 2천6백만 원으로, 재정자립도는 15% 정도라고 한다. 울릉군 의회의원도 장흥군과 마찬가지로 7명이며 의회 사무과 직원은 10명이다.

울릉군 홈페이지에는 특이하게 공무국외여행 귀국보고서라는 코너가 있어, 공금으로 해외여행을 다녀온 직원들의 보고서를 올려놓았다. 이를 보면 공무원들이 공금으로 가는 국외여행이라는 것이 어떤 것인지 짐작할 수 있다.

2006년 8월부터 2007년 11월 말까지 총 14건의 보고서가 실렸다. 지방통신원 L씨가 2006년 10월 9일간 체코, 오스트리아, 슬로바키아, 헝가리, 폴란드 등 동유럽 5개국을 돌아본 여행의 목적은 '국외의 지방자치제도와 의회제도를 견학해 자치발전 및 의회발전에 기여하고자 함'이라고 돼 있다. 보고선이 의회라고 돼 있는 것으로 봐 군의원들의 해외여행을 수행해 다녀온 결과인 듯하다. 그들 나라의 지방자치가 한국의 현실과 무슨 관련이 있는지도 의문이지만, 보고서에는 사실상 지방자치를 견학한 흔적 자체가 없다. 이들 나라의 인구는 얼마이고, 언어는 무엇이며, 정치제도는 어떻게 돼 있다는 등 어디서나 구할 수 있는 자료를 나열한 정도다. 가장 많이 했다는 것이 문화시찰이다. 언어도 제대로 통하지 않았을 텐데, 외관을 구경하는 것은 몰라도 내부사정을 자세히 공부하는 것은 원천적으로 불가능했을지도 모른다. 다른 명목으로 이탈리와 영국 등을 둘러본 어느 직원은 로마의 콜로세움을 관광하고는 '옛날에는 콜로세움에서 검투가 벌어졌다고 한다. 그 장면을 그려보면 전율이 느껴진다'라고 자신의 감상소감을 보고서에 당당하게 적었다. 여행 감상문인지 공무보고서인지 헷갈릴 정도다. 필자가 보기에 보고서의 반 이상은 대략 이런 식이다. 유럽 5개국을 9일간 가려면 1인당 5백만 원의 예산은 들 것이다.

전남 장성군은 군 지역임에도 불구하고 한국에서 가장 모범적인 지방행정을 구현하는 곳으로 꼽힌다. '주식회사 장성군'이란 말을 들을 정도로 군정이 효율적으로 돌아가고 있다고 한다. 장성군의 2007년도 예산은 일반회계(2,043억 원) 특별회계(39억 원) 합쳐서 2,082억 원이다. 이 중 자체조달 재원은 지방세가 117억 원, 세외수입 136억 원으로 총계 253억 원이다. 장성군 홈페이지에는 '재정공시'라는 난이 있다. 예를 들어 '홍길동 테마파크 조성'에 얼마를 쓴다는 식의 사업비 내역이 공시돼 있다. 또 군수업무추진비 항목을 마련해 매월 군수업무추진비를 '간담회비 등', '위문 격려금 등', '내방객 선물 등', '기타' 등 4개의 명세로 구분해 액수를 공개하고 있다. 2007년 10월 한 달간 내역을 보면 32회에 걸쳐 663만 7천 원의 업무추진비를 지출한 것으로 돼 있다. 군이 어떤 규모로 어떻게 살림을 집행하는지, 홈페이지를 통해서 알 수 있는 내용은 대략 이 정도다. 시시콜콜한 것까지 공개한 후쿠시마정 의회홈페이지보다 나아 보이지 않는다.

5. 반대자에서 적극론자로 돌아선 '가방모치' 정치인

마쓰다 요시아키(가나가와현 의회의장)

2007년 12월 11일 오후 7시. 일본 요코하마시의 가나가와현 의회 본회의장에서는 '역사적인' 사건이 벌어지고 있었다. 가나가와현 의회 사상 53년 만에 최초로 의원이 만든 조례가 본회의를 통과한 것이다.

지방의회는 조례 제정권을 갖고 있다. 지방의원이 조례안을 만들고 이를 회의에서 통과시키고 하는 것은 어떤 면에서는 거론할 가치도 없는 당연한 일이다. 그러나 이처럼 당연한 일이 가나가와현에서는 53년 동안 한 번도 없었다. 현의 지사(집행부)가 제출한 조례안을 심의해 처리하는 게 그동안 의회의 일이었다. 본말이 전도된 이 같은 상황이 계속되다 보니 의원발의 조례안 처리라는 것이 오히려 특수한 일이 돼버린 것이다.

마침 이날 오후 가나가와현 의회의 마쓰다 요시아키 의장을 인터뷰하기 위해 현 의회를 방문중이었던 필자는 의장으로부터 "기왕 온 김에 오늘 역사적인 조례안 처리장면을 한번 보고 가라"는 말을 듣고 본회의를 방청했다. 스기야마 노부오〔杉山信雄〕라는 의원이 제안설명을 한 그 조례는 '가나가와현 상점가 활성화 조례'라는 것으로, 단 4개조의 내용이었다. 현장에 배포된 자료를 보니, 분량으로는 A4용지 한 장밖에 안 됐다. 내용도 '현은 각 시정촌(일본의 현 산하에 있는 자치 및 행정단위)과 연계해 상점가의 활성화를 이루기 위해 필요한 시책을 추진하도록 노력하며, 시정촌이 지역의 실정에 따른 시책을 추진하는 게 가능하도록 필요한 지원을 한다'는 것과 '사업자는 상점가의 활성화를 이루기 위한 사업 또는 지역공헌 조직에 적극적으로 참가하며, 응분의 기여를 하는 것으로 당해 사업 또는 조직에 협력하도록 노력한다"는 선언적인 것에 지나지 않았다. 강제조항이 있는 것도 아니고, 벌칙조항이 있는 것도 아닌, 어찌 보면 형식적인 문구였다.

의회 사무국 정책법제반의 오이시 이자기〔大石潔〕 팀장에게 물었다. "역사적이라고는 하지만 종이 한 장의 선언적 내용에 불과한 것 아니냐. 뭐가 그렇게 중대한 의미가 있는지."

오이시가 정색을 한다.

> "이 조례안이 아이디어 차원에서 발의된 것은 2, 3년 전의 일이고, 정식으로 의회에 제출된 것은 6개월 전의 일이다. 남들은 종이 한 장이라지만 그 안에는 많은 곡절이 숨어 있다. 그래서 역사적 의미가 있는 것이다."

설명을 들으면서 필자도 고개가 끄덕여졌다. 조례안 제출의 계기는 편의점, 햄버거 점 등 전국적 프랜차이즈 체제로 운영되는 가게가 점점 늘어나는 데 비해, 이들이 지역 '상점회' 참여율은 저조해 상점회 운영에 장애가 되고 있다는 지역 여론이었다. 일본에는 동네 상가마다 '상점회'가 있어 청소도 함께 하고 일제 세일기간을 정해 매출촉진도 하며 1년에 한 번씩 동네 마쓰리(축제)를 여는 등의 활동을 한다. 제안설명자인 스기야마에 따르면 "프랜차이즈 가게들이 참여하지 않는 바람에 상점가가 쇠퇴할 정도"라고 한다.

이런 여론을 접수한 일부 의원들이 현 당국에 관련조례를 만들면 어떠냐고 제안했다. 조례가 필요하다고 생각되는 사안에 대해 현 당국에 '만들어서 제출해 달라'고 하는 게 지금까지 가나가와현 의회의 상식이었다. 법리체계에 맞춰 조례안을 만든다는 것은 전문지식도 있어야 하고, 귀찮은 일이기도 하다. 이 때문에 의원들은 설혹 조례

아이디어가 있어도 직접 만들 생각을 하지 않고 현 당국에 부탁하는 방식으로 일을 처리해 왔다.

그러나 이번에는 마쓰자와 시게후미 지사가 그 요청을 거부했다. 거부 이유는 "상가 활성화는 기본적으로 시정촌 기초자치단체가 할 일이다. 현이 기초자치단체 업무까지 왈가왈부하는 것은 옳지 않다. 또, 그런 조례를 만들어 봤자 선언적 의미밖에 없는 것 아니냐"는 것이다. 사실 이도 일리 있는 지적이었다. 마쓰자와는 일본에서는 매니페스토 개혁파 지사로 첫손 꼽히는 유능한 지사다. 상위 자치단체가 하위 자치단체의 소관사항까지 왈가왈부하는 것은 자치분권의 측면에서 꼭 좋은 일만은 아니라는 논리적 근거가 있었다.

그러나 의원들의 생각은 달랐다. 가나가와현 내의 일부 시정촌에서는 이미 상점가 가입을 촉구하는 조례를 만들고 있었지만 그런 산발적 움직임으로는 전국적 규모의 프랜차이즈를 운영하는 대기업에 영향을 주기 힘들다. 대기업 본사에 목소리를 전달하기 위해서는 현 차원에서도 적극적으로 나설 필요가 있다는 판단이었다. 도쿄에 접하는 가나가와현은 2007년 11월 현재 인구 890만 5,930명에 달하는, 일본에서는 가장 큰 현 중의 하나다. 현 차원에서 목소리를 내면 대기업도 무시하지 못할 것이라는 게 의원들의 주장이었다.

6월부터 일부 의원들이 의회 사무국 직원들과 함께 조례안을 만들기 시작했다. 마침 당시 의회 사무국에는 '정책법제반'이라는 조직이 새로 만들어졌으나 직접 조례를 만드는 것은 처음 하는 일이었다. 문제가 많았다. 우선, 현 지사의 눈치를 보지 않을 수 없었다. 현의 조직을 국가에 비유하면 지사는 대통령이요, 의회는 국회라고 할 수 있으나 양자의 '힘'을 비교하면 지사가 압도적이다. 현청 소속 공무원은 대략 8만 명이 넘는다(현 소속 교육공무원과 경찰공무원을 포함한 숫자임). 이에 비해 의회 사무국 직원은 73명이다. 이들도 원래는 현청 소속으로, 3년 정도 근무하면 현청 직원들과 교대해 순환근무하도록 돼 있다. 사무국 직원들의 입장에선 지사가 반대하는 일을 한다는 것이 여간 신경쓰이는 게 아니었다. 더구나 마쓰자와 지사는 무소속으로 개혁성향이 강한 지사인데 반해 조례안을 발의한 의원들은 자민당 소속이었다. 가나가와현 의회의 의원은 총 107명이며 자민당이 40명으로 제 1당, 민주당이 37명으로 제 2당을 차지하는 형국이다.

조례안을 만드는 과정에서 현 당국에 꼬투리 잡히는 일이 없도록 충분히 주의를 기울여야 했다. 이를 위해 과연 그 같은 조례가 필요한 것인지 객관적 근거를 마련키로 하고 여론수렴작업을 벌였다. 요코하마 등지의 11개 지역 상점회를 직접 방문해 여론을 듣고, 가나가와현 관내 33개 시정촌의 상점가 담당자들을 전부 면담했다. 관내 상가의 일반점포의 경우 상점회 가입률이 78.8%인데 비해, 전국적인 프랜차이즈 지점의 상점회 가입률은 65.5%에 불과하고 술집의 경우는 63.5%라는 등의 수치도 도출했다.

이렇게 해서 조례안을 만들 수 있는 충분한 근거를 마련했으나 이번에는 조례안을 의회의 어느 위원회에서, 어떤 형태로 심의할 것인지가 문제로 대두됐다. 이제까지 현 의회의 운영이라는 것이 지사와 현 당국의 공무원을 출석시켜, 그들을 상대로 질의하고 답변을 받는 것만 있었지, 의원이 의원을 상대로 질의하고 답변하는 일은 경험하지 못한 바였다. 하지만 이번의 조례안은 의원이 발의한 것이니 이에 대해 의문이 있는 다른 의원은 발의자인 의원을 상대로 질문해야 했다. 궁리한 끝에 조례안에 대한 상임위원회 심의를 생략하고 이를 본회의에 직접 상정키로 했다. 본회의장 의장석 앞에 의원들을 향한 임시 답변석을 마련해 발의 의원들이 그 답변석에 앉아 일반 의원들의 질의를 받고 답변하는 식으로 처리하기로 했다.

실제 이날 본회의에서는 민주당의 한 의원이 조례안에 대해 질의를 했다. 조례안을 만들기 전에 여론청취작업을 했느냐, 조례가 만들어지면 기대되는 효과는 무엇이냐 하는 내용이었다. 그 질의를 하는 동안 자민당 의석에서는 약간의 야유가 쏟아지기도 했다. 민주당이 조례안에 대해 반대하는 것으로 받아들였기 때문이란다. 여기에는 이유가 있다. 사실 의원발의 조례안 제정을 먼저 시도한 쪽은 민주당이다. 민주당은 2006년 말 가나가와현 내의 파출소 수를 현행보다 2배 늘린다는 조례안을 만들려다가 '예산을 감당할 수 없다'는 반론에 밀려 제대로 심의도 못하고 폐기당했던 적이 있다. 자민당으로서는 민주당이 그 과거에 대한 '앙갚음'으로 이날의 상점가 활성화 조례안을 반대할지 모른다는 우려가 있었다는 것이다.

하지만 결과는 의외였다. 질의응답이 끝나고 표결에 들어가자 민주당 의원들도 전원 기립해 찬성의사를 분명히 했다. 만장일치 통과였다.

선언적 내용에 불과한 종이 한 장짜리 조례를 만드는 데도 이처럼 복잡한 과정을 거쳐야 했다는 사실을 알고 나니 12월 11일 의원발의 조례안 통과가 역사적인 일이라는 가나가와현 의회의 주장이 과장이 아니라는 생각이 들었다. 조례안을 만드는 것 자체가 의원들로서는 민주주의의 본질을 체험하고 깨달아가는 과정이었다.

가나가와현 의회가 이렇게 변화의 역사를 이루게 된 데는 이유가 있다. 2007년 5월 마쓰다 요시아키가 현 의회의 제100대 의장으로 취임한 것이 결정적 계기다. 마쓰다는 의장선거에서 3개의 매니페스토를 내세웠다. 3개의 약속, 또는 3개의 도전이라고도 불렸던 마쓰다의 매니페스토는 '열린의회 만들기', '가나가와현 의회 기본조례 제정', '의회 사무국 강화'로 요약된다. 요약하면 현 의회를 개혁하겠다는 것이다.

마쓰다는 중앙정치의 여당인 자민당 소속이다. 전국적으로 조직기반이 강한 자민당은 매니페스토에 대해 소극적이다. 의장선거를 위해 독단적으로 매니페스토를 전면에 내세울 경우 자칫 당 내의 반발을 살 수 있었다. 마쓰다는 우선 자민당 내의 분위기 조성에 착수,

'자민당 가나가와현 의회 의원단 의회개선추진본부'의 이름으로 자신이 추진하는 매니페스토를 발표했다. 그렇게 자민당 내의 동의를 기초로 의장에 당선된 후 마쓰다가 가장 먼저 한 일은 의회 사무국 내에 정책법제반을 설치한 것이었다. 의회가 독자적으로 개혁을 해 내가기 위해서는 독자적으로 정책과 법제를 성안할 능력을 갖추는 것이 급선무라고 봤기 때문이다. '상점가 활성화 조례'는 그 정책법제반을 통해 입안한 첫 번째 작품이다. 마쓰다의 임기는 2008년 5월까지 1년이다. 1년 만에 모든 것을 다 할 수는 없지만 지방입법기관으로서 의회의 존재의미를 확인하기 위해 '현 의회 기본조례'를 제정하는 기반은 확실히 다지겠다고 말한다.

마쓰다가 이처럼 매니페스토를 통한 의회개혁의 선봉에 서게 된 것은 예상밖의 상황전개다. 사실 마쓰다는 매니페스토 반대론자였다. 2003년 선거 때부터 매니페스토를 내걸었으며, 이후 매년 이행평가를 해오고 있는 마쓰자와 지사에 대해 "매니페스토라는 것이 결국은 정치 쇼 아니냐"며 빈정거렸다. 2007년 11월 9일 열린 '매니페스토 어워드 2007'에서 매니페스토 대상을 받은 마쓰자와는 "지금은 의회에 가면 왜 매니페스토에 쓴 대로 하지 않느냐는 질의를 받지만, 처음에는 의원들로부터 매니페스토가 퍼포먼스에 불과하다는 비판을 많이 받았다"고 술회한 바 있다. 마쓰다는 마쓰자와가 거론한 '초기 비판론자' 중에서도 대표적 인물이었던 것이다.

2003년 4월 지방선거에서 마쓰자와가 지사에 당선된 뒤 6월 25일에 열린 현 의회에서 당시 마쓰다 의원은 다음과 같은 발언을 했다.

> "지사가 선거전에서 대대적으로 사용했던 매니페스토에 대해 묻겠다. 지사의 매니페스토에는 정책 1부터 정책 37까지 있으나 그 내용을 보면 기본적으로 중앙정부의 소관사항도 있고 진정으로 실행하려면 다른 도도부현과의 조정이 불가피한 것도 있다. 또 매니페스토의 내용이 서로 이질적인 듯한 감

상도 든다. 더구나 지사는 당선 직후부터 매니페스는 50% 달성하면 잘하는 것이라 등의 발언을 하고 있다. 하지만 매니페스토는 100% 달성을 향해 한 길로 노력해야 하는 것이다. 그런데도 50% 발언을 한 것은 지사에게 투표한 많은 사람에 대한 배신행위이다. 50% 달성하면 좋다는 인식은 결코 허용될 수 없다"(2003년 6월 25일 속기록 요약).

마쓰자와의 매니페스토는 애초부터 실현 불가능한 것들로 채워진, 선거용 전략에 불과했던 것 아니냐는 비판이다. 마쓰다의 이런 불만은 마쓰자와에 대한 정치적 불신감에서 비롯된 점도 있었다. 마쓰다와 마쓰자와는 사실 가나가와현 의원 동기생이다. 1987년 지방선거에서 두 사람은 같은 초선의 처지로 현 의회에 입성해 자민당에 함께 몸담았던 인연이 있다. 이와 관련한 마쓰다의 발언이다.

"정치가 마쓰자와 지사의 경력을 거슬러 올라가면 가나가와현 의회의원이 출발점이다. 1987년 당시 자민당에 소속했던 적도 있다. 그리고 자민당을 탈당, 중의원 의원이 됐다. 처음은 신생당, 다음은 신진당, 그리고 '국민의 소리', 나아가 민정당, 민주당 등으로 계속해서 소속정당을 바꿔왔다. 그 결과가 어떤가. 지사 취임 후의 언동을 보면 현정의 중요 과제라고 할 수 있는 사항에 대해 대단히 쉽게 발언하는 모습을 대하며 걱정이 되는 게 사실이다. 나는 지사가 발언과 행동에 책임을 지고 신중하게 하기 바라는 마음이 간절하다. 지사는 무당파로서 입후보해 당선됐다. 그럼에도 불구하고 지사는 5월 25일 개최된 (제 1야당인) 민주당 정기대회에 내빈으로 초대돼 '다음 총선에서 정권교체를 이루기 바란다'고 발언했다는 신문보도가 있었다. 이게 사실인가. 사실이라면 지사가 한 행동은 현민을 속인, 정당 숨기기에 해당한다. 무당파로 당선됐으면 무당파로서 지사의 직무에 전력을 기울여야 한다. 정권교체를 바란다면 원래의 중의원으로 돌아가는 게 좋지 않겠는가"(2003년 6월 25일 속기록 요약).

인신공격이라고 할 정도로 마쓰자와에 대한 적의가 묻어나는 발언이다. 무당파라고 하면서 실질적으로는 야당을 응원하고 다니는 마쓰자와를 인정하고 싶지 않았던 것이 초기 마쓰다의 속내였을지도 모른다. 이에 대해 마쓰다는 2007년 12월 17일 필자와의 두 번째 인터뷰에서 "2003년 마쓰자와의 매니페스토를 두고 현의 공무원들로부터 '공공사업 10% 삭감' 같은 것은 실현 불가능한 공약이라는 등의 제보가 우리(자민당)에게 들어왔다. 여러 가지 점에서 정치가의 매니페스토는 선거도구에 불과하다고 생각할 수밖에 없었다"고 말했다.

역설적이지만 매니페스토는 선거용 선전수단에 불과한 것 아니냐는 '적대감'이 마쓰다로 하여금 거꾸로 매니페스토에 대해 눈을 뜨게 한 계기로 작용했다고 한다. 마쓰다는 "지사의 매니페스토의 문제점을 지적하기 위해서는 그 매니페스토에 대해 공부하지 않으면 안 됐다. 현청 직원들이 매니페스토의 문제점에 관해 의회에 제보해 오는 것도 좋은 참고가 됐다. 자연스럽게 정책공부가 된 것이다. 정책을 알게 되면서 지사에 대해서도 정책으로 문제를 제기하는, 자연스런 발상이 가능하게 됐다"고 말했다.

마쓰다는 원래 도쿄 출신으로, 가나가와현에 있는 도카이〔東海〕대학에서 러시아어를 전공했다. 몸을 움직이는 것을 좋아해 야구, 육상, 유도 등의 운동을 했고, 대학에서는 소림사 권법을 연마하기도 했다. 졸업을 앞두고 모스크바대학에 1년간 유학한 경험도 있다. 귀국 후 1975년 참의원선거 때 요코하마에서 출마한 고 사토 이치로〔佐藤一郎〕 의원의 '보디가드'로 연결이 돼 선거 내내 그를 도왔다. 원래는 정치에 대해 별 의지가 없었으나 자신이 도왔던 사토가 낙선하자 거꾸로 의욕이 생겼고, 취직이 결정돼 있던 증권회사를 마다하고 자원봉사 '가방모치'(가방을 들고 다니는 사람) 비서를 시작으로 11년간 사토를 수행하다가 1987년 현 의원선거 때 요코하마에 선거구를 잡아 출마해 당선된 경력의 소유자다.

일본 특유의 조직정치, 인맥정치하에서 성장한 평범한 정치인이다. 정책적, 개혁적인 성장배경을 갖고 있는 사람은 결코 아니라는 얘기다. 다만, 그에게 남다른 점이 있었다면 현집행부에 대해 의회의 독자적 역량을 키워야 한다는 기본생각은 언제나 투철했다는 것이라고 한다. 그는 1999년 의회 내에 상임위원회로 예산위원회를 설치하는 일을 앞장서서 관철시킨 바 있다. 그 전까지는 지사가 제출한 예산을 본회의에서 직접 심의하는 형태였으나, 그래서는 제대로 된 심의를 할 수 없다는 의견을 내서 공감을 얻었던 것이다.

마쓰자와 지사 체제가 들어선 이후 지사를 공격하기 위해 매니페스토를 공부하던 마쓰다가 매니페스토에 발을 들여 놓은 첫 번째 사건은 2004년 '가나가와현 종합계획'을 지사와 협력해 조례화한 것이다. 가나가와현 종합계획은 애초 마쓰자와가 매니페스토로 내건 것이었다. 기왕에 지사가 이런 목표를 제시했다면, 그 정책의 실현을 위해 의회도 따질 것은 따지고 보완할 것은 보완하면서 현실성 있게 대처하는 것이 낫다는 판단에 따라 현집행부와 의회가 협력해 조례화까지 이르렀다는 것이 마쓰다의 설명이다.

그렇게 매니페스토에 눈을 뜨면서 마쓰다가 관심을 갖게 된 것이 바로 의회개혁이다. 마쓰다는 말한다.

> "일본에서 완전한 지방자치, 즉 단체장도 주민이 직접 뽑는 지방자치가 실현된 것은 미군 점령기인 1947년의 일이다. 그 전에는 지방의원은 선출하되, 단체장은 나라에서 임명하는 식이었다. 하지만 단체장을 직선하고 나서도 지방의원의 역할은 크게 달라지지 않았다. 대체로 지방의원을 명예직으로 여기고 지방의 대통령인 단체장이 하는 일을 체크하는 정도의 일만 하면 된다는 분위기가 팽배했다. 그러나 생각해 보면 지방의원도 엄연히 주민의 대표다. 입법권도 있고, 예산 심의권도 있다. 단체장과 의회라는 지방정부의 이원권력 중 한 부분을 차지하고 있다. 지방의회의 본래 기능을 살려야 한다고 생각하니 개혁할 일이 하나 둘이 아니었다."

마쓰다는 2007년 가나가와현 의회의 의장으로 선출된 뒤 세 가지의 의회개혁을 추진하고 있지만 사실 그가 이전부터 준비한 개혁항목은 50여 가지가 넘는다. 그는 그 항목들을 공정표로 만들어서 사무실에 비치해 놓고 이행상황을 체크하고 있다. 예를 들면, 여성의원들에 대한 의회 내에서의 호칭을 군(君) 대신 상(さん, 한국의 '씨')으로 한다는 항목은 그가 의장이 된 뒤 즉각 시행한 것으로 돼 있다(일본은 의회의장이 의원을 부를 때 'OO군'으로 부르는 게 관례이나, 이것이 기본적으로 남성에 대한 호칭이라는 지적이 제기돼 왔다).

가나가와현 의회는 2007년 10월, 마쓰자와 지사가 제출한 '지사 3선 금지' 조례를 통과시켰다. 지사 3선 금지는 마쓰자와가 권력은 오래 잡으면 부패한다는 신념에 따라 추진해온 것으로, 지방의회가 이런 조례를 통과시킨 것은 전국 최초다. 문제는 이것이 국가의 법률위반이라는 점이다. 법률로는 지사의 무제한 연임이 가능하게 돼 있다. 이 때문에 조례 통과과정에서도 비판이 많았다. 하지만, 그 같은 조례가 공직사회에 경종을 울리는 하나의 상징적 조치가 될 수 있다는 점에서 다수 의원들이 조례통과에 동의했다고 한다. 이렇게 가나가와현은 지사로부터 출발한 매니페스토, 즉 지방정부의 개혁운동이 지방의회에도 영향을 미쳐 선순환적인 정책경쟁이 이뤄지는 본보기가 되고 있다.

비단 가나가와현뿐만 아니다. 매니페스토에서 기인한 일본 지방의회의 자각, 개혁의 움직임은 곳곳으로 전파되고 있다. 일본 매니페스토의 전도사라고 할 수 있는 기타가와 마사야스가 지사를 지낸 미에현은 2006년 일본의 광역자치단체 중에서는 처음으로 현 의회 기본조례를 제정했다. 이에 대해 '당연한 내용밖에 없다'는 비아냥도 없지 않지만, 당연한 역할도 못해온 것이 일본 지방의회의 현실이기에 다른 지방에 영향을 미치고 있다. 윤리조례 등 의원들의 도덕성을 규율하는 조례도 등장하고 있다. 의원들이 발의로 이뤄지는 일본의 조례

제정 움직임이 어디까지 가 있는지 그 실상을 짐작할 수 있는 또 하나의 모범사례로, 2007년 11월 9일 '매니페스토 어워드 2007'에서 대상을 받은 후쿠이현의 경우를 소개한다.

후쿠이현 의회의 '현민연합'이라는 회파(일본 지방의회는 소속 정당과 관계없이 뜻이 맞는 의원들끼리 회파를 조직, 의회에 교섭단체로 등록하고 단체활동을 할 수 있다)는 2007년 6월 정기회에서 혁신적인 윤리조례안을 통과시켰다. 가장 주목되는 내용은 '의원 본인이나 2촌 이내의 친족이 임원으로 재직하는 등 의원이 깊이 관련돼 있는 건설회사는 현이 발주하는 공공사업 수주에서 자숙할 것'이라는 내용이다. 매니페스토 어워드에서는 이 '업적'을 높이 평가, 후쿠이현 현민연합에 매니페스토 대상을 주었다.

일본도 한국과 마찬가지로 2촌 이내의 친족은 형제 또는 조손간을 의미한다. 하지만 그 2촌간의 친밀도는 한국과는 크게 다르다. 한국에서는 3촌이나 4촌도 가까운 친족에 들어갈 수 있지만, 자식이 부모

매니페스토 어워드 2007.

에게서 돈을 빌려도 반드시 갚는 것이 당연지사로 돼 있는 일본에서는 형제지간만 해도 꽤 거리감이 있다. 어쨌든, 의원 본인은 물론이지만 의원의 2촌 이내의 친족이 관계하는 회사를 현의 공공사업 수주대상에서 사실상 제외시키는 내용의 조례는 그 의미가 남다르다.

일본도 지방의 군소 건설업자는 지방정부가 발주하는 관급공사에 의존해서 경영해 나가는 경우가 많다. 그러다 보니 관급공사를 둘러싼 부정담합, 정경유착 등의 시비가 끊이지 않는다. 현 지사가 관급공사와 관련한 정경유착 문제로 구속되는 사태가 2006년에도 일어났었다. 후쿠이현만 해도 2007년 5월 농수산성이 발주한 관개사업을 둘러싼 담합사건으로 건설회사 사장 등 11명이 구속되는 사건이 일어나는 등 정치와 업자의 유착문제가 논란이 되고 있었다.

후쿠이현의 의회는 회파별로 자민당 29석, 현민연합 20석, 공명당 3석, 공산당 3석, 기타 2석으로 구성돼 있다. 자민당 단독으로 총 59석 의회의 과반을 점한다. 현민연합은 민주당을 중심으로 무소속 의원들이 가세해 결성한 '야당성향'의 회파다. 대체로 무소속 의원들이 많은 시구정촌 기초의회와 달리 도도부현 단위의 지방의회는 회파의 움직임이 활발하며, 이들 회파에는 정무조사비 등의 명목으로 활동비도 지급된다.

윤리조례 제정은 현민연합의 선거공약, 즉 매니페스토이기도 했다. 현민연합은 선거를 앞둔 3월 6일 의회개혁 등의 내용을 포함한 8개항의 매니페스토를 발표했다. 그 중에는 이전부터 그 불투명성이 논란이 된 정무조사비(지방의원들의 보수 외에 의정활동 준비를 위한 자료조사 활동을 지원하기 위한 명목으로 지급되는 돈이나 실질적으로는 해외유람 등으로 낭비되고 있다는 지적이 제기되고 있다)의 사용처 공개를 추진한다는 내용과 함께 '매년 최소 1개 이상의 정책조례를 제안한다'는 항목이 들어 있었다. 윤리조례 제정은 그 첫 번째 시도였던 셈이다.

일본에서도 지방의원의 '자질'이 이전부터 논란이 됐다. 말은 지방자치라지만 대체로 중앙정부가 할당해주는 사무를 처리하는 중앙부속기관 정도의 역할에 머물러 온 것이 지금까지 일본 지방자치의 현실이다. 지방자치단체의 단체장(수장)은 그래도 사정이 나은 편이다. 수많은 소관공무원을 거느리는 단체장은 본인이 정책에 대해 잘 모른다 해도 공무원들이 대신해서 일을 처리해 줄 수 있기 때문이다. 하지만 지방의원의 경우는 본인이 열심히 공부하지 않으면 그 지방의 현안을 파악하고 정책에 반영하는 게 불가능하다. 문제는 지방의원 상당수가 그렇게 공부할 능력도 의지도 없다는 것이다. 수준미달 지방의원, 공연히 거드름만 피우는 지방의원, 정책질의 한 번 하지 않고 뒷전에서 이권만 밝히는 지방의원 등의 비판은 일본에도 많다.

이런 현실을 타개하기 위해 일본에서는 매니페스토 운동의 일환 겸 '그 지방의 실정에 맞는 조례를 그 지방의 의원들이 스스로 제정하자'는 운동이 최근 몇 년 사이에 활발하게 전개돼왔다. 의원들이 직접 조례제정을 추진하다 보면 자기 고장의 실정, 법체계 등에 대해 공부하지 않을 수 없고 그렇게 해서 정책역량이 쌓이면 결국 지방정치도 발전하게 될 것이라는 발상이다. 후쿠이현 의회 현민연합이 조례제정을 매니페스토의 제1항에 내세우는 등 집착했던 데는 이런 배경이 있다.

현민연합의 매니페스토에는 행정집행권이 없는 지방의원으로서 '현실적으로 할 수 있는 일이 무엇인가' 하는 고민도 담겨 있었다. 공연히 거창한 정치구호를 내세울 것이 아니라, 의원 차원에서 실제로 할 수 있는 내용을 공약하고 이를 실천해 나가자는 지극히 평범한 발상이다. 매니페스토를 주도적으로 만든 현민연합의 관계자는 후쿠이신문과의 인터뷰에서 "(의원은) 예산편성과 집행권이 없기 때문에 단체장의 매니페스토와는 성격이 다르지만, 정책중심의 정치를 확립하기 위해 한 걸음 내딛고 싶다"고 배경을 설명했다.

후쿠이현 의회 현민연합이 제출한 윤리조례안은 최초 소관 상임위원회인 운영위원회에서는 자민당의 반대에 밀려 일단 부결됐다. 조례안의 제 4조, 즉 의원 및 의원의 2촌 이내의 친족이 관계하는 건설사는 현정부가 발주하는 공사수주에서 사실상 제외시키는 내용이 논란의 핵심이었다. 자민당에서는 "그렇다면 (건설회사) 사장을 다른 사람에게 승계시키라는 말이냐", "다른 지방자치단체 조례에 비해 지나치게 규제가 강하다"는 등의 고성이 쏟아져 나왔다고 한다.

그러나 이즈음 최대 회파인 자민당이 인사를 둘러싼 불만으로 분열되는 사건이 일어났다. 이 기회를 노린 현민연합이 또 다시 조례안을 제출, 상임위원회를 거쳐 2007년 6월 13일 본회의에서 찬성 21, 반대 18표로 최종 가결됐다.

2007년 4월 8일 실시된 현 의원선거 때만 해도 현민연합에는 소속의원이 단 6명밖에 없었다고 한다. 6명의 소수파에서 출발한 의회개혁운동이 결실을 맺게 된 것은 말할 것도 없이 그것이 올바른 방향의 일이었고, 주민의 지지가 있었기 때문에 가능한 일이다. 현재 일본의 47개 도도부현 광역자치단체 중에는 5개 현의 의회가 자체 윤리조례를 제정했다고 한다. 후쿠이현 의회가 2007년 제정한 윤리조례는 그 중에서도 가장 엄한 내용이라고 한다.

한국은 일본에 비하면 지방의원들의 조례발의가 활발한 듯이 보이기도 한다. 한국의 전국공무원노동조합이 2006년 5월 전국동시지방선거에서 당선된 지방의원들이 2007년 7월 1일 취임 이후 2007년 9월 30일 현재까지 지방의회 조례제정 현황을 파악한 결과에 따르면 전국의 기초 및 광역의회를 망라, 3,626명의 의원이 조례를 발의했고, 이 중 통과된 조례는 총 2,188건이라고 한다. 의원 1인당 0.6건에 해당한다. 그러나 이 대부분은 새로운 조례를 제정한 것이 아니라 기존 조례를 부분적으로 개정한 안이라는 점에서 의원제정 조례라고 하기는 힘들다.

지방의회 의원들이 실제 조례를 제정하기에는 아직 여건이 제대로 돼 있지 않다는 것이 한국 지방의원들의 토로다. 2006년 6월까지 지방의원은 무급 봉사직 형태여서 지방의정에 전념할 수 없었다. 2006년 7월부터 유급직으로 전환됐지만 의회에 상주하는 게 아니긴 마찬가지다. 기초의회의 경우는 의원의 입법활동을 도와줄 전문인력이 부족하기도 하다. 기초자치단체의 경우 의회의 규모에 따라서 의회 사무과에 1~3명의 전문위원이 있으나 말이 전문위원이지 해당 시군구청 소속으로 순환근무하기 때문에 실질적으로는 전혀 전문적이지 않다는 지적이다. 이는 필자가 2007년 12월 21일 서울에서 만난 서울 강남구 의회 이학기 의장, 광진구 의회 이창비 의장 등에게서 직접 들은 말이다.

이학기는 "강남구 의회에는 의원 21명의 입법활동 등을 보좌하는 5급 상당의 전문위원 3명이 있으나 이 인력으로는 집행부(구청)에서 제출하는 연간 30~40건의 조례안 등을 심사하기도 바쁘다. 의원이 조례안을 만들려면 입법자료 수집에, 필요할 경우 여론청취 등을 포함해 상당한 품과 시간이 들기 마련인데, 이런데 시간을 할애할 여유가 솔직히 별로 없다"고 말했다.

이학기는 의원들이 열심히 조례발의를 하는 것이 반드시 좋은 것인지도 의문이라고 했다. 의원발의 조례도 상당부분 '새로운 예산'을 요하는 것이 많은데, 이처럼 돈을 쓰게 만드는 조례라면 굳이 권장할 일은 아니라는 것이다. 그보다는 집행부(구청)가 제출하는 조례와 예산을 제대로 심사, 예산낭비가 없도록 삭감할 것은 삭감하고 견제할 것은 견제하는 것이 급선무라고 했다. 예를 들어, 강남구의 경우 2007년 2백억 원 이상의 돈을 투입, 새로운 문화재단을 만들어 현재 50명 규모인 오케스트라를 100여 명 규모로 확대하는 등 의욕적인 문화사업을 벌이겠다는 계획이 의회에 제출된 일이 있다. 최초 의원 대부분이 이에 대해 '불요불급하며, 예산낭비로 이어질 우려가 있다'며 반대하는 입장이었으나 집행부의 설득에 차례차례 찬성으로 돌아서 결국은 의회를 통과했다고 한다. 집행부, 즉 단체장에 비해 아무래도 지방의원들의 힘이 약하다 보니 단체장에 대한 견제역할을 제대로 못한다는 얘기다. 이런 힘의 불균형 관계를 극복하고 지방의원들이 단체장에 대해 독립적인 입장에서 견제역할을 할 수 있는 제도에 대한 연구와 운동이 현단계 한국 지방자치에서는 무엇보다 절실하다는 것이 이학기의 체험담이다.

6. 새우가 고래를 이긴 선거전략

나카지마 코세이 (에니와 시장)

정년이 다 돼 가던 56세의 나카지마 코세이가 만 24년 동안 근무했던 에니와 시청에 사표를 낸 것이 2002년 4월이다. 이대로 60세 정년까지 버틸 것인가, 새로운 인생을 개척할 것인가 밤잠을 못 이루는 고민 끝에 내린 결정이었다.

32살에 에니와시에서 공직생활을 시작한 나카지마는 출세가 늦은 편이었다. 시 총무부 과장으로 상급 자치단체인 홋카이도의 자치정책연수센터 파견생활을 거쳐 2000년 4월에는 시 도서관장으로 전보됐다. 한직으로 돌고 있었던 것이다. 그렇긴 하지만 4년만 더 버티면 무사히 정년을 맞을 수 있었다. 당장 그만두면 4년간의 월급은 물론이지만 정년퇴직에 따른 각종 수당 4백만 엔이 줄어든다.

하지만 그는 새로운 인생을 개척하기로 했다. 2003년 실시되는 에니와시 의원선거 출마를 염두에 두고 과감하게 사표를 던졌다. 홋카이도대학 법학부 출신인 나카지마는 원래 시청에서도 '공부하는 공무원'으로 유명했다. 1980년대, 다른 공무원들이 대체로 노는 것으로 시간을 때우던 시절부터 그는 '살기 좋은 에니와시 만들기 연구회' 등을 조직해 연구모임을 가졌다. 농업업무를 맡았을 때는 '시골클럽'을 조직, 매년 4월 도시주민이 농가와 농작물 계약재배를 약정함과 동시에 대금을 지불하고 가을에 도시민이 직접 수확해 가는 실험을 하기도 했다.

시정에 대해 관심과 애착이 컸던 만큼 시의원 출마는 그리 놀랄 것은 아니었다. 힘든 선거전이었지만 무난히 당선됐다. 그것도 1위 당선이었다. 2007년 12월 현재 인구 6만 8,602명에 달하는 도농복합형 소도시인 에니와시의 의원은 총 24명이다. 대선거구제이기 때문에 어지간한 지명도만 있으면 당선된다지만 그래도 1위로 당선된 것은 시청공무원으로서 이런저런 공부모임과 주민활동을 통해 쌓은 시민들과의 네트워크가 있었기 때문에 가능한 것이었다.

하지만 무소속 신진 나카지마는 의회에서 제대로 적응하지 못했다. 아니, 적응할 수 없었다. 2007년 11월 21일 도쿄의 와세다대학

에니와시는 인구 180만 명에 달하는 홋카이도 제 1의 대도시인 삿포로〔札幌〕시와 삿포로시의 관문인 신치토세〔新千歳〕 공항 사이의 중간지점에 있다. 신치토세 공항에서 삿포로 시내까지는 전철로 35분, 버스로 70분 정도 걸린다. 교통여건이 좋고 홋카이도 중에서는 기후가 온화한 편이라서 일찍부터 주택, 대학 등의 기반시설이 갖춰졌다고 한다. 이 때문에 홋카이도의 여타 시정촌 대부분이 인구가 주는 것과 달리 에니와는 인구가 조금씩 늘고 있다. 1970년 정에서 시로 승격된 이래 1987년 인구 5만을 돌파했고, 1993년 6만을 돌파했으며 현재 인구는 6만 8천 명이 넘는다. 시민들 사이에 자발적인 꽃가꾸기가 성행해 일본에서는 '가드닝(정원가꾸기) 동네'로 알려져 있기도 하다. 에니와의 농촌은 옛날부터 홋카이도의 벼농사 중심지였으나 최근에는 화훼와 채소 등 근교농업으로 바뀌고 있다고 한다.

신치토세 공항이 한국어 홈페이지를 운영하고 있을 정도로 삿포로를 찾는 한국인이 많다. 이들 대부분은 그 중간에 있는 에니와를 지나쳤을 테지만 에니와시에 대해 한국에 알려진 것은 거의 없다. 뛰어난 관광명소가 별로 없는 평범한 위성도시이다. 한국의 인터넷에 들어가면 에니와시 주변에 주둔하고 있는 일본 육상자위대 7사단이 아시아 최강을 자랑하는 기갑사단이라는 얘기, 아이 키우기 좋은 도시라는 정도의 간단한 기사가 나와 있다.

에 강연 차 온 나카지마는 "의회에서는 이해할 수 없는 사건의 연속이었다. 의원의 다수가 자민당 소속인데, 나는 자민당에 들어갈 수 없다는 것이다. 농업연구회도 안 되고, 신인들의 공부모임도 안 된다는 것이다. 나중에 알고 보니 현직 시장이 의원선거 1위 당선자인 나를 잠재적 경쟁자로 생각하고 그렇게 견제한 것이었다"고 말했다.

나카지마는 당시 시장이 추진하던 종합운동장 건설에 반대해 싸웠다. 그러나 의회에서 다른 의원들이 협력해 주지 않았다. 자신의 의지를 실행하기 위해서는 직접 시장이 되는 수밖에 없다고 판단, 2005년 11월 13일 실시되는 시장선거에 도전장을 냈다. 상대는 3선을 노리는 현직 시장이었다.

나카지마는 선거일 46일 전에 입후보했다. 조직이래야 자신을 포함한 가족 3명과 다른 조력자 1명 등 총 4명에 불과했다. 선거 막판까지 그의 사무실에 모이는 사람은 40명을 넘지 않았다. 다 합쳐봐야 상대 후보 조직의 수십분의 1에 불과할 정도였다고 한다.

고래와 새우의 싸움, 그 싸움에서 나카지마는 달랑 매니페스토 하나로 승리를 일궈냈다. 그가 얻은 표는 1만 8,146표, 상대는 1만 3,971표. 4천 표 이상의 대승이었다. 본인도 놀라고 상대도 놀랐다. 나카지마는 그게 매니페스토 정책선거가 일궈낸 기적이었다고 말한다.

에니와시에는 3개의 일본 자위대 주둔지가 있어서 자위대 동네라고도 불린다. 에니와시의 홈페이지에 '자위대 훈련안내'라는 난이 고정적으로 배치돼 있을 정도다. 현역 자위대원 3천4백 명에, 그들의 가족과 제대자 등을 포함하면 자위대 관련 표가 대략 1만 표 정도라고 한다. 그런 만큼 보수적이어서 여당인 자민당의 추천을 받으면 그냥 당선이라는 것이 에니와의 상식이다. 상대후보는 자민당 추천이다. 더구나 상대후보는 지반(地盤, 지역 조직기반을 의미), 간반(看板의 일본 발음, 지명도를 의미), 가반(가방의 일본 발음, 자금을 의미)면에서 나카지마와는 비교가 되지 않았다(세 가지 모두 일본 발음으로는 '반'으로 끝나기 때문에 일본에서는 전통적인 조직선거를 의미하는 말로 '3반'이란 말이 자주 쓰인다).

어느 정도였느냐 하면, 나카지마가 제 1야당인 민주당에 도움을 청하러 갔으나 민주당마저 그를 외면하는 상황이었다. 나카지마는 "민주당 사람들의 눈에도 조직기반이 전혀 없는 내가 현역 시장과 싸울 수 있을 것으로 보이지 않았을 것"이라고 말했다. 시장선거에 나오면 관내의 단체와 기업, 노인회, 노동조합 등을 돌며 인사하기 마련이다. 나카지마도 인사를 다녔다. 하지만 딱 한군데를 빼곤 아예 건물 안에 들여보내주지를 않았다. 문에 서서 적당히 인사하고는 돌려보내는 식이었다. 아무도 나카지마에게 관심을 주지 않았던 것이다.

나카지마는 결심했다고 한다.

> "조직에서 압도적으로 열세이니 정책과 의지로 싸울 수밖에 없다. 정책에 모든 것을 걸겠다. 본래 선거라는 것은 정책으로 싸우는 것 아닌가. 정책 외길의 호소를 계속함으로써 길을 개척하겠다."

그는 선거전 초반 10일간은 아예 외출하지 않았다. 자신을 포함한 4명의 '조직원'들과 함께 사무실에 모여 매니페스토를 만드는 데 시간을 보냈다. 그렇게 해서 만들어진 것이 '매니페스토 2005, 어린이의 행복이 넓어지는 동네'라는 제목의 16쪽짜리 팜플렛이었다. 그의 매니페스토는 일본에서는 혁신적인 매니페스토로 평가돼 나중에 다른 지방에서 모방작이 생겨나기도 했다. 천연색 삽화를 넣어 동화책처럼 꾸민 형식은 물론 어린이 교육문제에 초점을 맞춘 내용도 파격이었다. 이밖에 삿포로라는 대도시의 위성도시로서의 특징을 살린 내용도 있었다. 10개 항목으로 된 그의 매니페스토는 다음과 같다.

> 1) 어른과 아이가 함께 하는 '독서 커뮤니티'를 만들기 위해 학교나 도서관에 독서 확대 목적의 기부가 확보될 경우는 같은 액수의 예산을 배정하겠다.

초등학생이 학교 도서관에서 책을 빌려 1인당 1년간 100권의 책을 읽는 것을 목표로 시민과 협력해 동네에서 독서하는 환경을 만들겠다.

2) 아침밥을 먹지 않는 어린이, 외부에서 배달해오는 학교급식이 맛 없다고 밥을 남기는 어린이가 늘어나는 현실을 타개하기 위해 학교 내 자체 취사 급식을 반드시 실현시키겠다.
3) 육아와 직업의 병행으로 고민하는 엄마가 늘어나는 현실을 반영, 부모들이 시간 날 때 공동으로 아이를 돌봐주는 시설인 '플레이 센터' 도입 등 육아지원의 새 틀을 만들겠다.
4) 어린이 교육과 농업발전을 연계하는 시스템의 일환으로 '낙농교육 목장'을 전개하는 방법을 연구 실천하겠다.
5) 어린이를 위한 정책을 펴는 데 있어 예산이 부족할 경우는 실시를 연기하는 게 아니라 공채를 발행해서라도 반드시 실시하겠다.
6) 에니와(에니와라는 말은 은혜받은 정원이란 뜻이다)에서의 정원 가꾸기를 꿈꾸는 도시민을 유치하기 위해 농지를 활용해 넓은 정원이 딸린 주택을 제공토록 하겠다.
7) 춥고, 노령화가 진행되는 지역 특성을 고려, '도어 투 도어' 개념으로 민간 택시를 이용할 수 있는 교통시스템을 구축하겠다.
8) 열린 재정시스템을 구현하고 시 관련 단체의 자립을 촉구하며, 낙하산 인사를 폐지하겠다.
9) 납세자의 희망에 따라 시민 세금의 1%를 NPO(비영리기구) 등 시민활동 지원용으로 조성하는 제도를 만들겠다.
10) 도시민에게는 농업체험과 함께 신선한 야채를 먹을 수 있는 즐거움을 주고 고령화하는 농가에는 수입원이 되는 '시민농원' 시스템을 지원하겠다.

10개 항목 중 5개가 육아와 어린이 교육에 관한 것이다. 왜 이런 매니페스토를 만들었는가 하는 질문에 대해 나카지마는 "자치단체가 할 일이란 도대체 무엇인가를 많이 생각했다. 노령화 문제, 농업대책, 중소기업 문제 등 모든 것이 중요하고 예산을 필요로 하는 것이었다. 하지만 인간이 태어나 살아가는 목적이 무엇인가 생각해 보니, 결국 인간을 포함한 모든 생물은 다음 세대에 생명을 전달하는 것이 최대의 관심이 아닌가 하는 결론에 이르렀다. 다음 세대의 행복을 기원하는 것이 인간의 살아가는 목적 아닌가. 그러나 현실은 어린이 학대, 등교하지 않는 학생, 두문분출 어린이, 학급붕괴, 교내폭력, 이지메 등으로 우리의 다음 세대가 고통받고 있다. 이런 문제를 해결하는 것이야말로 국가는 물론 지방의 최대 과제가 아니겠는가라는 결론에 이르렀다"고 대답했다.

나카지마는 "일본에서 오늘날 지방의 과제는 도로 깔고 다리 놓고 하는 인프라 정비가 아니다. 살아가면서 겪는 여러 가지 생활의 문제가 바로 지방이 해결해야 할 과제다. 그런 것을 가장 많이 체감하고 있는 사람은 여성이다. 여성들이 무엇을 생각하는지를 파악해 정책을 만드는 것이 중요하다"고 부연했다. 실제로 매니페스토를 만드는 과정에서는 여성 자원봉사자들의 도움이 컸다고 한다. 삽화도 자원봉사자들이 그렸다. 나카지마는 재원과 실행기한을 제시하는 매니페스토의 개념을 수용, 자신의 매니페스토에는 임기 4년중에 실행할 수 있는 것만 넣었다고 한다. 매니페스토 첫 머리에 4년 임기중에 모든 것을 실행하겠다고 명기하기도 했다. 또, 예산이 드는 정책은 가급적 제시하지 않았다.

이렇게 매니페스토를 만들었으나 이를 유권자들이 보게 하는 것이 또 문제였다. 나카지마는 에니와시의 약 2만 5천 세대 전부를 일일이 방문해 돌리기로 했다. 혼자 할 수는 없었다. 80명의 봉사자를 모으면 한 명당 3백 건씩만 돌리면 되겠다고 생각하고 이사람 저사람 붙잡고 부탁한 결과 40명을 모았다. 대부분이 퇴직자와 여성들이었다. 하지만 그들이 열성으로 뛰어 준 결과 에니와시 전 세대에 3차례에 걸쳐서 매니페스토를 투여할 수 있었다.

참고로, 당시는 일본 선거법상 후보자들이 매니페스토를 배부하는 게 불법이었다. 때문에 나카지마가 당시 배부한 매니페스토에는 본인의 이름도 없고, 선거용이라는 표시도 없었다. 매니페스토의 발행인은 '새로운 리더와 함께 걸어가는 모임'으로 돼 있고, 사무실 전화번호가 적혀 있다. 나중에 선거법이 바뀌어 매니페스토 배포가 가능하게 됐으나 당시 나카지마는 '편법'을 동원할 수밖에 없었다.

나카지마의 선거운동이라는 것은 이처럼 매니페스토를 만들고, 이를 돌리고 한 것이 거의 전부다. 수는 얼마 안 됐지만 열심히 뛰어주는 선거운동원에게 나카지마는 선거종반 이런 말을 했다.

> "현직 시장의 후원회 조직은 시내의 유력자 및 유력자 조직을 총동원한 거대 조직으로 유력자 연합이라고 한다. 시민이 대항할 수 없는 거대한 조직이다. 그동안 많은 사람을 만났지만 다들 겉으로는 드러내고 나를 응원할 수 없다고 말한다. '마을 번영회 회원이라서, 상공회의소 회원이라서, 농협 임원이라서'라는 등의 이유다. 현직 시장의 후원회 조직이 그만큼 큰 압력이 되고 있다는 얘기다. 그렇다고 하면 상대방의 거대 조직은 결국 시민과 대치하는 조직이 아니겠는가. 내 선거운동은 보통의 아저씨 아줌마들의 모임이다. 작지만 용기를 갖고 가면 에니와를 바꿀 수 있다고 믿는다."

2005년 11월 에니와 시장에 취임한 후 나카지마는 즉각적으로 매니페스토 실천에 착수했다. 에니와 시내의 초·중학교 전체에 전임도서관 사서를 배치했다. 2006년에 학교 도서관의 도서자료를 전년대비 4배로 늘렸다.

지금 에니와에는 '남성(男聲) 책 읽어주기 부대'라는 할아버지 그룹이 생겼다. 회장은 75세이고 사무국장은 64세이다. 이들은 보육원과 유치원을 찾아가 아이들에게 책을 읽어준다. 아이들은 귀신 이야기, 옛날 이야기 등을 좋아해서 '한번 더, 한번 더'를 외친다고 한다. 지금 일본은 어린이의 80% 정도가 할아버지 할머니 없이 부모들하고만 산다. 그 부모들이 바쁘기 때문에 어린이 혼자 있는 시간이 많다. 그런 어린이들에게 할아버지와 함께 하는 시간을 갖게 해주는 의미도 있다. 어린이와 할아버지 모두 즐거워한다고 한다.

최근에는 장래 아이들의 교육을 고려, 에니와에서 아이를 낳고 싶다는 외지 사람도 생겨나고 있다고 한다. 나카지마의 '어린이 매니페스토'에는 사실 인접 대도시인 삿포로의 인구를 유치하겠다는 의도도 담겨 있었다고 한다. 나카지마는 "어린이를 안심하고 키울 수 있는 환경이 조성되면 그것 때문에 사람들이 에니와로 몰려 올 것이다. 대도시인 삿포로의 경우 특수출생률(여성 1명이 평생 동안 낳는 아이의 수를 의미)이 1.01 수준에 불과하지만 이런 저출산 문제에 대한 대처가 전혀 없다. 삿포로야 인구가 많기 때문에 그래도 좋을지 모르지만 에니와는 다르다. 아이들이 늘어난다는 것은 에니와의 미래가 밝아진다는 뜻과도 통한다"고 말한다.

에니와 시장선거에서 나카지마 코세이가 제시한 매니페스토의 표지.

2

한일 매니페스토의 비교

일본의 매니페스토는 2003년 4월 통일지방선거 때 일부 지사후보자들이 매니페스토를 발표함으로써 처음으로 정치현실에 도입됐고 그해 11월 실시된 중의원 총선거에서 자민당과 민주당 등 주요 정당이 매니페스토를 제시함으로써 국정 차원으로 발전했다.

일본의 매니페스토를 받아들인 한국은 2006년 5월 전국동시지방선거를 앞두고 5·31 스마트매니페스토정책선거추진본부라는 시민단체가 결성돼 매니페스토 선거를 하자는 캠페인을 펴고, 이에 응해 16개 시도지사 후보자 대부분이 매니페스토를 제시하면서 단숨에 보급됐다. 하지만 2007년 12월 대통령선거에서는 매니페스토라는 이름으로 자신의 공약을 제시한 후보자는 없었다. 정책공약은 발표됐지만 수치계획과 이행기한을 명시한 매니페스토 형식은 아니었다. 또, 선거기간 내내 한나라당 이명박 후보의 도덕성을 둘러싼 논란이 계속된 탓에 매니페스토와 정책선거가 실종됐다는 평가가 나왔다.

지방선거 때 처음으로 매니페스토가 도입된 것은 한국이나 일본이나 같다. 하지만 도입의 주체부터 사후 전개까지 그 양상은 상당히 달랐다. 여기서는 한국과 일본의 매니페스토 도입과정에 어떠한 차이가 있었는지 한국의 특징을 중심으로 서술하고 왜 그런 차이가 생겼는지에 대해 분석을 시도해 보고자 한다.

1. 한일 매니페스토 도입기의 현상적 특징

정당 매니페스토로 직행한 일본

지사 후보자들의 자발적인 매니페스토

일본의 매니페스토 운동은 2003년 1월 25, 26일 미에현 요카이치시에서 열린 '심포지엄 미에, 분권시대의 지자체 개혁'으로부터 시작된 것으로 돼 있다. 심포지엄 주최자인 미에현의 기타가와 마사야스 지사는 마스다 히로야 이와테현 지사 등 동석한 5명의 현역지사에게 그해 4월로 다가온 통일지방선거에서 매니페스토를 작성해 발표해 달라고 호소했다.

그 호소가 반향을 일으켰다. 2월 27일 마스다가 일본 최초로 매니페스토를 발표했다. 4월 13일 일본 47개 도도부현(都道府縣) 광역자치단체 중 11곳에서 지사선거가 치러졌다. 그곳에 출마한 지사후보들 중 14명이 매니페스토를 내걸었다. 이 중 마스다와 신진후보였던 가나가와현의 마쓰자와 시게후미 등을 포함한 6명이 실제로 지사에 당선됐다.

일본의 매니페스토가 현실화한 것은 이처럼 현직 정치인과 후보자의 자발적 의지에서부터 시작된다. 매니페스토를 제창한 기타가와는 미에현 지사로 재직하면서 현의 사무와 사업에 대해 평가제도를 도입하는 등 개혁조치를 실행한 인물로 정평이 있다. 그 자신 지방행정과 정치의 현장에서 체험하고 숙고한 결과 일본의 정치개혁을 이루기 위한 수단으로서 매니페스토가 필요하다는 확고한 인식을 갖고 있었다. 지사를 지내기 전에는 중의원 의원으로서 소선거구제 정치개혁을 적극 지지했었다. 기타가와에 호응한 현직 지사 및 후보자들도 대체로 개혁파로 평가받는 인물들로 현장에서 실천적 고민을 했던 사람들이다.

당시 일본의 민간부문에서도 매니페스토를 지원하는 활동을 한 단체와 사람들이 있었다. 요카이치에서의 기타가와의 호소에 이어 2월 10일 경제동우회의 정치위원장을 지낸 모기 유자부로〔茂木友三郎〕 기코망 사장이 〈주오코론〉〔中央公論〕을 통해 매니페스토 도입을 다시 호소했다. 2월 14일에는 '새로운 일본을 만드는 국민회의'〔약칭 '21세기 임조(臨調)'〕가 뜻을 함께 하는 전문가 17명으로 '매니페스토 연구회'를 발족했다. 21세기 임조의 매니페스토 연구회는 3월 14일에는 자민당, 3월 31일에는 민주당의 일부 의원들과 각각 매니페스토에 대해 토론회를 열었다. 물론 언론도 후보자들이 발표하는 매니페스토를 보도했다. 하지만 2006년의 한국처럼 대대적인 보도는 없었다.

지방선거에서 국정선거로 확대

지방선거에서 시작된 일본의 매니페스토는 국정 차원으로 곧바로 연결됐다. 2003년 11월 실시된 중의원선거에서 자민당과 민주당 등 주요 정당이 일본 정치사상 처음으로 매니페스토를 제시하고 선거에 임했다. 그렇게 된 데는 이전부터 정치개혁을 호소해온 21세기 임조와 그 취지에 공감하는 여야 국회의원들의 숨은 노력이 있었다.

21세기 임조는 사사키 타케시〔佐々木毅〕 전 도쿄대학 총장과 모기 유자부로, 기타가와 마사야스, 니시오 마사루〔西尾勝〕 도쿄시정조사회 이사장 등 4명이 공동대표를 맡고 있다. 일본 경제생산성본부의 재정적 후원을 받는 단체로 국회의원과 변호사, 대학교수 등 사회지도층 인사들이 다수 운영위원으로 가입돼 있다. 경제생산성본부는 민간기업이 출자한 재단법인이며 '국가적 생산성 향상'을 위한 연구를 하고 있다.

21세기 임조는 1990년대에는 정치개혁추진협의회(당시는 '민간정치임조'로 불렸음)라는 이름으로 소선거구제와 지방분권 개혁의 논리적 틀을 제공하면서 여야 국회의원들을 독려하는 활동을 해왔다. 그러다가 스미토모전기공업의 상담역으로, 협의회장을 맡았던 가메이 마사오〔龜井正夫〕가 2002년 별세한 후에 새로운 진로를 모색하던중 2003년 6월 '21세기 임조'로 재 발족해 매니페스토 운동을 시작했다. 이와 관련한 기타가와의 설명은 다음과 같다.

> "2002년 가메이 전 회장이 별세한 이후 향후 조직과 미션에 대해 논의하는 가운데 내가 주장한 것은 크게 두 가지였다. 하나는 이론만이 아니라 실천하자는 것이었다. 이는 2003년 1월 '심포지엄 미에'에 참가했던 임조 관계자들이 매니페스토를 실천수단으로 사용하는 방향으로 의견을 좁혀가고 있던 것이 계기로 작용했다. 1993년부터 1994년의 정치개혁운동의 기둥은 선거제도 개혁과 지방분권이었으나 둘 다 국회를 중심으로 움직였다. 나는 8년간 지사라는 지역 현장의 책임자로서 일해본 경험을 바탕으로 매니페스토 운동은 중앙과 지방 양면으로 전개하는 운동으로 하자는 것도 제창했다. 이처럼 '실천중심', '중앙과 지방 양면의 운동'이라는 두 가지 점이 새로운 임조의 기둥이 됐다"(기타가와 마사야스, 《매니페스토 혁명》, 2006).

21세기 임조의 홈페이지에 따르면, 임조는 간사회(대표와 부대표의 모임) 산하에 운동실무를 집행하는 5개의 위원회를 두고 있다. '로컬 매니페스토 추진실행위원회', '정권공약추진실행위원회', '상임 정책위원회', '중앙-지방 정부재구축회의', '정치개혁 검증위원회'가 그것이다. 정권공약이라는 말은 중앙정당 차원의 매니페스토를 의미하는 일본식 용어이다. 따라서 임조의 5개 위원회 중 2개가 직접적으로 매니페스토를 다루는 위원회라고 할 수 있다. 지방 매니페스토를 다루는 '로컬 매니페스토 추진실행위원회'도 있기는 하지만 실제 일본에서 지방 매니페스토는 와세다대학 매니페스토연구소가 전담하다시피 하고 있다. 결국 21세기 임조가 중점적으로 하는 것은 중앙 차원의 매니페스토라는 얘기다.

21세기 임조는 2003년 2월 14일, '매니페스토 연구회'를 만들어 매니페스토 연구를 시작했고, 4월 지방선거가 끝난 뒤 6월 18일에는 새로 공동대표로 취임한 4명이 차기 총선거에서는 매니페스토를 도입할 것을 선언했다. 국회의원을 대상으로 매니페스토에 관한 앙케이트를 실시하며 국정 매니페스토를 촉구하는 운동을 폈다. 7월 5일 발표된 임조의 앙케이트 조사결과에 따르면 응답한 국회의원의 77.9%가 다음 총선에서 정당이 매니페스토를 작성하는 데 대해 찬성했다.

매니페스토가 중앙 정치무대에 급부상한 것은 2003년 6월 11일 일본 국회의 당수 토론에서 칸 나오토〔菅直人〕 민주당 대표가 고이즈미 준이치로 수상과 매니페스토를 둘러싼 설전을 벌인 것이 계기라고 한다(소네 야스노리, 《매니페스토와 지방선거》, 2006년). 야당인 민주당은 이미 오래 전부터 영국의 매니페스토 사례를 연구하며 다음 총선은 매니페스토를 갖고 임한다는 준비를 하던 차였다. 여기에 고이즈미가 2003년 7월 10일 발매된 〈주오코론〉에서 그해 가을에 예정된 자민당 총재선거에서 자신의 정책을 내세워 승리할 때에는 자신의 공약이 총선에서 자민당 정권공약이 될 것임을 선언하면서 정권 차원의 매니페스토가 가시화하기에 이르렀다. 당 총재선거와 내각개편, 총선거를 하나로 연결하는 것이 정권공약(매니페스토)이라는 인식을 수상이 가지게 됨으로써 매니페스토 선거라고 하는 경쟁의 토대가 마련됐다고 소네는 평가했다.

이와 별개로 21세기 임조는 2003년 7월 17일 여야 의원 62명으로 발족한 정권공약(매니페스토)추진 의원연맹과 함께 매니페스토 배포가 불가능하도록 돼 있는 선거법을 개정하는 운동도 벌였다. 일본의 선거법은 후보자를 알리는 유인물을 일반인들에게 배포할 수 없게 해 놓고 있었다. 기타가와의 표현에 따르면 "유인물을 반 접어서, 그 속에 1만 엔짜리 지폐를 넣어 배포하는 식으로 유인물 배포가 금권선거, 표 매수의 수단이 될 수 있다고 보는 전근대적인 선거관리의 발상"이 일본 선거법에는 내재돼 있다고 한다. 그렇기 때문에 규제가 많다는 것이다. 2003년 10월 3일 중의원 본회의에서 선거법 개정안이 가결돼 선거 때 정당에 한해 한 종류의 정책책자를 배포하는 것이 가능하게 됐다. 다만, 개별 후보자의 이름은 명시하지 못하도록 했는데, 이는 정당정치를 염두에 둔 조치였다고 한다.

2007년 2월 21일 선거법이 다시 개정돼 자치단체장 후보자도 매니페스토 배포가 가능해졌다. 하지만 A4용지 1매에 한하며, 배포할 수 있는 총 매수도 지사후보의 경우 10만~30만 부, 인구 면에서 한국의 읍, 면과 비슷한 정도의 기초자치단체인 정과 촌의 장 후보는 5천 부 등으로 제한이 있다. 국회의원이나 지방의원 후보자는 배포가 불가능하다. 이런 법의 문제점들을 피하기 위해 많은 선거후보자들은 자신의 이름을 전혀 표시하지 않은 채, 예를 들어 '○○정책연구회'라는 등의 명의로 매니페스토를 소책자 형태로 만들어 돌리고 있는 실정이다.

정당의 주체적 수용

지방에서 먼저 제창되고 민간이 지원하고 나선 매니페스토 '운동'에 먼저 호응하고 나선 당은 야당인 민주당이었다. 2003년 민주당의 매니페스토를 만들었던 에다노 유키오〔枝野幸男〕 당시 정조회장에 따르면 민주당은 이미 2000년부터 매니페스토를 상당히 강하게 의식하고 있었다고 한다. 에다노는 2006년 6월 재단법인 일본경제조사협의회가 발행한 《매니페스토에 의한 정치 거버넌스의 확립》이란 조사보고서에 기고한 글에서 매니페스토를 받아들일 당시 민주당의 상황을 설명했는데, 그 내용을 요약하면 다음과 같다.

> "민주당은 영국 노동당의 토니 블레어 수상이 집권에 성공하는 과정을 보면서 매니페스토를 인식했다. 그 결과 민주당은 일본의 2000년 총선거에 앞서 지금의 매니페스토라고 하는 것과 같은 것을 만들어 보는 시도를 했다. 그러나 선거 때 제시하는 정책이라는 것이 모든 분야의 정책을 언급해야 하는 데다, 수치목표라든가 실현기한 등을 명시하다 보니 전체의 정합성이 맞지 않았다. 이로 인해 점점 추상적 내용으로 끝나고 말았다. 그러던 중 2002년경부터 학자와 일부 언론인들이 매니페스토라는 말을 쓰면서 선거공약의 방식을 바꿔야 하는 것 아니냐는 의견을 제기하기 시작하면서 당 내에 매니페스토에 관한 콘센서스를 이루기 쉬운 환경이 됐다. 또, 과거 슬로건 위주의 공약의 경우 좋은 슬로건을 내세우면 결국에는 자민당도 이를 따라 하기 때문에 차별성이 없어지곤 했다는 반성에서 출발, 자민당이 결코 모방할 수 없도록 구체적인 공약을 제시하기로 했다. 2002년 12월에는 매니페스토를 정권공약 같은 말로 번역해서 차기 총선에서 제시하기로 당지도부가 결정했다. 2003년 봄에 이르러서는 마케팅 측면에서 매니페스토라고 하는 것이 새로운 것을 좋아하는 일본인에게 어필할 것이라는 점을 감안해 매니페스토라는 말 그대로 도입하기로 방침을 정했다."

민주당은 9월 18일 매니페스토 제 1차 안을 공표했고 10월 10일 중의원 해산에 따라 총선거가 11월 9일로 결정된 뒤인 10월 17일 매니페스토 완전판을 발표했다.

자민당의 경우는 매니페스토에 대해 부정적인 분위기가 많았다고 한다. 그래도 자체적인 움직임이 있었다. 야마모토 이치타〔山本一太〕 참의원 의원을 비롯한 5명의 젊은 의원들이 모여 각기 1천만 엔씩을 출연해 직접 매니페스토를 작성했다. 이들은 2003년 5월 11일 첫 회의 때 기타가와를 초청해 매니페스토에 대한 얘기를 듣기도 했다. 8월 4일 외무성 해체 같은 파격적인 내용을 포함한 매니페스토를 완성했으나 당시 고이즈미 수상은 그들의 매니페스토 중에는 자신의 공약과 같은 것은 없다고 딱 잘라 말했다. 결과적으로 실패였던 것이다.

그러나 고이즈미도 매니페스토라는 말 자체는 싫어했지만 우정민영화 등 자신이 주창해온 개혁과 관련해 구체적인 정책을 제시하는 데는 반대하지 않았다. 농림수산장관 출신으로 2003년 당시 자민당 정조회의 기획담당 부회장을 맡고 있던 다케부 쓰토무〔武部勤〕가 고이즈미와 협의해가면서 자민당의 첫 매니페스토를 만들었다. 다케부는 "2003년 4월 통일지방선거 때부터 당의 공약업무를 담당했는데, 당시 여러 전문가들과 만나 얘기를 듣는 가운데 '다음 총선거는 매니페스토 선거가 된다'는 것을 직감했다. 그래서 영국의 매니페스토부터 공부를 시작했다"고 술회했다(다케부 쓰토무, 《매니페스토에 의한 정치 거버넌스의 확립》, 2006년 6월). 다케부는 당시의 과정을 다음과 같이 술회했다.

> "통일지방선거 때 당이 제시한 공약이라는 것이 실은 정부의 각 부처가 보내온 정책의 모음집이어서 한번만 훑어봐도 전혀 일관성이 없다는 것을 알 정도였다. 이 때문에 총선거에 대비해 실제 매니페스토를 만들 때는 '관료의 얘기는 절대 듣지 않는다'는 것으로부터 시작했다. 또, 앞으로의 선거는 당의 총재가 얼굴이 될 것이라는 점에서 당시 고이즈미 총재(수상)의 생각을 파악한 위에 매니페스토를 만들었다. 매니페스토를 완성할 때까지 고이즈미 수상을 7, 8회 만나 논의했다. 그렇게 해서 만든 매니페스토를 어떻게 어필할까 생각한 끝에 매니페스토의 표제를 '고이즈미 선언 2003'으로 했다."

고이즈미의 매니페스토는 일단 2003년 9월 20일 실시된 자민당 총재 선거용으로 발표됐다. 그러나 고이즈미는 자신의 매니페스토를 매니페스토라고 부르지 않았다. 그의 매니페스토는 A4용지 한 장에, '자민당을 개혁추진 정당으로 만든다, 개혁 없이는 성장도 없다' 등의 캐치프레이즈에 10개의 정책제안을 쓴 것이다. 그 중에는 2007년까지 우정 3개 사업 민영화 등이 포함됐지만, 매니페스토로 보기 어려운 내용도 있었다. 다소 미흡한 것이었지만 그것이 매니페스토가 중앙으로 확산되고 정권 차원의 선거(중의원선거)가 매니페스토형 선거로 돌입하는 결정적 계기로 작용했다는 데는 이론이 없다.

매니페스토는 일본 정당의 시스템도 바꿨다. 정책이 중시되면서 독자적으로 정책을 입안하고 연구하는 능력을 갖추는 것이 급선무로 대두됐고 싱크탱크 조직이 생겨나게 된 것이다. 과거 일본의 정당에는 싱크탱크라는 것이 없었다. 여당인 자민당은 2006년 3월 '싱크탱크 2005 재팬'이라는 '유한책임 중간법인'을 설립했다. 2005년이 일본에 민주주의가 시작된 지 60주년(제2차 세계대전 패전 이후를 의미한다)이라는 점을 기념해 이름을 붙였다고 한다. 홈페이지에 따르면 새로운 정치제도를 구상하고 정책능력을 강화하는 게 이념이자 설립취지이며, 이를 통해 자민당의 정책기능 향상에 기여하는 것과 함께 자민당에 공헌할 수 있는 인재를 발굴 육성하는 것을 목표로 하고 있다.

이에 앞서 제1야당인 민주당은 2005년 11월 25일 '플라톤 공공정책 플랫폼'이라는 싱크탱크를 만들었다. 홈페이지에 따르면 "정권을 획득했을 때 즉각 다이내믹한 변혁을 단행하기 위해서는 정책과 인재 두 가지 면에서 두터운 기반을 갖고 있어야 한다. 그러한 때 관료에만 의존하지 않고 독자적 정책입안을 하는 것이 중요하다. 본 싱크탱크는 이를 위한 지적(知的) 집적체를 지향한다"고 돼 있다. 민주당의 '플라톤'도 유한책임 중간법인이다. 중간법인이란 2002년 실시된 중간법인법에 의해 설립된 것으로, 비공익, 비영리 목적의 단체를 대상으로 한 법인체를 의미한다. 우여곡절은 있지만 매니페스토와 함께 일본의 정당도 정책정당으로 조금씩 바뀌어 가고 있고, 이에 따라 정당간에 정책으로 승부하는 풍토가 조성돼 가고 있는 것은 틀림없다.

한국 매니페스토의 특징 (1) — 제 3자의 주도

캠페인 사업으로 전개된 매니페스토

한국에서 매니페스토가 처음 공론의 장에 등장한 것은 2006년 2월 1일 매니페스토추진본부(공동대표 아주대 김영래 교수)의 발족식이다. 2월 3일에는 김영래의 주관으로 국제학술회의가 열려 매니페스토 개념을 본격 소개했다. 김영래는 일본의 매니페스토를 공부한 사람이니, 한국 매니페스토는 일본을 통해 도입된 셈이다. 2월 23일에는 중앙선거관리위원회가 매니페스토추진본부와 함께 한국형 매니페스토 확산방안 모색을 위한 국민 대토론회를 열었다. 3월 16일에는 중앙선관위의 주관으로 열린우리당과 한나라당 대표가 참가한 가운데 매니페스토 협약식이 열렸다. 2006년 매니페스토 도입 초기 매니페스토추진본부 등의 관계자가 일본에 견학을 가서 매니페스토를 배워 오기도 했다.

처음 매니페스토 운동을 시작한 매니페스토추진본부와 선관위는 긴밀하게 연결돼 있었다. 토론회와 캠페인을 공동으로 개최한 일이 많았다. 선관위는 매니페스토추진본부에 2003년에만 1억 원 이상의 예산을 지원했다. 선관위는 한국정책학회에 매니페스토 사전평가지표 개발을 위한 자금도 지원했다. 그 결과 도입 개발된 것이 스마트(SMART)와 셀프(SELF) 지표였다. 선관위와 매니페스토추진본부가 당시 벌인 사업은 다음의 표로 정리할 수 있다. 캠페인 홍보와 이벤트가 많았다.

이들 표의 내용은 모두 2006년 당시 선관위의 매니페스토 주무였던 서인덕이 제공한 내용이다. 〈표 2-3〉은 매니페스토추진본부가 선관위의 서인덕에게 보낸 사업계획 시안이다. 〈표 2-2〉는 선관위가 작성한 사업계획 추진안이다. 매니페스토추진본부의 시안 내용이 상

〈표 2-1〉 선관위의 2006년 매니페스토 실제 추진상황

토론회	1. 정책선거 정착과 매니페스토 운동 확산방안 모색 국민대토론회(2월 23일 매니페스토추진본부와 공동주최). 2. 매니페스토 참공약 준비 및 활용방안 모색을 위한 특별세미나(4월 5일 한국정책학회와 공동).
매니페스토 캐스터 위촉	매니페스토 대국민 홍보를 위해 3월 8일 중앙 차원에서 백지연(전 MBC뉴스 앵커)을 매니페스토 캐스터로 임명.
매니페스토 공모전	3월 하순부터 매니페스토에 대한 우리말 찾기 공모전을 실시, '참공약 선택하기'를 최종 결정, 공개함. 1,270명, 3,301편 응모.
매니페스토 집중지원 선거구 선정	촉박한 시기상의 문제와 업무량 등을 고려, 16개 시도지사 선거구 외에 기초자치단체 선거구 중에서 27개를 집중지원 선거구로 선정, 해당지역 단체장 후보에 대해 매니페스토를 제출하며, 이를 공개해도 된다는 내용의 '매니페스토 실천 선거공약 제출서'를 받음. 선거등록 마감 다음날까지 제출돼 중앙선관위 홈페이지에 게시된 매니페스토는 시도지사 후보자 66명을 포함해 총 161명분 1,135건이었음.
매니페스토 협약식	3월 16일 여야의 5당 대표와 중앙선관위 위원장, 매니페스토추진본부 대표가 참여하는 중앙단위 매니페스토정책선거 실천협약식을 개최했고, 이후 시도 및 시군구 단위 위원회가 동참해 177개 위원회가 참여.
매니페스토 안내 설명회	시도 및 시군구 위원회 주관으로 중앙선관위가 발간 배부한 매니페스토 실천 후보자용 가이드북에 의거, 매니페스토의 작성요령 등을 설명. 전국적으로 16회 설명회를 열었고 4,350명이 참가.
유권자 참여 분위기 조성을 위한 매니페스토 홍보	신문 및 방송광고 외에 홍보 영상물제작 광고, 전단지(1,787만 부) 및 현수막 등.
정당 및 후보자의 정책공약 작성 지원	후보자용 매니페스토 실천 가이드북(2만 5,800부) 및 유권자용 가이드북(60만 100부) 제작 배포. '좋은 정책 의제' 개발, 3천 부 책자로 만들어 배포.
공약은행 개설 운영	지역 유권자가 공약 아이디어를 공약은행에 제출하면 후보가 열람해 대출할 수 있도록 한 것으로, 선거일까지 총 3,020건이 접수됨.
매니페스토 평가지표 개발	한국정책학회의 스마트지표, 지방자치학회의 셀프지표를 선관위가 구입해 사용하는 방식으로 진행. 선관위는 평가지표에 대한 제반 권리를 소유하고 이를 언론 등이 활용할 때는 선관위의 동의를 얻도록 함.

〈표 2-2〉 매니페스토 정책선거 추진 일정표

사업명	시기	주관	추진형태
정책선거 추진사업 예산요구	2월중 기추진	중앙	
매니페스토 확산을 위한 국민대토론회	2월 23일 기시행	중앙	공동추진
실현가능한 정책의제 개발 · 활용	3월중	중앙	공동추진
매니페스토 확산을 위한 홍보책자 발간	3월까지	중앙	
중앙단위 매니페스토 협약식 추진	3월중	중앙	
매니페스토 추진 시범선거구 지정 · 운영	3월부터	중앙	
예비후보자 등 대상 매니페스토 아카데미 추진	3월부터 4월중	시 · 도	지원추진
광역단위 매니페스토 협약식 추진	4월중	시 · 도	공동추진
후보자별 매니페스토 발표 및 평가	선거일 후		시민단체 독자추진
민선4기 출범과 정책이행 선포식	7월 1일	시 · 도	공동추진
비전과 정책이행에 대한 지역보고회 추진	12월중	시 · 도	지원추진

주: 공동추진은 매니페스토추진본부와 공동으로 추진하는 사업. '지원추진'은 위원회가 지원하고 매니페스토추진본부가 주관하는 사업.

자료: 2006년 3월, 중앙선관위 정책정당지원팀이 작성한 '매니페스토 효율적인 추진계획' 중.

〈표 2-3〉 매니페스토추진본부의 사업계획안

중앙선거관리위원회와 매니페스토추진본부 공동추진사업	1. 한국형 매니페스토 정착과 확산을 위한 국민대토론회(2천만 원) 2. 주요 정당과의 '한국형 매니페스토 운동 협약식'(3천만 원) 3. 지역순회 토론회 16개 광역시도별 사업추진비(1억 6천만 원) 4. '한국형 매니페스토 운동' 홍보물 제작 영상물 및 팜플렛(1억 3천만 원) 5. 한국형 매니페스토 평가지표 개발사업(5천만 원) 6. 5 · 31 지방선거 후보자 공약평가 및 우수공약 선정사업(1억 원)
선관위 지원 매니페스토추진본부 독자추진사업	1. 좋은 정책개발 및 제공사업(2천만 원) 2. '한국형 매니페스토' 지역강연회 및 주민 설명회(2천만 원) 3. 지역추진본부 지원활동(3천만 원) 4. 추진본부 홈페이지 구축 및 운영(5천만 원)

주: 괄호 안은 선관위에 대한 지원요청액(총 6억 천만 원)이나 실제로는 1억 3천만 원만 지원됐다고 함.

자료: 매니페스토추진본부가 2006년 1월 선관위 서인덕 팀장에게 보낸 시안.

당부분 반영돼 있다. 〈표 2-1〉은 2006년 선관위가 실제 진행한 매니페스토 사업이다. 2006년 한국에서 벌어진 매니페스토 운동은 크게 이 범주를 벗어나지 않았다. 표에서 보듯, 2006년 당시 선관위와 매니페스토추진본부는 사업계획 작성 등의 과정에서부터 밀접한 관계를 갖고 있었고, 그 양자가 협업해서 추진한 매니페스토 사업이 2006년 한국의 매니페스토 운동의 주류를 이뤘다. 당시 선관위와 매니페스토추진본부 외에 특별히 매니페스토 보급이나 연구를 위해 독자적인 활동을 전개한 단체나 기관은 많지 않았다. 2006년 한국의 매니페스토는 선관위와 매니페스토추진본부가 제시한 틀 속에서 움직였다고 해도 크게 지나친 말은 아니다.

언론의 매니페스토 보도

선관위와 매니페스토추진본부가 주도한 한국의 매니페스토가 폭발적인 붐을 일으키고 적어도 16개 시도지사선거에 출마한 후보자들은 거의 전원이 내용의 충실도는 차치하고 형식상으로는 매니페스토를 제시하지 않을 수 없는 상황으로 이어진 데는 언론의 역할이 컸다.

2월 23일 선관위 주관으로 열린 매니페스토 확산방안 모색을 위한 국민대토론회에는 당시 여당이자 원내 제1당인 열린우리당, 제1야당인 한나라당의 정책위의장이 참가해 자기들도 매니페스토를 하겠다고 약속했다. 그런 약속이 나온 것 자체가 주요 언론사들이 모두 매니페스토에 관심을 보였기 때문에 가능했다는 것이 선관위에서 매니페스토 주무를 담당했던 서인덕 정책정당지원팀장의 설명이다.

당시 언론의 매니페스토에 대한 관심은 지대했다. 최초 가장 열성적으로 매니페스토에 관심을 보인 신문은 〈중앙일보〉다. 〈중앙일보〉는 2월 1일 매니페스토추진본부 출범에 맞춰 매니페스토는 무엇이며, 왜 매니페스토가 필요한지 등을 내용으로 하는 전면 기획을 마련해 보도했다. 〈중앙일보〉는 이후에도 선관위 및 매니페스토추진본부가 추진한 각종 이벤트와 행사에 대해 어느 신문보다 많은 지면을 할애해 보도했다. 선관위 및 매니페스토추진본부와 공동사업을 추진한 경우도 있었다. 다만, 〈중앙일보〉는 독자적인 매니페스토 평가사업을 실시하지는 않았다.

〈조선일보〉는 2006년 4월 4일 매니페스토에 대한 본격 보도에 나섰다. 5월 선거 직전까지 한국정책학회와 함께 16개 시도지사선거 주요 후보 매니페스토를 스마트 지표로 평가해 지면에 게재했다. 스마트 지표는 선관위의 지원을 받아 도입, 개발된 것이라는 점에서 〈조선일보〉의 매니페스토 보도는 선관위와 언론이 매니페스토와 관련해 원활한 협조체제를 이뤘음을 보여주는 사례라고도 할 수 있다.

스마트 지표는 다른 데서도 활용됐다. 5월 2일 매니페스토추진본부는 '정책학회 및 지방자치학회의 연구결과를 토대로 정당과 시민단체의 의견을 수렴해 개발한 평가지표'라며 스마트 지표, 셀프 지표, 당선 후 매니페스토 이행과정을 평가하는 이행평가지표를 발표했다(〈파이낸셜 뉴스〉 2006년 5월 3일).

매니페스토추진본부는 5월 23일 스마트 지표와 셀프 지표에 따른 후보별 매니페스토 평가결과를 발표하면서 부문별 우수공약과 미흡한 공약을 선정해 공개했다. 후보 등록일이었던 5월 16, 17일을 기해 후보들로부터 매니페스토를 받아 평가한 것이다. 광역단체장 및 일부(10개) 기초단체장 선거의 후보자 매니페스토에 대한 매니페스토 추진본부의 평가결과는 〈중앙일보〉 등이 비교적 상세하게 보도했다.

〈조선일보〉는 16개 전 광역단체장 선거의 주요 후보자에 대한 스마트 지표 평가를 보도하면서 직접 점수를 매기지는 않았으나 "A후보의 B공약은 달성가능성 면에서 'B학점'을 받았다"는 식으로 사실상 등급을 제시했다.

이에 앞서 〈동아일보〉는 2월 20일자 사고로 지방선거 후보자들의 매니페스토 평가작업을 하겠다고 예고한 뒤 한국형 매니페스토 공약 평가지표인 파인(FINE)을 개발, 4월 11일에 이를 공개함과 동시에 한나라당과 열린우리당의 서울시장 당내 경선에 나선 예비후보 8명의 공약을 파인지표에 의해 시험평가해 게재했다. 5월 1일 여야의 경기도 지사후보 공약평가를 시작으로 16개 시도지사선거에 출마한 주요 후보의 매니페스토 평가를 거의 매일 실었다.

〈조선일보〉는 한국정책학회와 함께 4월 24일자에 한나라당 서울시장 경선후보 매니페스토를, 5월 1일자에 열린우리당 서울시장 경선후보 매니페스토를 시험평가해 보도한 뒤 5월 11일 16개 시도별 여야 후보의 매니페스토에 대한 본 평가보도를 시작했다.

서인덕은 "4월 들어 〈조선일보〉가 매니페스토 추진에 동참함으로써 〈조선일보〉, 〈중앙일보〉, 〈동아일보〉 등 이른바 메이저 신문이 전부 매니페스토에 나서게 됐다. 그것이 선관위로서는 무엇보다 큰 힘이 됐고, 매니페스토 운동을 활성화시키는 결정적 역할을 했다"고 말했다.

〈표 2-4〉 5·31 전국동시지방선거 당시 주요 3개 신문의 매니페스토 관련 보도

기간별 / 신문별	게재 분량(건수/분량=원고 매수)				
	합계	2월	3월	4월	5월
동아일보	34건/364매	6건/31매	4건/10매	7건/45매	17건/278매
중앙일보	54건/303매	12건/74매	4건/24매	10건/46매	18건/159매
조선일보	16건/169매 (27건/259매)	1건/14매	1건/2매	8건/64매	6건/89매 11건/90매 별도

주: 〈조선일보〉는 동일한 날짜에 각 지방면별로 각 시도지사 매니페스토 평가(11건/90매)를 한꺼번에 게재.

자료: 윤승모, '지방선거와 매니페스토 평가와 전망,' 일본 게이오대학 한일공동세미나 발표문, 2006년 8월 20일.

당시 언론의 매니페스토 보도가 얼마나 활발했었는지는 〈표 2-4〉에서도 알 수 있다.

정당 및 후보들의 객체적인 매니페스토 수용

2006년 지방선거 당시 여당인 열린우리당의 정책실장을 지낸 함태선의 증언에 따르면 "당시 매니페스토를 당 차원에서 처음 접한 것은 매니페스토추진본부의 권유에 의한 것이었다"고 한다. 매니페스토추진본부가 열린우리당에 연락해온 것은 2006년 2월 23일 중앙선관위 주관으로 열린 매니페스토 확산방안 모색을 위한 국민대토론회에 강봉균 정책위의장이 참가하기 이전의 일이라고 한다. 강봉균은 매니페스토추진본부로부터 매니페스토의 개념과 일본 등의 사례를 설명 듣고는 "이건 대단히 선진적인 것이다. 우리도 이런 것을 빨리 도입해야 한다"며 정책실에 관련준비를 하도록 지시했다고 한다. 강봉균의 비서관인 임진호에 따르면 당시 매니페스토추진본부에서 강봉균에게 연락을 해온 인물은 이광재 사무처장이었다고 한다. 임진호는 "강봉균 정책의장의 지시로 당시 정책실에서 중앙당의 정책에 관한 책자도 만들고 한 것으로 기억하나, 시간이 촉박해서 준비가 미약했던 것은 사실"이라고 말했다.

2006년 당시 한나라당 정책국장을 지낸 안홍 현 조직국장은 2008년 1월 필자와의 통화에서 "매니페스토는 당시 시민단체의 흐름으로 추진된 것이었고, 한나라당도 이를 익히 파악하고 있었다. 적어도 선관위가 매니페스토에 참여하기 이전부터 한나라당은 매니페스토 준비를 하고 있었다"고 말했다. 초기 매니페스토를 추진한 '시민사회'는 매니페스토추진본부이다. 매니페스토추진본부가 발족된 것이 2006년 2월 1일의 일이니, 한나라당은 대략 그 전후부터 매니페스토 준비를 했다는 얘기다. 안홍은 "박근혜 대표의 직접 지시로 지방당에 공문을 내려서 소요예산까지 파악해 지킬 수 있는 공약을 제시하고 공약한 것은 반드시 지키도록 하라고 요구하고, 자치단체장 후보자들의 공약집을 중앙당에 제출하도록 조치하는 등 매니페스토를 적극적으로 했다"고 설명했다.

안홍은 "2006년 2월 23일 당시 이방호 정책위의장이 매니페스토 토론회에 참석하고 박근혜 대표가 3월 매니페스토 협약식에 참석했으나, 이는 누구의 권유에 의한 것이 아니라 한나라당이 스스로 한 것이다. 한나라당의 매니페스토 참여는 선관위와는 관계 없는 일이다"는 말도 했다. 요컨대 한나라당이 시민단체의 동향을 앞서서 파악, 자발적으로 매니페스토를 했는데도 선관위가 주도하는 매니페스토에 끌려서 참여한 것으로 비치는 게 불쾌하다는 얘기다.

한나라당이 굳이 자발성을 강조하는 데는 다른 이유가 있다. 당시 박근혜 대표가 '약속은 지켜야 한다'는 고집이 있었던 데다, 지방선거 국면을 노무현 정부의 '정책실패'를 둘러싼 정책논쟁으로 이끌어 간다는 기본전략을 갖고 있었다. 매니페스토가 아니더라도 한나라당은 정책에 대해 적극적으로 나가게 돼 있었다는 것이다.

실제로 2006년 4월 이후 〈동아일보〉가 의회발전연구회와 공동으로 매니페스토 사전평가를 위해 16개 시도지사 후보들로부터 매니페스토를 제출받는 과정에서 보면 한나라당 후보자들이 매니페스토에 대해 보다 많은 준비를 하고 있었다는 점이 드러나기도 했다. 열린우리당은 대체로 후보 결정이 한나라당보다 늦었고, 그만큼 후보들의 매니페스토 내용도 부실했다. 열린우리당 인천시장 후보로 출마한 최기선의 열린우리당 입당이 확정된 것은 5월 31일 선거일을 겨우 1개월 앞둔 4월 30일의 일이었다. 최기선은 5월 11일 〈동아일보〉와 의발연의 매니페스토 사전평가 인터뷰에 응하면서 '사실상 매니페스토를 제대로 준비하지 못했다'고 토로하기도 했다. 한나라당은 4월 11일 인천시장 후보로 현 시장인 안상수를 후보로 확정 발표했다.

이처럼 한나라당이 보다 성실하게 매니페스토를 준비했는데도 실제 매니페스토 사전평가에서는 열린우리당 후보들과의 차별성이 두드러지지 않거나, 일부 지표 평가에서는 열린우리당에 비해 오히려 낮은 평가를 받기도 했다는 것이 한나라당의 불만이다. 이로 인해 한나라당 내에서는 매니페스토에 대해 부정적 인식이 생기게 됐다. 박근혜 대표는 '매니페스토는 열린우리당 계열이 하는 것 아니냐'는 말을 하곤 했다고 한다.

매니페스토추진본부 등의 시민단체와 선관위, 그리고 언론 등이 매니페스토를 주도하는 상황이 계속되면서 정당은 이처럼 객체로 밀려나는 양상을 보인 것이 2006년 매니페스토 도입 초기 한국의 현실이었다. 매니페스토에 대한 정당의 그 같은 인식은 결국 2007년 대통령선거에서 매니페스토가 부진하게 되는 한 원인으로 작용했다.

2006년 지방선거 당시 후보자들 중에는 매니페스토에 적극 참여한 사람들이 적지 않았다. 당시 매니페스토추진본부가 개최한 아카데미에는 참가비를 내고 자발적으로 참여한 후보자들이 많았다고 한다. 다만 이들이 정책선거를 통한 정치와 행정의 개혁이라는 매니페스토의 근본취지를 얼마만큼 이해했는지는 분명치 않다. 매니페스토를 만들지 않으면 언론에서 비판받을까봐 만들었다는 후보도 적지 않았다. 일본에서 최초 매니페스토를 제시한 지사후보들이 매니페스토 개념에 대해 충분한 사전논의를 하고 있었던 데 비해 2003년 한국의 지방선거 후보자들은 매니페스토 개념에 대한 선행연구가 거의 없었던 것이다.

한국 매니페스토의 특징 (2) — 사전평가

한국에서 사전평가가 활발하게 진행된 배경

일본에서는 매니페스토 평가라고 하면 당연히 당선자가 선거 때 약속한 매니페스토를 제대로 이행하고 있는지를 따지는 '이행평가'를 의미한다. 필자는 2007년 봄 와세다대학 매니페스토연구소에서 하야시 노리유키 연구원 겸 사무국장과 대화하던 도중 "2007년 한국 지방선거 때 후보자들의 매니페스토를 선거일 이전에 평가하는 작업을 했다"고 소개했다가 "그것이 어떻게 가능한가"라는 질문을 받은 일이 있다. 그런 사전평가는 선거에 영향을 미칠 수 있는 행위로 간주돼 선거법에 의해 엄격하게 금지돼 있고, 이 때문에 일본에서는 사전평가가 없다는 게 하야시의 설명이었다.

2006년 한국에서도 사전평가는 선거법 위반가능성이 있다는 지적이 있었다. 중앙선관위가 '순위나 점수를 매기는 평가는 선거법에 위반될 소지가 있다'고 밝힌 바도 있다. 그럼에도 불구하고 2006년 당시 한국의 많은 언론기관과 단체들도 사전평가 작업을 했고 또 보도했다. 〈동아일보〉가 한국의회발전연구회와 손잡고 독자적인 사전평가를 했고, 〈조선일보〉가 스마트 지표에 의한 사전평가 결과를 보도했고, 〈문화일보〉도 사전평가를 해 신문에 내보냈다.

사전평가는 언론의 관점에서 보면 정보를 가독성 있게 가공할 수 있는 좋은 소재였다. 늘 새로운 뉴스를 추구하는 신문의 관점에서 보면 소재가 풍부해야 지속적이고 대규모적인 보도를 할 수 있다. 〈중앙일보〉처럼 매니페스토 보급 캠페인 차원에서 지속적인 보도를 해나간 경우도 있지만 대부분의 경우 캠페인성 보도는 단발로 그치기 마련이다. 16개 시도지사 후보에 대해 사전평가를 한다는 것은 그만큼 보도를 확대하고 이어나갈 수 있다는 것을 의미했다. 사전평가에 대한 언론의 관심은 다른 단체에도 영향을 미치게 돼 있다. 시민단체의 활동 중에는 언론에 발표하고 기사화되는 것을 전제로 한 것이 적지 않은 게 한국의 현실이기 때문이다.

2006년 언론과 시민단체들이 이처럼 활발하게 매니페스토 평가를 하고 보도하는 것이 가능했던 데는 몇 가지 정치사회적인 요인이 있었다.

첫째, 당시는 여당인 열린우리당과 야당인 한나라당의 여론조사 지지율 차이가 현격해, 거의 대부분의 지역에서 한나라당 후보가 열린우리당에 대해 압도적 우위를 보이고 있었다. 워낙 차이가 크다 보니 정당도 후보자도 '작은 것'에 예민하게 반응하지는 않았다. 다시 말해, 후보자들의 정책에 대해 점수를 매겨서 평가하고 이를 공표한다고 해도 그것이 선거의 대세를 가를 상황은 아닌 것으로 받아들여진 것이다.

만일 정당과 후보자들이 호각지세로 경쟁하는 상황에서 언론 등 제3자가 평가점수를 공개한다면 후보자들로부터 객관적 평가기준이 있느냐, 무슨 근거로 점수를 냈느냐는 등의 항의와 압력이 쏟아질 것이 뻔하다. 사소한 변수도 당락을 가를 수 있기 때문이다. 경우에 따라서는 '제 3자 선거개입'을 제한하는 선거법 조항 등을 들어 법률적인 문제를 제기하는 상황도 배제할 수 없을 것이다. 언론으로서는 이러한 상황이 예상되면 관련보도를 피하기 마련이다.

둘째, 5·31 지방선거는 정권을 놓고 사생결단하는 대통령선거나 국회의원 총선거와 다른, '지방'의 문제를 다루는 선거였다는 점이다. 여당이든 야당이든 설혹 지방선거에서 진다고 해도 그것이 정권의 운명과 직결되는 것은 아니기 때문에 정당 차원에서 과열선거에 나설 유인이 적어진다. 정당이 개입하지 않고 각급 단위의 지역선거에 출마한 후보자들끼리 승리를 다투는 선거에서는 아무래도 지역정책이 중요해지기 마련이다. 언론도 후보자들의 정책을 검증하고 평가하기가 비교적 용이해진다. 실제로 당시 선거에서는 중앙 차원의 집중 이슈가 별반 제기되지 않은 채 선거이슈가 지역 차원으로 분산됐다.

셋째, 거대 정치이슈의 바람 속에 '행정수도 이전' 등의 중요 정책을 제대로 검증하지 않고 넘어갔던 2002년 대선에 대한 반성의 분위기도 작용했다고 본다. 다음 선거부터는 차분히 정책을 검증하고 가야 한다는 사회적 요구도 있었고 언론도 스스로 그런 생각을 하고 있었다.

5·31 서울시장선거 결과 한나라당 오세훈 후보의 득표율은 62%로, 여당인 열린우리당 강금실 후보의 그것(27%)보다 배 이상 높았다. 한나라당의 아성이라는 영남보다도 오히려 서울에서 한나라당과 여당의 득표율 차가 컸다. 이에 대해서는 여러 분석이 있지만 노무현 정부가 2002년 대선공약이었던 '충청권 행정수도 이전'을 밀어붙인 데 대한 반작용이라는 분석이 많았다. 노무현 정부 출범 이후 서울 강남은 오히려 부동산 값이 올랐지만 대부분의 변두리는 오르지 않거나 내린 게 2006년 서울의 현실이었다. 이는 행정수도 이전으로 수도권 집값 상승에 대한 기대가 꺾이면서 나타난 현상이며 그 경제적 상실감이 지방선거 결과 수도권 여당 참패로 반영됐다는 것이 열린우리당의 패인분석 중 하나였다. 결국 수도권에서는 2002년 대통령 선거가 2006년 지방선거의 반면교사로 작용하면서 선거에서의 정책적 판단의 중요성을 유권자에게 각인시키는 효과가 있었다고 할 것이다.

2002년 대통령선거 당시 노무현 후보가 내세웠던 행정수도 이전 공약은 물론 당시에도 논란이 됐었다. 이 공약은 노 후보의 지지율이 10%대까지 떨어지던 최악의 상황에서 나온 궁여지책의 측면이 있었다는 점에서 애초부터 실현가능성을 의심하는 분위기가 강했다. 설마 실행되겠느냐 하며 가볍게 생각하는 사람들이 많았던 것이다.

당시 노무현의 주장에 따르면 행정수도 이전에 따른 비용은 4조 5천억 원에 불과하다는 것이었다. 한나라당은 40조 원은 들것이라고 반박했지만 객관적으로 정확한 비교검증을 할 수 없었던 상황이었기에 비용논란은 흐지부지 끝나고 말았다. 당시 언론도 대선후보의 공약에 대한 정책검증 준비를 하지 않았던 현실에서 두 후보의 주장을 소개해 주는 정도의 보도에 그쳤던 것이 사실이다.

노무현 집권 후 행정수도특별법이 국회를 통과하고 실제로 행정수도 이전이 추진되고 있다. 정부가 발표한 실제 행정수도 이전비용은 정부 재정부담만 11조 3천억 원에 민간투자 33조 3천억 원 등 44조 원 이상이 투입돼야 하는 것으로 드러났다. 막대한 돈이다. 행정수도 이전문제는 선거 때 후보자들이 발표하는 공약을 제대로 검증해 신중해 투표하지 않으면 결국 그 부담은 유권자가 질 수밖에 없다는 자명한 진리를 여실하게 증명해준 사례라고 할 수 있다.

넷째, 한국 헌정사상 최초로 평화적 정권교체에 의해 탄생한 김대중 정부와 그 '후계자'인 노무현 정부가 들어선 이후 지역감정, '민주 대 반민주'의 논란 등 고질적인 정치이슈가 부분적으로 퇴색한 감이 있었다. 사람들의 관심이 먹고 사는 문제, 즉 경제문제로 옮겨가면서 자연스럽게 정책선거의 기본풍토가 조성돼가고 있었던 것이다. 언론의 입장에서 보면 구래의 정치이슈가 고갈되면서 새로운 패러다임의 선거보도를 모색하지 않으면 안 되는 상황에 처해 있기도 했다. 매니페스토 사전평가와 그 관련보도가 일종의 돌파구 역할도 했다고 본다.

한국 매니페스토 사전평가의 실제 — 〈동아일보〉의 사례

〈동아일보〉는 2006년 2월 20일 한국의회발전연구회와 함께 5·31 지방선거에 앞서 16개 시도의 지사후보들이 제시하는 매니페스토 사전평가를 하겠다고 사고를 통해 밝혔다.

이후 의발연이 자체적으로 구성한 매니페스토 연구팀과 〈동아일보〉 매니페스토 담당기자들과의 공동회의를 총 9차례 열어 매니페스토 평가를 위한 도구로 '파인'(FINE) 지표를 독자 개발했다. FINE이란 후보자가 제시한 정책이 재정조달 등 실현성(F)을 담보하고 있느냐, 지역 유권자들의 여론을 반영한 것이며 거시적으로 봤을 때 정말 필요한 것이냐(반응성, IN), 그 정책이 저비용 고효율의 대안이냐(효율성, E)를 따져 100점 만점의 점수로 환산할 수 있도록 한 지표였다.

지표를 개발하고 이를 평가에 적용하는 데는 일본 게이오대학 매니페스토 연구회로부터 도움을 받았다. 사실 당시 매니페스토 자체가 낯설었던 〈동아일보〉와 의발연 팀은 사전평가의 개념부터 헷갈리고 있었다.

선거법 논란을 고려하면 매니페스토 사전평가는 선거에 미치는 영향을 최소화하는 방향으로 진행할 필요가 있었다. 이런저런 논의를 거치면서 필자는 선거일 이전에 이뤄지는 사전평가는 후보자가 제시한 매니페스토가 재원조달방안과 수치목표 및 달성기간을 밝히도록 한 매니페스토의 기본요건을 충족하는 것인지 여부, 즉 '형식요건'을 따지는 평가에 국한시켜야 한다는 판단을 하게 됐다. 공약의 내용이 좋은가 나쁜가를 평가한다는 것은 지극히 주관적일 뿐 아니라, 그야말로 선거에 직접 영향을 미칠 수 있는 일이라는 생각이 들었기 때문이다.

의발연 매니페스토팀과의 회의과정에서도 형식요건 평가를 기본으로 한다는 공감이 이뤄졌다. 하지만 "겉모양만 매니페스토 형식에 맞췄다고 좋은 공약이라고 할 수는 없는 것 아니냐. 예를 들어 어떤 지역이 주택 보급률이 충분한데도 후보자가 '주택 1만 호 건설을 통한 지역경기 부양'을 매니페스토로 제시했을 때 그 매니페스토가 형식적으로 아무리 잘돼 있다고 해도 높게 평가할 수는 없는 것 아니냐"는 등의 의견도 제기됐다. 토론결과 의발연 매니페스토팀은 재정조달 등 실현성(F)을 담보한 것이냐를 따지는 평가, 즉 매니페스토의 형식요건을 충족하는지 여부를 평가하는 항목과 함께 과연 지역주민의 여론을 반영한 것이냐(반응성, IN), 저비용의 정책이냐(효율성, E)의

〈표 2-5〉 의회발전연구회 파인 지표 평가시트

지표영역	지표	지표착안사항 및 세부지표	평가점수				
			1	2	3	4	5
실현성 (*Feasibility*)	재정적 실현성	1. 재원조달 방안이 구체적이다 (재원조달방안의 구체성)					
		2. 재원조달 및 사업추진의 시간계획이 현실적이다(시간계획의 현실성)					
		3. 재원조달 방안이 합리적이고 공평하다 (재원조달 방안의 합리성/공평성)					
	정치적 실현성	1. 공약사업이 지자체장의 소관업무이다 (지자체장의 소관사항)					
		2. 공약사업이 관련법령의 한계를 극복할 수 있다(법령적 제약 여부)					
		3. 공약사업이 기존의 지자체 행정역량으로 집행가능하다(행정역량의 부합성)					
반응성 (*INter-activeness*)	지역적 반응성	1. 공약사업이 지역주민의 수요를 충분히 반영하고 있다(지역주민 수요 부응성)					
		2. 공약사업으로 피해를 보는 지역주민에 대한 대책은 적절하다(소외주민에 대한 대책)					
	국가적 반응성	1. 공약사업이 지역이기주의를 조장하지 않는다(지역이기주의 초래하지 않음)					
		2. 공약사업이 국가·지역 미래를 고려하여 장기적 시계로 설계되었다(장기적 안목)					
효율성 (*Efficiency*)	경제적 효율성	1. 공약사업이 정책목표를 달성하기 위한 가장 저비용의 대안이다(저비용의 대안)					
		2. 공약사업이 투입대비 산출이 높은 대안이다(투입대비 산출)					
	사회적 효율성	1. 공약사업이 지역의 다른 사안과 비교하여 우선순위를 가지고 있다(우선순위)					
		2. 공약사업이 불필요한 갈등이나 비용을 수반하지 않는다(불필요한 갈등비용 없음)					

주: 1점: 전혀 그렇지 않다, 2점: 어느 정도 그렇지 않다, 3점: 보통이다, 4점: 어느 정도 그렇다, 5점: 매우 그렇다.

문제도 함께 평가하는 파인 지표를 최종 확정했다. 주관이 개입될 여지를 최대한 줄이도록 한 것은 물론이다.

의발연과 〈동아일보〉 매니페스토팀은 파인 지표 평가에서 보다 정확성을 기하기 위해 5월 1일부터 시작된 16개 시도별 여야 후보자에 대한 본평가에 앞서 4월 11일 여야의 서울시장 예비후보자 8명이 제시한 공약에 대해 일종의 실험평가를 실시해 신문에 게재했다. 후보자의 매니페스토(혹은 공약)를 사전평가한 것은 한국에서는 이게 최초다.

의발연과 〈동아일보〉 매니페스토팀은 본평가를 실시하는 과정에서는 일부 시도지사 후보자에 대해 인터뷰평가도 실시했다. 인천시장 후보 중엔 열린우리당 최기선, 한나라당 안상수 후보가 인터뷰에 응했다. 경기지사 후보로는 열린우리당 진대제, 한나라당 김문수 후보가 참석했다. 서울시장 후보로는 한나라당 오세훈 후보만 나왔다(강금실 열린우리당 후보는 인터뷰를 거부했음).

인터뷰는 확실히 의미가 있었다. 예를 들어 경기지사 후보자 2명을 보면 진대제 후보는 비교적 명료한 매니페스토를 사전에 제시, 자료상으로는 높은 평가를 받았으나 실제 인터뷰를 진행하면서 자신의 매니페스토에 대한 숙지도, 즉 경기도 살림에 대한 상황파악이 부족하다는 점이 드러났다. 경기도와 별 인연이 없던 사람으로서, 갑자기 출마를 결정한 데 따른 당연한 현상이었을 것이다. 김문수 후보의 경우 매니페스토 자료는 다소 방만한 감이 있었지만 경기도의 살림에 대해 해박했다. 경기도 부천 출신 국회의원을 지냈고, 오랫동안 경기도지사 선거를 준비해온 것이 확실한 장점으로 부각됐다. 두 후보를 비교하면 당선된 후 자신의 매니페스토보다 강한 의지로 실천할 사람이 누구인가도 능히 헤아릴 수 있었다. 그 결과 김문수는 최종 평가 점수가 인터뷰 전 서류평가보다 1, 2점씩 올라간 반면 진대제는 1, 2점씩 내려갔다.

평가를 위해서는 각 시도의 사정을 알 수 있는 지역전문가의 도움을 받는 것도 필요했다. 의발연 매니페스토팀의 전문가 7명이 전국 16개 시도의 모든 현안을 커버할 수는 없는 일이었다. 이에 의발연 연구팀은 전국을 8개 권역으로 나눠 총 47명의 지역전문가를 확보, 그들에게도 e메일을 통해 평가대상 후보자의 매니페스토를 보내주고 점수를 매기도록 하는 방식을 도입했다.

매니페스토추진본부는 5월 15일 16개 시도지사선거 후보자, 20개 기초단체장선거 후보자에 대한 매니페스토 평가를 해 22일과 23일 발표하겠다고 예고(2006년 5월 16일 〈중앙일보〉)했으나 기초단체장 후보자 평가는 실제로는 10군데였다. 광역단체장선거는 중앙에서 7군데를 맡고 지역네트워크에서 9군데를 맡는 등 평가주체가 달랐다. 16, 17일 후보등록을 하는 후보자들에게서 매니페스토를 제출받아 평가했다고 하니 아무래도 시간이 촉박했을 것이다. 매니페스토추진본부가 매니페스토 운동의 확산에 기여한 것은 누구도 부정할 수 없는 사실이지만 그 중에는 이처럼 작은 시행착오도 없지 않았다.

결과적인 얘기지만 의발연과 〈동아일보〉 팀이 매니페스토 평가의 범위를 16개 시도지사선거 후보자로 한정하고, 그 평가작업을 선관위나 매니페스토추진본부 등 '운동주체'들과 관계 없는 전문가들에게 맡긴 것은 당시 매니페스토 운동을 보완하는 기능도 했다고 본다.

그렇게 준비했음에도 불구하고 문제가 많았다. 우선 시간제약이 최대의 난제였다. 당시 전국적인 열세를 보였던 열린우리당은 제1당임에도 불구하고 인물난으로 후보자를 5월이 다 돼서 확정된 경우가 있었다. 더욱이 무소속으로 출마할 사람도 있는 만큼 후보등록 마감일인 5월 16, 17일까지는 누가 나올지도 모르는 상황이었다. 더구나 대부분의 후보자들은 매니페스토의 조기 발표를 꺼리고 있었다. 일찍 발표하면 그만큼 많이 비판에 노출될 수 있다는 의식이 후보자 진영에는 강했다.

후보자에게서 매니페스토를 제출받아 의발연 매니페스토팀에 전달하는 역할을 맡은 〈동아일보〉의 정당팀 기자들이 후보자 진영에 몇 차례씩 독촉하는 수고를 해야 했다. 그나마 전달받은 매니페스토 중에는 매니페스토라고 할 수 없는 무성의한 공약도 상당히 있었다. 특히 여론조사 지지율이 낮은 후보일수록 매니페스토가 엉망이었다.

의발연과 〈동아일보〉 팀은 모든 시도지사 후보자들의 매니페스토를 전부 평가하는 것은 사실상 불가능하고, 어떤 점에서는 의미도 없다고 판단했다. 여론조사에서 대략 10% 이상의 지지를 받는 후보만을 대상으로 하기로 했다. 전국 16개 시도별로 대략 3명 정도씩 총 41명의 후보자를 대상으로 평가작업을 했다.

41명의 후보자에게 자신들이 발표한 매니페스토 중에서 가장 중요하다고 생각되는 세 가지를 선정해 달라고 요청, 이 세 가지를 중점 평가하는 방식을 택했다. 이러다 보니 매니페스토에 나열된 정책공약들의 정합성에 대한 평가는 사실상 포기할 수밖에 없었다. 1개 사업의 재원조달 계획은 합리적으로 세웠더라도 전체 사업에 들어가는 총 재원을 따지면 해당 자치단체의 재정능력을 훨씬 뛰어넘는, 터무니없는 정책을 제시한 매니페스토도 얼마든지 있을 수 있지만 그 전체적인 정합성을 따지는 평가는 하지 못했다는 얘기다.

또, 어떤 후보자는 요구받은 3개의 매니페스토를 각각 세부적인 단일공약 중에서 선정해 제시했지만 어떤 후보자는 교육분야, 복지분야 식으로 큰 분야별 모음집을 제시한 경우도 있다. 이를 동일 선상에서 비교평가하는 데는 한계가 있을 수밖에 없었다.

의발연 매니페스토팀의 연구위원 7명과 지역별 전문가로 구성된 평가위원들이 후보자 매니페스토에 대해 파인 지표 항목별로 점수를 매기고 그 총점수를 평균하는 방식으로 평가작업이 진행했다. 실제 평가과정에서는 평가자에 따라 후보별 점수가 들쭉날쭉한 등 주관적인 측면이 없지 않았지만, 평균으로 보면 대체로 예상할 수 있는 수준의 점수가 나왔다. 또, 파인 지표의 실현성, 반응성, 효율성 항목에 대해 각각 점수를 매기긴 했지만 '후보별 순위를 표시하는 평가는 선거법 위반소지가 있다'는 선관위의 지침을 고려, 종합점수는 보도하지 않았다.

선거보도이기 때문에 형평성과 공정성을 충분히 고려해야 한다는 의무감이 오히려 공정한 평가에 지장을 주기도 했다. 사실상 매니페스토를 작성하지 않은 후보도 '정당간 형평성'을 이유로 평가대상에 포함시켰다. 동일 선거에 출마한 여야 후보, 특히 원내 제1당과 제2당의 공천을 받은 후보 중 한쪽을 평가대상에서 제외할 경우, 그 원인이 어디 있든 간에 자칫 불공정 시비에 휘말릴 수도 있다는 점을 우려하지 않을 수 없었다.

준비가 안된 후보는 경쟁후보에 비해 평가점수가 현저하게 떨어지는 게 당연하다. 하지만 그렇다고 해서 액면 그대로 현격한 점수차가 나게 평가하면 낮게 평가받은 후보로부터 편파성 시비를 받을 가능성이 있다는 게 또 문제였다. 이에 따라 당시 〈동아일보〉와 의회발전연구회 매니페스토팀은 가급적이면 후보별 점수차를 줄이는 방향으로 상당히 신경을 썼다. 그러다 보니 일부 후보는 성실하게 좋은 매니페스토를 준비했는데도 불구하고 선거가 임박해서 날림 매니페스토를 낸 경쟁후보와 점수차가 별로 나지 않았다며 '억울함'을 호소한 일도 있었다.

의발연과 〈동아일보〉의 5·31 지방선거 당시 매니페스토 사전평가 및 그 보도(발표)는 이 점에서 한계를 가질 수밖에 없다. 아마 다른 단체나 기관의 평가도 마찬가지이거나 그 이상의 문제가 있었을 것이다. 그래도 의발연과 〈동아일보〉 평가는 당시로선 최선을 다한 평가였다고 본다. 매니페스토의 사전평가를 계속하기 위해서는 이런 한계를 극복할 수 있는 방안에 대한 연구가 필요할 것이다.

〈표 2-6〉 의회발전연구회의 매니페스토 평가결과 종합

지역	후보명	정당	실현성	반응성	효율성	총점
서울	강금실	열린우리당	54.62	67.31	60.26	60.73
	오세훈	한나라당	71.79	75.90	72.18	73.29
경기	진대제	열린우리당	64.17	73.02	62.81	66.67
	김문수	한나라당	60.35	75.63	69.17	68.38
	김용한	민주노동당	51.74	64.58	53.96	56.76
인천	최기선	열린우리당	60.68	73.72	63.33	65.91
	안상수	한나라당	70.34	69.62	62.18	67.38
	김성진	민주노동당	44.44	62.92	49.03	52.13
충북	한범덕	열린우리당	48.80	66.81	58.33	57.98
	정우택	한나라당	52.78	67.64	61.25	60.56
충남	오영교	열린우리당	53.56	64.00	55.83	57.80
	이완구	한나라당	63.33	64.17	57.00	61.50
	이명수	국민중심당	58.56	69.00	60.00	62.52
대전	염홍철	열린우리당	64.78	58.00	54.17	58.98
	박성효	한나라당	55.33	64.67	56.67	58.89
경북	박명재	열린우리당	54.33	68.33	59.50	60.72
	김관용	한나라당	69.56	67.67	62.17	66.46
경남	김두관	열린우리당	55.19	61.94	58.06	58.40
	김태호	한나라당	61.02	70.42	63.33	64.92
	문성현	민주노동당	63.33	65.42	54.58	61.11
대구	이재용	열린우리당	56.11	59.33	53.67	56.37
	김범일	한나라당	58.78	69.17	64.50	64.15
	백승홍	무소속	45.83	56.75	47.50	50.03
울산	심규명	열린우리당	53.59	70.90	59.74	61.41
	박맹우	한나라당	68.46	66.79	61.03	65.43
	노옥희	민주노동당	63.76	68.33	59.36	63.82
부산	오거돈	열린우리당	52.14	68.69	59.17	60.00
	허남식	한나라당	68.97	62.98	59.05	63.66
	김석준	민주노동당	55.00	57.98	49.05	54.01
광주	박광태	민주당	67.00	68.17	59.33	64.83
	오병윤	민주노동당	46.22	64.33	56.50	55.69
	조영택	열린우리당	47.00	65.83	58.00	56.94
전남	서범석	열린우리당	55.33	65.67	60.00	60.33
	박준영	민주당	62.56	71.67	62.67	65.63
전북	김완주	열린우리당	54.19	66.03	57.56	59.26
	정균환	민주당	46.84	62.18	56.15	55.06
강원	이창복	열린우리당	47.04	71.30	62.78	60.37
	김진선	한나라당	66.54	71.67	65.93	68.05
제주	진철훈	열린우리당	59.44	62.50	57.71	59.88
	현명관	한나라당	53.19	69.79	67.71	63.56
	김태환	무소속	60.14	64.38	57.50	60.67
전체평균			57.73	66.71	59.24	61.23

자료: 박찬욱·이현출(2006년 6월 9일), 5·31 지방선거 매니페스토 평가와 과제 한일 세미나 발표문.

매니페스토 사전평가의 과제

2006년 5·31 지방선거 직후인 6월 9일 당시 오세훈 서울시장 당선자는 의발연 주최 매니페스토 결산 한일 세미나에 참석해 다음과 같이 지방선거에서의 매니페스토에 대한 소회를 밝혔다. 오세훈은 서울시장 후보로서 2006년 5월 의발연과 〈동아일보〉의 매니페스토 사전평가를 위한 인터뷰에도 응한 바 있다.

> "매니페스토 활동은 역기능보다 순기능이 많았던 것은 분명하다. 첫째, 정책선거라는 차원에서 더할 수 없이 중요한 역할을 수행했다. 둘째, 매니페스토를 작성하고 평가받는 과정을 통해 과거처럼 들뜬 선거분위기에 휩쓸리지 않고 지역 현안에 대한 후보의 정책을 비교적 일목요연하게 전달할 수 있었다. 매니페스토 활동이 없었다면 네거티브로 흐를 수 있었던 선거운동이 매니페스토로 인해 포지티브로 방향을 잡았다고 본다.
>
> 그럼에도 불구하고 굳이 고쳐야 할 점을 찾는다면 공약 평가의 기준이나 공정성 문제가 역시 논란이 될 수 있겠다는 생각이다. 언론기관이나 단체마다 평가기준이 상이해서 같은 공약을 두고 어떤 기관에서는 잘된 공약으로 선정한 반면, 다른 데서는 잘못된 것으로 뽑는 혼선이 일어났다. 또 매니페스토가 선거공약을 편중시킬 수 있다는 생각이 들었다. 매니페스토 기준에 맞추다 보니 당선 후 1년차에는 어디까지, 2년차에는 어디까지 실행한다는 식으로 기한을 명확히 할 수 있고 예산과 연관돼 충분히 실현가능한 공약만 골라 매니페스토로 제시하게 된다. 하드웨어중심 공약에는 잘 맞지만 계량화하기 힘든 소프트웨어 부분에 대한 공약제시는 꺼리게 된다."

오세훈 시장은 매니페스토 사전평가를 의식하는 바람에 자유롭게 공약을 작성하기가 어려웠다고 불만을 토로했지만 이는 역설적으로 매니페스토 사전평가가 유의미했음을 보여주는 방증이기도 하다. 당시 〈동아일보〉 정당팀 기자들은 각 후보들에게 평가를 위한 매니페스토 자료를 요청하는 과정에서 많은 후보들이 선거일이 임박할 때까지 매니페스토 제출을 기피하는 바람에 애를 먹었다. 대부분의 후보들이 매니페스토를 가급적 늦게 제시하려는 경향을 보였다. “제대로 된 선거공약을 작성해 발표하지 않으면 언론 등의 사전평가에서 나쁜 점수를 받을 것 아니냐. 제대로 만들다 보니 시간이 걸린다”는 것이 후보들의 설명이었다. 사전평가를 한다는 사실 자체가 매니페스토의 질을 높이는 데 기여하고 있었던 것이다. 매니페스토 사전평가는 그렇게 선거용 일회성 공약(空約)이 아닌 ‘참 공약’으로 승부를 다루는 정책선거에 한 발 다가서게 하는 데 일조했다.

하지만 매니페스토 사전평가는 과제도 남긴 것이 사실이다. 오세훈 시장이 지적한 공약평가의 기준과 공정성의 문제는 지방선거 매니페스토를 결산하는 논의에는 빠지지 않고 거론되는 것이기도 하다. 한 단체가 평가한 동일 후보자의 매니페스토도 지표에 따라서 정반대의 평가가 나오기도 했다. 매니페스토추진본부는 2006년 5월 23일 ‘5·31 매니페스토 공약평가 발표 기자회견’에서 스마트 지표와 셀프 지표에 의한 매니페스토 평가내용을 발표하며 “지속가능성(셀프) 지표에서는 우수한 공약이었으나 스마트 지표에서는 ‘잘못 갖춘 공약’으로 나타났다면 좋은 아이디어를 갖고는 있으나 추진력이나 현실성 면에서 재검토할 만한 공약일 수 있으며, 반대의 경우는 행정적 역량은 있으나 지방자치의 흐름은 잘 이해하지 못한 후보의 공약일 수 있다”고 부연설명을 했다.

매니페스토추진본부가 2006년 5월 2일 ‘개발’을 완료하고 발표한 스마트(SMART) 지표의 각 영문자는 후보자가 발표한 정책의 구체성, 측정가능성, 달성가능도, 타당성 및 시간계획이 포함됐는지를 따지는 지표를 의미한다. 셀프(SELF) 지표는 해당정책이 지속성을 갖고 있는지, 자치력을 강화하는 것인지, 지역의 특성에 맞는 것인지, 책임 있는 후속조치(이행)를 담보하는 내용인지를 평가하는 지표라고 돼 있다.

매니페스토추진본부는 실제 평가작업을 전국 16개 시도지사 후보 및 10개 시군구청장 후보에 국한했는데, 16개 시도 중 9개 지역은 지역 네트워크가 자체적으로 평가작업을 수행했고 서울을 포함한 7개 지역에 대해서는 매니페스토추진본부가 구성한 평가단(단장 정용택 서울대 행정대학원교수)이 중앙에서 평가를 실시했다. 10개 기초단체장 후보에 대한 평가는 모두 지역 네트워크가 자체적으로 평가를 수행했다(김욱, 매니페스토와 정책선거 발전방안 국제학술회의 발표문, 2007년 6월 8일).

실제 매니페스토추진본부의 발표를 보면 스마트 지표를 적용했을 때와 셀프 지표를 적용했을 때의 평가결과가 상반되게 나온 경우가 있었다. 동일한 후보의 동일한 공약이 우수한 공약이 되기도 하고, 나쁜 공약이 되기도 했던 것이다. 지방선거시민연대도 매니페스토 평가작업을 했는데 지역개발 공약은 대체로 낮게 평가된 경향이 있었다.

과연 앞으로도 매니페스토에 대한 사전평가 작업을 해야 하는 것인지, 또 한다면 무엇을 위해 하는 것인지 근본적인 의문을 제기해볼 필요가 있다는 것이 필자의 판단이다. 2006년 지방선거의 경우 매니페스토가 도입된 초기라는 점에서 사전평가 작업이 매니페스토의 확산과 정착에 기여한 공로가 있다. 하지만 사전평가에 대한 비판론도 타당한 점이 있다. 꼭 오세훈 시장 등이 지적했다고 해서만은 아니다.

매니페스토가 공약의 재원조달 방안과 이행 타임스케줄을 명기하고 당선되면 이에 대해 평가를 받는 사이클을 의미한다는 것은 한국에서도 누구나 인정하는 '명제'다. 그렇게 해야 '한 건주의 공약', 백화점식 공약'으로 점철된 선거풍토를 바꿔 진정한 정책대결이 가능해진다는 것이 매니페스토의 전제이다. 그렇다면 매니페스토 사전평가도 이러한 매니페스토의 명제를 구현하는 방향으로 이뤄지는 것이 당연할 것이다.

예를 들어 A후보가 '구도심을 재개발해 복합상가로 만든다'는 매니페스토를 제시했다고 치자. 이에 대해 A후보와 가치관을 달리하는 어떤 환경단체가 '그 공약은 지속가능한 발전에 역행하므로 나쁜 공약'이라고 비판하는 것은 있을 수 있다. 나아가 B후보가 그런 비판에 동조해 '복합상가 대신 녹지조성'이라는 매니페스토를 내세우면서 활발한 정책토론이 일어난다면 더 없이 좋은 일일 것이다.

매니페스토는 이렇게 활발한 정책토론이 가능하도록 후보자들이 자신의 이념과 정책을 구체적이고 분명하게 제시할 것을 촉구하는 운동이기도 하다. 후보자들은 그렇게 자기 정책의 장점을 설명하고 지지를 호소하며, 유권자는 그 중 마음에 드는 정책을 제시한 후보자를 선택하면 된다. 매니페스토 운동을 한다고 하면서 가치관을 개입시켜 정책내용의 선악을 평가하려고 하면 오히려 정책토론을 저해하는 결과가 될 수 있다. 가치관을 평가하고 비판하는 것은 매니페스토의 영역을 벗어나는 것이라고 할 수 있다.

나아가 '소프트웨어 부분은 매니페스토에 담기 어려웠다'는 오세훈 시장의 말처럼, 매니페스토 사전평가(또는 매니페스토 운동 자체)가 오히려 후보들의 자유로운 정책구상을 저해하는 결과를 가져올지도 모른다는 점도 유의할 대목이다. 물론 이는 매니페스토가 확실히 정착되지 않은 현 상황에서는 성급한 논의일 것이다. 하지만 매니페스토의 향후 전개방향과 관련해 한번쯤 근본적인 성찰을 요하는 문제제기인 것으로 보인다.

무성했던 매니페스토 사전평가에 비해 당선자들의 이행평가는 상대적으로 긴장감이 떨어지는 듯한 상황을 보이고 있는 것도 짚고 넘어가야 할 문제다. 사전평가는 없고, 이행평가가 주류인 일본과 정반대의 경향을 보이고 있다. 한국매니페스토실천본부(매니페스토추진본부의 후신, 상임공동대표 김영래 아주대 교수·강지원 변호사)는 2007년 8월 6일 지방선거 1년을 맞아 전국 16개 시도지사의 '공약 이행 중간평가'를 발표한 바 있다(〈중앙일보〉, 2007년 8월 7일). 시도지사들에게서 공약 이행 계획서와 이행실적을 제출받은 뒤 지방자치학회, 한국지역경제학회, 시민단체 인사 55명으로 평가단을 구성해 점수를 매긴 것으로, 16개 광역단체장 모두 100점 만점에 90점 이상을 얻어 '일단 공약 이행을 무난히 하고 있다'는 평가를 받았다.

이 점수는 지사들이 공약으로 제시했던 사업건수에서 미이행 공약 건수를 빼, 이를 100점 만점으로 환산한 것이라고 한다. 김문수 경기지사가 98.7점으로 가장 높았고, 박준영 전남지사가 97.2점, 오세훈 서울시장과 허남식 부산시장이 97점이었다.

경제정의실천시민연합도 이행평가를 2007년 8월 2일 발표했다. 전국 16개 시도지사에 대해 당선 후 1년간 공약 이행 정도를 5점 만점 척도로 평가한 결과 평균 2.02점의 낮은 점수가 나왔다는 것이다. 가장 좋은 점수를 받은 곳은 서울시로 강북도심부활 프로젝트 등 세 가지 핵심분야에서 평균 2.98을 받았고, 경기가 2.25점으로 뒤를 이었다. 경실련 지방자치위원들이 각 시도에 정보공개를 요청해 확보한 자료를 바탕으로 각 단체의 핵심사업 세 가지를 '정책달성도', '임기 내 가능여부', '권한의 범위' 등 일곱 가지 영역으로 나눠 평가한 것이라고 한다.

〈동아일보〉도 2007년 6월 30일 '이행평가'를 했다. 시도 광역자치단체장에 대해 매니페스토로 제시한 공약이 현재 어느 단계에 와 있는지 표시해달라고 요청, 이를 취합하는 방식이었다. 하지만 〈동아일보〉를 포함, 대부분의 언론이 이행평가 결과를 지방선거 때에 비해 훨씬 적게 다뤘다. 지방선거 때 〈동아일보〉와 〈조선일보〉는 16개 시도지사 후보별 사전평가 결과를 시리즈로 게재했으나 이행평가는 단발성으로 그쳤다. 2006년 지방선거 때에 비해 언론의 관심도가 크게 떨어진 것이다.

매니페스토 이행에 대한 광역단체장들의 관심도도 사실 높지 않았다. 오세훈 서울시장의 경우 2006년 시장 취임을 기해 새로운 위원회를 구성, 향후 자신이 추진할 정책을 새로 정리했다. 여기에는 선거 때 발표한 매니페스토도 포함돼 있지만, 새롭게 중점추진 대상으로 선정하거나 공약을 변형시킨 것도 있었다.

경실련 임승빈 지방자치위원장은 2007년 8월 22일 〈서울신문〉 기고에서 경실련과 매니페스토실천본부가 실시한 시도지사 매니페스토 1년 이행평가 결과를 정리하는 가운데 다음과 같은 네 가지 문제를 지적했다. 첫째, 매니페스토집을 홈페이지에 올려 시기별로 이를 자체평가하고 그 결과를 공개하는 외국과 달리, 한국의 16개 시도지사는 공약이행 로드맵을 구체적으로 제시하지 않는 경우가 많았다. 둘째, 매니페스토에는 명확, 측정가능, 달성가능, 타당, 기한이 담겨 있어야 했는데, 자치단체가 제시한 매니페스토 자료들에는 이런 전제조건이 갖춰지지 않아 정량평가가 어려웠고, 그 결과 주관적 평가에 의존했다. 셋째, 단체장과 평가자가 사회적 가치를 어디에 두느냐에 따라 평가가 달라졌다. 넷째, 공약의 수준이 달랐다. 어느 자치단체는 3백여 개의 공약을 제시한 반면, 어느 자치단체는 대규모 몇 개 공약만을 기준으로 평가받았다.

'공약 수준'의 차이에 따른 문제는 사실 예고됐던 것이다. 애초 후보자들이 발표한 매니페스토의 수가 너무 많다 보니 그 중에서 어느 공약을 골라 이행평가를 하느냐에 따라 결과가 달라질 수밖에 없다. 2006년 지방선거 때 발표된 매니페스토는 여러 정책을 뭉뚱그린 형태가 많았고, 추진하겠다는 정책의 수도 지나치게 방대한 점이 있었다. 이는 지방선거 때 사전평가하는 과정에서도 논란이 됐던 것으로, 의발연과 〈동아일보〉 매니페스토팀의 경우 모든 공약을 평가하기는 불가능하다고 판단해 각 후보들에게 대표공약 세 가지만 추려달라고 요청해 이를 토대로 사전평가를 실시한 바 있다.

대통령선거로 이어지지 못한 한국 매니페스토

2007년 6월 7일 서울 여의도에서 당시 이명박 한나라당 대통령후보 경선 예비후보를 만났다. 필자가 적을 두고 있는 일본 와세다대 대학원 공공경영연구과의 교수이자 와세다대학 매니페스토연구소장인 기타가와 마사야스, 게이오대 대학원 정책미디어연구과 교수인 소네 야스노리와 동행했다.

기타가와와 소네는 6월 8일 중앙선거관리위원회 주최로 열린 '매니페스토와 정책선거 발전방안에 관한 국제학술회의'에 참석하기 위해 방한한 길이었고, 기왕 한국에 가니 대통령선거 예비후보들을 만나 매니페스토에 대해 의견을 나누고 싶다고 해 주선한 자리였다. 그 자리에서 이명박이 한 말 중 매니페스토 관련 부분을 요약하면 다음과 같다.

> "매니페스토라는 것을 잘 알고 있다. 하지만 매니페스토의 실현가능성을 평가하는 시스템이 부족하다는 생각이다. 정책을 잘 만드는 것도 중요하지만 그 정책을 이행할 능력이 있는가 여부를 파악하는 것도 중요하다고 믿는다. 한국의 상황에서는 후보자의 공약을 중립적으로 엄정하게 검증하는 게 여간해서는 쉽지 않다. 그래서 어떤 의미에서는 매니페스토 자체보다는 그 매니페스토를 실현할 능력이 있는가 여부를 검증하는 게 보다 중요하다. 민간기업이 입사희망자 중에서 사원을 뽑을 때 희망자의 과거 경력을 가장 중요하게 보고 뽑는 게 지금의 현실이다. 매니페스토를 평가할 경우도 그 후보자의 과거 경력을 중요한 요소로 다루는 게 좋다고 생각한다. 매니페스토 내용만 검증한다면 그 후보자의 이행능력을 간과하는 위험성이 생긴다. 매니페스토의 정책을 실제로 추진하기 위해서는 후보자의 과거 경력, 즉 능력이 가장 중요하기 때문이다. 선거가 매니페스토형 선거로 진행되는 것은 가장 좋은 일이나 이번 한국에서는 매니페스토보다 후보자의 도덕성을 둘러싼 비방 등이 많은 것도 문제다."

매니페스토는 후보자를 평가하는 한 방법일 뿐이고 유권자는 후보자의 인품이나 과거 경력 등도 종합적으로 판단해서 평가하기 때문에 매니페스토 평가 때 그 후보자의 경력을 포함시키지 않아도 문제는 없다고 기타가와가 설명했으나 이명박은 "그럼에도 불구하고 매니페스토의 내용이 좋은가 나쁜가만을 평가하는 게 아니라 그 후보자가 그 매니페스토를 실행할 능력이 있는가를 어느 정도 포함해서 검증할 방법이 필요하다고 생각한다. 구체적인 정책을 만들어 발표한 후보자는 그 정책에 대해 지속적으로 비판받을 수 있는 반면, 구체적인 정책은 없이 미사여구만 발표한 후보자는 한번 욕먹는 것으로 끝나는 모순된 상황이 올 위험성도 있다"고 자기주장을 고집했다.

매니페스토에 관한 이명박의 인식이 잘 드러난다. 우선, 이명박은 선거가 매니페스토형 정책선거로 진행되는 것이 종래의 도덕성 논란이나 정치논란으로 점철되는 선거보다는 자신에게 유리하다고 생각하고 있다는 점이다. 당시 한나라당 내 경쟁상대인 박근혜 후보으로부터 부동산 투기, 금전문제 등과 관련해 집중적인 의혹제기를 받고 있던 처지였으므로 그렇게 생각하는 것도 무리는 아니었다.

이명박이 이해하고 있는 매니페스토는 당연히 선거일 이전에 후보들의 매니페스토가 평가되는 것을 전제로 하는 것이었다. 하지만 대통령선거에서도 2006년 지방선거 당시 이뤄졌던 것과 같은 매니페스토 사전평가 작업이 진행되면 자신에게 불리하게 작용할 것이라는 인식을 하고 있었다는 점이다. 구체적인 수치계획을 포함해 자신이 대통령이 될 경우 실천할 매니페스토를 발표할 수는 있지만 그것으로 인해 수치가 틀렸다는 논란에 휩싸이는 등 결과적으로 자신에게 더 불리하게 작용하지 말란 법이 없지 않느냐는 '항변'이었던 것이다.

이명박은 여러 예비후보들 중에서는 정책논쟁에 대해 가장 자신을 보였던 후보다. 2006년부터 본격 제기한 한반도 대운하 구상이 많은 비판을 받기는 했지만 비판이 거셀수록 논쟁의 중심에 서는 효과가 생기기 때문에 '이익'이라는 것이 이명박 후보 진영 관계자들의 공공연한 얘기였다. 이에 비해 여당후보는 6월 당시의 상황에서는 정해지도 않았지만 정해진다 해도 노무현 정부의 부(負)의 유산을 안고 갈 수밖에 없다는 점에서 정책논쟁이 그리 달가울 리 없었다. 말하자면 정책에 관한 한 가장 유리한 입장에 있었던 이명박조차 내심 매니페스토를 꺼리고 있었다.

여당의 불안정성도 2007년 한국의 대선 레이스 동안 정책선거를 퇴조시킨 한 요인이다. 여론조사 지지율 면에서 한나라당에 비해 현격한 열세에 있었던 열린우리당은 탈당과 분당, 합당의 이합집산을 거듭하다가 대통합민주신당으로 재결집했고, 10월 15일에 가서야 정동영 대통령후보를 선출했다. 대통합민주신당은 원내 제 1당이고, 한나라당은 제 2당이다. 다른 정당도 있지만 이 두 당만이 원내교섭단체를 구성하고 있다. 실질적인 양당구도에서 원내 제 1당이 이합집산을 거듭하며 내부정비에 신경을 쏟고 있었으니 정책대결이 이뤄질 리 없었다. 어떤 점에서 대통합민주신당은 정책대결은 애초 생각이 없었다고 해도 과언이 아니다. 여권 사람들은 8월 이명박이 한나라당 대통령후보로 확정되기 이전부터 "이명박 후보는 도덕성에 심각한 결함이 있기 때문에 때가 오면 한 방에 무너뜨릴 수 있다"는 얘기를 공공연하게 했었다.

정동영이 후보로 확정된 이후 대통합민주신당은 실제로 이명박의 부동산 투기의혹, 위장전입 의혹 등의 도덕성 시비에 당력을 총 집중했다. 그 중에서도 'BBK'문제가 최대의 논란이었다. BBK는 김경준이 설립한 투자자문회사로, 김경준은 BBK 등을 이용해 380억 원의 회사자금을 빼돌려 미국으로 도망간 혐의를 받고 있다. 그만큼 투자자들이 손해를 봤다. 이명박도 김경준과 얽히는 바람에 수십억 원의 손해를 본 것으로 돼 있다.

문제는 이명박도 손실을 봤다고는 하지만 애초 BBK를 김경준과 공동으로 설립했거나 실질적으로 소유했던 것 아니냐는 의혹이 있다는 것이다. 이명박의 형 이상은이 운영하는 '다스'라는 기업이 BBK에 190억 원을 투자한 일이 있는데다 이명박이 BBK 회장을 자칭했었다는 '증거'도 나왔기 때문이다. 대통합민주신당 등은 이명박에 대해 '사기혐의자와 동업했으니 이명박도 사기꾼'이라고 비난하며 선거전 내내 최대 호재로 활용했다.

김경준이 귀국하고 검찰이 12월 5일 BBK 수사결과 발표를 통해 이명박은 BBK와 관련이 없다고 했지만 대통합민주신당은 오히려 검찰이 허위수사를 했다며 검찰 탄핵안을 제출하는 등 대선 막판까지 이 문제의 이슈화에 모든 역량을 쏟았다. 이것이 언론에 투영된 2007년 한국 대통령선거전의 대략적인 모습이다. 일부 언론에서 정책선거가 실종됐다는 비판이 나왔지만 양상이 바뀌지는 않았다.

2006년 지방선거 때 활발하게 전개됐던 것에 비교해 2007년 대통령선거에서의 매니페스토 성적은 이처럼 초라하다. 2003년 일본에서는 4월 지방선거에서 매니페스토가 첫선을 보인 이후 11월 중의원 총선거에서 자민당과 민주당이 정권공약을 제시함으로써 국정 차원으로 정착됐다. 하지만 한국은 국정 차원의 매니페스토 정착에 실패했다는 비관적 목소리가 나온다.

물론 2007년에도 정책선거를 위한 노력은 있었다. 선관위와 매니페스토실천본부는 매니페스토 설명회 개최, 홍보물 게시 등 매니페스토의 필요성을 알리는 활동을 전개했다. 매니페스토 선거를 강조하는 현수막을 전국의 모든 읍, 면, 동 단위로 게시했다. 선관위 차원에서 20억 3천만 원의 예산을 확보해 매니페스토실천본부에 2억 천 4백만 원을 지원하기도 했다. 10월 19일에는 6개 정당이 참여해서 정책선거를 하겠다고 다짐하는 협약식도 했다. 대통합민주신당 정동영 후보 등 6개 정당의 후보와 선거대책위 본부장이 참석했다. 그러나 2006년 매니페스토 협약식 때 한나라당 박근혜 대표가 출석했던 것과 달리

2007년 협약식에는 한나라당 이명박 후보는 나오지 않았다.

언론이 '대선후보 공약분석' 식의 기획을 게재했으나 그것은 2006년 지방선거 때 전개됐던 매니페스토 평가와 달리, 과거 대선 때도 있었던 통상적인 공약분석 작업의 수준을 벗어나지 못했다. 매니페스토실천본부도 대선후보 공약을 평가하지 않았다. 다만, 12월 11일 한나라당 이명박, 대통합민주신당 정동영, 무소속 이회창 등 주요 후보들이 제시한 대선정책을 분석한 '17대 대선후보자 매니페스토 비교결과'를 발표했다. 경제분야에 대해 A후보는 이런 정책을 제시했고, B후보는 저런 정책을 제시했다는 정도였다.

매니페스토실천본부는 이에 앞서 몇 차례 기자회견을 열어 대선후보들에게 매니페스토 발표를 촉구했으나 역부족이었다. 김영래는 12월 11일 〈한국일보〉와의 인터뷰에서 "대선이 8일 앞으로 다가왔지만 정책도 없고 공약도 없고, 오직 네거티브가 주도하는 현 상황이 안타깝다"고 토로했다. 그는 "최근 각 정당들이 주요 공약을 자세히 설명한 공약집을 만들어 유세현장에서 배포하거나 홈페이지에 싣고 있지만 시기가 늦은 면이 없지 않다"고도 했다. 2006년 12월 선거법 개정으로 각 정당이 매니페스토(정책공약) 책자를 발간해 '판매'할 수 있게 됐는데, 각 정당들은 그렇게 허용된 정책공약집마저 선거가 임박해서야 냈다는 것을 지적하는 말이다.

다만, SBS는 대선 매니페스토 평가단을 구성, 실제로 각 대선후보들의 공약에 대해 'SWOT'라는 평가기법으로 사전평가한 점이 눈에 띈다. 예를 들어 '재벌중심 성장체제를 중소기업 중심으로 바꾸겠다'는 A후보의 공약에 대해 "경제의 체질변화를 전제로 공약을 설계하고도 이를 위한 단기전략이 부족하며 평생학습을 통한 중소기업 재창조를 약속했지만 평생학습 기반을 구축하기 위한 구체적 예산확보 방안을 제시하지 못했다"고 평가하는 식이다.

〈경향신문〉도 경실련과 함께 대선후보 공약평가를 실시했다. 통일외교안보분야, 경제분야, 사회복지분야 등의 부문별 공약에 대해 공약의 완성도 및 공약의 가치성으로 나눠 각각 A, B, C, D로 점수를 매긴 식이다. 이명박, 이회창 등 보수성향 후보의 점수가 전 부문에서 대체로 저조하게 나온 것이 특징이다.

2. 한일 매니페스토 운동의 성격

매니페스토는 수치계획 등을 명시한 공약을 제시하는 것으로, 그 자체는 가치중립적이며, 정치적 지향성도 없다. 그러나 이 매니페스토를 하거나, 하라고 권유하는 사람에게는 뚜렷한 목적의식이 있다. 정당이나 후보가 매니페스토를 작성하고 제시하는 것은 아무리 거창한 대의명분을 내세워도 결국은 선거에서 이기기 위해서다. 정당이나 후보에 대해 매니페스토를 작성해 정책선거를 하라고 권유하는 운동을 하는 사람들의 목적은 여러 가지가 있을 수 있다. 그리고 그 목적에 따라 매니페스토는 다양한 형태로 나타난다. 여기서는 한국과 일본에서 매니페스토 운동을 하는 주체들의 목적의식에 따른 양국 매니페스토 특성을 고찰해 보고자 한다.

수단으로서의 일본 매니페스토

목적은 '정권교체가 가능한 정책정당'의 실현

2003년 4월 통일지방선거를 통해 매니페스토가 처음 도입될 때부터 일본의 매니페스토 운동은 '21세기 임조'라는 단체와 기타가와 마사야스라는 인물이 주도해 오고 있다. 와세다대학 매니페스토연구소장인 기타가와는 미에현 지사였던 2003년 1월, 동료 지사들과의 심포지엄에서 매니페스토 선거를 제창한, 일본 매니페스토의 선구자다. 현재 일본에는 지방 차원의 매니페스토를 추진하는 단체로 로컬 매니페스토 추진 지방의원연맹 및 단체장(수장, 首長)연맹, 로컬 매니페스토 추진 네트워크 등이 있다. 와세다대학 매니페스토연구소가 이들 단체의 사무국을 모두 겸하고 있다. 결국 기타가와가 일본의 지방 매니페스토를 전담하고 있다는 얘기다. 중앙 차원의 매니페스토는 21세기 임조가 전담하고 있다.

21세기 임조와 기타가와가 추진하는 매니페스토 운동에는 뚜렷한 공통의 목적의식이 있다. 그것은 한마디로 일본 민주주의의 완성이다. 60년 자민당 장기독주를 가능하게 하는 조직중심 정당구조, 그로 인한 정경유착과 관료지배의 문제, 중앙집권의 폐해 등을 청산하지 않으면 일본 민주주의는 제대로 설 수 없다는 사명감과 위기감의 발로이기도 하다.

그들은 일본 민주주의를 완성하기 위한 1차적 당면목표는 정권교체가 가능한 정당구도를 만드는 것이라고 생각한다. '매니페스토' 정책선거를 통해 그런 정당구도를 만들 수 있다는 것이다. 일본 매니페스토는 그래서 처음부터 수단으로 출발했다. 일본 매니페스토의 이론적 근거를 제공하며 매니페스토를 지원하는 21세기 임조는 1993, 1994년 일본 소선거구제 개혁을 추동했던 단체다. 21세기 임조의 공동대표이기도 한 기타가와는 당시 중의원 의원으로서 개혁의 현장에 있었다. 임조는 소선거구제가 실현돼야 정당간에 정책대결이 가능해질 것이라고 생각했다.

1993년 말 중의원 소선거구제 개혁안이 국회를 통과하기 이전까지 일본은 한 선거구에서 여럿을 뽑는 중대선구제였다. 정당은 한 선거구에 복수의 후보를 공천할 수 있다. 같은 당 후보끼리의 경쟁이므로 정책대결이 원천적으로 불가능하다. 그러니 중요한 것은 개인적 조직이다. 조직운영을 위해서는 정치자금이 필요하다. 정경유착이 체질화되면서 부패사건이 빈발하고, 이는 결국 국민의 정치불신으로 연결된다. 그렇게 정당정치가 뿌리째 흔들리고 있던 것이 당시의 상황이다.

소선거구제가 되면 이런 폐해가 사라질 것으로 알았다. 하지만 결과는 그렇지 않았다. 1993년 소선거구제가 실현된 이후에도 정당간 이합집산이 거듭되면서 일본 정치는 계속 혼미 국면을 맞았던 것이다. 그러던 차에 눈에 들어온 것이 노동당 출신 토니 블레어 전 영국 수상의 매니페스토였다. 1997년 5월, 보수당 장기집권을 종식시키고 집권에 성공한 토니 블레어의 힘의 원천이 매니페스토였다고 일본의 개혁파들은 믿었다. 나중에 21세기 임조의 공동대표를 맡은 모기 유자부로는 2002년 경제동우회 정치위원회 위원장 자격으로 영국 등을 돌아본 뒤 구체적인 재정근거를 명시한 정권공약을 제시해 선거를 치르고, 이기면 이를 실행하며, 실행성과를 근거로 다음 선거에서 재심판을 받는 매니페스토 사이클을 일본도 도입해야 한다는 보고서를 내기도 했다.

기타가와가 2003년 1월 매니페스토를 제창하기에 앞서 일본에서는 매니페스토에 관한 이런 사전논의 작업들이 진행돼왔던 것이다. 매니페스토는 당연히 정권을 놓고 다투는 선거에서 제시하는 것이라는 생각이 일반적이었기 때문에 기타가와가 지방선거에서의 매니페스토를 주장한 것이 오히려 이상한 일로 받아들여지기도 했다고 한다. 지방발(發) 매니페스토를 주창하긴 했지만 기타가와도 1월 25일 요카이치에서 다른 지사들에게 매니페스토를 호소하면서 “현재의 일본 정치는 담합수준에 불과하다. 주권재민의 민주주의를 실행하기 위해서는 정책을 내세워 선거를 치르지 않으면 안 된다”는 말로, 매니페스토의 궁극적 목표가 조직과 인물중심으로 움직이는 일본의 정당구조를 혁파하는 것이라는 점을 분명히 했다.

“매니페스토를 통해 조직중심의 정당구조를 정책정당으로 바꿀 수 있다, 그러면 일본에서도 정당간 정책대결에 의한 정권교체가 가능해지는 바람직한 정당구도가 만들어질 것이다." 매니페스토를 채택하면 정권교체 가능성을 열 수 있을 것이라는 확실한 목적의식이 있었기에 2003년 4월 지방선거가 끝나기도 전부터 일본의 매니페스토 추진론자들은 이후 총선거에서 정당 차원의 매니페스토를 실현시키기 위해 뛰었고, 결국에는 실현시켰다.

일본의 매니페스토 추진론자들은 '정권교체가 가능한 구도'라는 목적의식이 특정 정당을 염두에 둔 것이 아닌 일반론일 뿐이라고 말한다. 하지만 현실적으로 그것은 60년 독주해 오고 있는 자민당 정권을 교체하자는 말로 받아들여진다. 야당으로서는 반가운 얘기가 아닐 수 없다. 특히 민주당은 기타가와가 2003년 1월 매니페스토를 제창하기 이전부터 매니페스토에 대해 연구해오고 있었다. 매니페스토로 선거에 임하는 게 자신들에게 유리하다고 생각했기 때문이다. 그러던 차에 지방과 민간에서 동시다발적으로 매니페스토가 터져 나오니, 민주당으로서는 불감청고소원(不敢請固所願)이었다고 할 것이다.

민주당에 대해 여당인 자민당도 매니페스토로 응전한 것이 2003년 일본의 상황이다. 자민당 내에서는 특이하게 파벌에 소속되지 않은 정치인으로, 우정민영화 등 개혁작업을 추진하던 당시 고이즈미 수상의 입장에서는 비록 매니페스토에 대해 '선거공약의 영어 표현 아니냐'고 비아냥 대기는 했을지언정 매니페스토식의 정책선거를 해도 질 것이 없다는 자신감이 있었을 것이다.

목적이 확실하기에 일본의 매니페스토는 유연하다. 엄격한 의미에서는 매니페스토라고 말하기 어려운 선거공약도 매니페스토의 이름으로 껴안는 경향이 있다. 2003년 고이즈미가 제시한 매니페스토(본인은 매니페스토라는 말을 쓰지 않았지만)에는 우정민영화를 2007년까지 이루겠다는 것처럼 기한목표가 설정된 항목도 있었지만, 종래의 남발형 공약과 다름 없는 것들도 포함돼 있었다. 그러나 이를 만든 자민당의 다케부 쓰토무도 스스로 이를 매니페스토라고 부르고 있고, 다른 이들도 그렇게 불러준다. 2007년 7월 참의원선거를 앞두고 자민당이 발표한 공약집은 155개 항목에 이르는 데다 국민연금 논란과 관련해 사회보험청을 해체한다, 공무원의 산하기관 낙하산 인사를 금지한다는 등 당시 이슈가 됐던 주요 항목에 대한 처방을 제시하긴 했지만 실행기한은 표시하지 않았다. 그래도 매니페스토로 간주된다.

목적과 실제 전개가 일치하지 않는 이중성

정권교체가 가능한 정당구도의 실현이라는 목적의식은 일본의 매니페스토가 이중적으로 전개되도록 만들었다. '정권교체가 가능한'이라는 말이 아무리 일반론이라고 해도 자민당에 대해 매니페스토를 작성하도록 권유하면서 그 최종목표가 '정권교체'라고 말할 수는 없다. 제 1당이자 여당인 자민당이 선거에서 매니페스토를 거부하면 매니페스토 선거라는 말 자체가 성립될 수 없기 때문이다. 그러니 '정권교체'라는 말은 가급적 쓰지 않는 것이 좋다. 매니페스토라는 말만 써도 운동하는 사람들은 그것이 '정권교체'의 의미를 함축하고 있다는 것을 안다. 대중적으로는 그냥 매니페스토라는 말만 써도 충분한 것이다.

한편으로 지방 차원의 매니페스토 운동에서는 정권교체라는 주장이 타당하지도 효과적이지도 않을 수 있다. 기타가와가 매니페스토의 또 하나의 주요한 목적으로 지방분권을 내세우는 것도 이런 현실적 상황을 고려한 때문으로 보인다. 지방분권은 민주주의의 완성으로 가는 또 하나의 기둥이기도 하다.

중앙보다도 활발하게 전개되고 있는 일본의 지방 매니페스토의 경우는 '정권교체가 가능한 정당구도'와는 사실상 무관하다. 가나가와현 마쓰자와 지사의 경우처럼 매니페스토를 제시하고, 이를 실행하고, 평가하는 매니페스토 사이클을 충실하게 실행하는 사람이 지방에는 꽤 있다. 그런 매니페스토가 지방행정의 개혁, 지방분권의 촉진으로 이어지고 있다는 데는 전문가들도 이론이 없다. 단체장의 매니페스토에 자극받은 지방의회 의원들도 의회개혁에 관한 매니페스토를 제시하는 등 '정책논의'가 활발해지고 있다. 2008년 1월 실시된 오사카부 지사선거에 출마한 주요 후보 3명은 2008년 1월 13일 매니페스토 정책 토론회를 갖기도 했다. 그러나 그런 매니페스토 대부분은 계획을 세워 이행하고 평가받는 단순한 의미의 매니페스토를 할 뿐이다. 자신들의 매니페스토를 정권교체와 연결시켜 생각하지는 않는다.

지방의회와 단체장은 여전히 무소속이 대세다. 마쓰자와 지사도 무소속이다. 현재 일본의 47개 도도부현 지사 중 46명이 무소속으로 당선된 사람들이다. 유일한 예외가 2007년 7월 자민당 공천으로 당선된 군마현의 오사와 마사아키〔大澤正明〕 지사다. 2003년 매니페스토 도입 후 지사임기 4년의 사이클이 지났지만 무소속은 전혀 줄지 않는다. 2007년 4월 통일지방선거에서 당선된 일반시의 시장 91명 중 여당(자민당·공명당) 소속이 21명, 민주당 소속이 2명, 여야당이 함께 추천한 케이스가 18명, 추천이나 공인이 없는 무소속이 53명, 기타 2명 등이다. 태반이 무소속이다. 일본에는 정당의 후보로서 공천(공인) 하는 것 말고도, 정치적으로 추천하거나 지원하는 경우가 있다. 추천이란 특정 당의 공인후보로 나서기는 싫지만, 지원은 받겠다는 것이다. 법적 효력이 없는 것으로 한꺼번에 여러 당의 추천을 받을 수도 있다. 실제로 여야가 함께 특정 후보를 추천하는 경우도 있다. 정당정치의 측면에서 보면 여야가 한 후보를 추천한다는 것은 무소속보다도 문제가 더 크다. 여야의 정책의 차이는 어떻게 되며 이념의 차이는 무엇이란 말인가. 정당의 존재의미를 의심케 하는 일이 일본에서 일상화돼 있다.

지방 차원에서의 매니페스토는 그 자체로는 제대로 돌아가는 경우가 상당히 있고, 그 결과 행정의 개혁과 지방분권에 일조하고 있다고 평가될 수는 있다. 하지만 그것이 일본 매니페스토론의 주류가 말하는 '정권교체가 가능한 정당구도의 강화'라는 방향으로 이어지고 있다는 증거는 찾기 힘들다. 이 점에서 일본 매니페스토는 도입 주체들이 생각했던 '정권교체'라는 지향점과 현실이 괴리되는 중층적 특성을 안고 있다고 할 것이다. 다만 지방분권이라는 매니페스토 운동의 또 다른 목적에는 착착 다가가고 있는 것으로 보인다.

목적에 합치되는 모든 것을 포괄하는 다양성

정당간 정책대결을 통해 정권교체가 가능한, 제대로 된 민주주의를 실현하겠다는 일본 매니페스토 운동 세력의 투철한 목적의식은 한편으로 일본 매니페스토를 다양화시키고 있다.

기타가와는 '콤마 1초의 개혁'이라고 말하는 개표시간 단축운동도 매니페스토라고 말하고 있다. 지방자치단체장이 정책적 결단을 내리고, 직원들이 단합해 개표시간을 단축하고, 예산을 줄이기 위해 연구하는 과정 자체가 관료주의에 젖어 있는 공직사회에 새로운 개혁의 바람을 가져올 것이요, 그렇게 해서 개혁이 곳곳으로 확산돼 가는 것이 매니페스토의 기본정신이라는 것이다. 2006년 매니페스토 어워드에서 대상을 받았고, 2007년에도 최우수 성과상을 받은 홋카이도 후쿠시마정 의회의장 미조베 코키의 경우 정당과 무관한 무소속일 뿐더러 사전에 매니페스토를 내세운 바가 없다. 미조베는 의회 방청을 자유롭게 하고, 의원수와 보수를 스스로 삭감하는 등의 개혁을 해나가고 있지만 이는 매니페스토와 무관하게 스스로 실천한 것일 뿐이다. 일부에서 정책집행권이 없는 지방의원이 개별 차원에서 매니페스토를 제시하는 것이 가능하냐는 의문이 제기됨에도 불구하고, 기타가와는 지방의원의 매니페스토도 권장하고 있다.

콤마 1초의 개혁이나 미조베의 의회개혁은 선거 때 정책을 제시하고, 이를 이행하고 평가받는다는 매니페스토 사이클에 맞지 않는다. 하지만 그런 개혁들이 궁극적으로는 정책적 사안에 대한 유권자의 관심을 높이고, 정책대결이 가능한 풍토를 만들며, 그러다 보면 정책으로 승부하는 정당정치의 기본이 마련될 수 있다는 것이 기타가와의 소신이다. 그것이 매니페스토의 목적인 만큼, 매니페스토의 형식에 집착할 필요가 없다는 뜻이기도 하다. 이처럼 일본의 매니페스토 운동은 '정책선거'와 무관한, 광의의 개혁을 포괄하는 개념으로 확산되고 있는 것이다. 정권교체가 가능한 정책정당 구도의 실현, 지방분권의 구현이라는 목표에 합당한 모든 것이 매니페스토라고 할 만큼 일본의 매니페스토 운동은 다양성을 보이고 있다.

일본 매니페스토 운동의 목적의식, 즉 '정책대결을 통해 정권교체가 가능한 정당구도를 만들자'는 지향점은 일본 매니페스토의 원조라고 할 수 있는 영국에는 없는 것이다. 영국에는 이미 그러한 정당구도가 형성돼 있기 때문이다. 영국에서 매니페스토란 선거 때 발표하는 공약 내지는 계획-실행-평가의 사이클을 의미할 뿐이다. 하지만 일본의 매니페스토 운동 주체들은 그런 매니페스토의 사이클보다는 오히려 정당구도 개혁이 주된 관심사였다. 60년 자민당 독주체제를 혁파하지 않으면 일본 민주주의의 미래가 없다는 고민 속에서 그 방법을 찾은 끝에 영국의 매니페스토를 빌려와 보급하게 된 것이다.

일본의 매니페스토 운동세력은 지금까지 전개된 매니페스토가 궁극적으로 일본의 정책정당 구도를 강화하는 분위기 조성에 기여하고 있다고 보고 있다. 지금까지는 자민당 조직밖에 없던 지방에서 매니페스토 도입 이후 유권자들의 정책에 대한 관심이 높아지면서 자민당 이외의 정당도 뿌리내릴 수 있는 기반이 조성돼 가고 있다고 한다. 무소속 지사가 많긴 하지만 그들 대부분은 명시적이든 묵시적이든 특정 정당의 지원이나 추천을 받았고, 지역주민도 이를 알고 있기 때문에 결과적으로 정당투표로 볼 수 있다는 주장도 한다.

목적으로서의 한국 매니페스토

한국 매니페스토 운동이 갖는 목적의식의 한계

2006년 한국의 매니페스토 운동은 매니페스토추진본부와 중앙선관위가 주도했다. 그리고 언론이 적극적으로 이에 호응하면서 순식간에 증폭됐다.

초기 매니페스토 도입 주체들의 의도는 제각각이었다. 한국에서 가장 먼저 매니페스토 개념을 본격 공론화시킨 매니페스토추진본부 공동대표이자 아주대 교수인 김영래는 '매니페스토 국제학술회의'(2006년 2월 3일)를 열어 일본의 매니페스토 개념을 국내에 소개하기로 하고 이미 2005년부터 준비해왔다고 술회하고 있다. 최초 매니페스토에 대한 그의 관심은 운동보다는 학문적인 것에 기울어 있었던 듯하다.

김영래가 생각한 매니페스토가 시민운동으로 발전된 계기는 '지방의제 21'이라는 시민단체의 전국협의회 사무처장이었던 유문종과의 만남이었다고 할 수 있다. 2005년 12월 유문종은 김영래와 만나 매니페스토의 개념을 설명듣고 지방의제 21을 포함, 자신이 기왕에 준비해오던 '좋은 정책 네트워크' 활동을 매니페스토로 전환키로 했다. 그렇게 해서 김영래와 지방의제 21 등 10개 시민단체 대표가 공동대표를 맡은 매니페스토추진본부가 2006년 2월 1일 출범하게 된 것이다. 유문종이 애초에 지향하던 시민운동은 '좋은 정책운동'으로, 대체로 지속가능성을 담보하는 정책들을 개발해 지방선거 출마자에게 제공하자는 것이었다. 따라서 매니페스토추진본부에 참여한 사람과 세력 중에서도 유문종 등 시민단체 쪽 사람들이 생각한 매니페스토는 김영래가 생각한 것과는 달랐을 수 있다.

2006년 5월 매니페스토추진본부는 16개 시도지사 후보자 등이 제시한 매니페스토를 사전평가하고 결과를 발표했는데, 그 평가에 두 가지 지표를 사용했다. 하나는 후보자들의 매니페스토가 이행가능하고 검증가능한 형태로 작성됐는지를 평가하는 스마트 지표였고, 하나는 지속가능성의 측면에서 좋은 정책인지 나쁜 정책인지를 평가하는 셀프 지표였다.

셀프는 지속가능성이라는 가치를 전제로 매니페스토 공약을 평가한 것이라는 점에서 좋은 정책 네트워크 활동을 준비하던 시민단체의 의견이 반영된 평가로 보인다. 셀프 평가가 정책대결을 활성화한다는 매니페스토의 기본취지에 맞는 것이냐의 논란과 별개로, 2006년 매니페스토추진본부가 셀프 평가를 했다는 것 자체가 당시 매니페스토 운동에 임한 사람들의 목적의식이 다양했음을 보여주는 사례라고 하겠다.

2006년 한국의 매니페스토추진본부는 본격적으로 매니페스토 운동에 나서기 전에 우선 선관위와 손을 잡았고 이에 따라 선관위도 매니페스토 운동의 추진주체로 등장했다. 선관위에서 매니페스토를 주관한 서인덕 정당정책지원팀장이 받아들인 매니페스토의 개념은 정책선거를 지원하는 매개체였던 것으로 보인다. 선관위로서는 인신비방이나 흑색선전, 금권동원을 차단하고 선거를 공명정대하게 이끌 책무가 있다. 가장 바람직한 선거는 후보와 정당이 정책을 놓고 토론하는 선거라는 것은 누구나 공감하는 '공식'이기도 하다.

그러나 선관위의 매니페스토 운동은 한계가 있다. 정당이나 후보에게 매니페스토를 권장할지언정 이를 강요하거나 매니페스토를 하지 않았다고 제재하기는 어렵다. 선관위는 선거의 중립적 관리자라는 본연의 임무가 있기 때문이다. 이 점에서 선관위의 매니페스토는 매니페스토를 작성하도록 유도하는 캠페인이 주가 될 수밖에 없다.

서인덕은 2006년 주요 언론이 매니페스토 운동에 적극 호응한 것이 매니페스토의 '성공'에 결정적인 역할을 했다고 말한다. 언론은 기본적으로 보도하고 논평하는 기관이지 운동의 주체는 아니다. 그럼에도 불구하고 언론이 2006년 매니페스토를 적극적으로 보도한 것이 사실이고, 그것이 결과적으로 운동에 참여한 것처럼 비칠 수는 있다. 언론이 당시 이처럼 적극적으로 나선 데는 여러 가지 이유가 있을 것이다. 정책선거를 실현시키겠다는 의도에서 매니페스토에 나선 경우도 있을 것이요, 선거보도의 새로운 방법으로서 매니페스토에 주목했을 수도 있다. 경쟁사가 매니페스토에 적극 참여하고 있으니 우리도 한다는 경쟁심리도 있었을지 모른다. 그러나 언론도 선거보도에서 객관성을 유지해야 하는 기본적 한계를 갖고 있는 이상, 정책선거를 촉진하고 그 결과로서 지방행정 개혁을 촉구한다는 선을 넘어서는 것은 곤란했다고 본다.

초기 매니페스토 운동의 주체들의 생각은 이처럼 다양했지만 결과적으로 한국의 매니페스토 운동의 현실적 목표는 하나로 귀결된다. 중앙선관위가 설정한 목표, 곧 '건전한 정책대결이 이뤄지는 공명선거 실현'까지가 한국 매니페스토 운동의 가이드라인이 된 것이다. 일본의 매니페스토 추진론자들은 매니페스토 정책선거를 통해 정권교체가 가능한 정치구도'를 만들고 지방분권을 이뤄 일본 민주주의를 완성시키겠다는 목표를 내세우고 있으나 한국의 선관위는 그런 목표를 세울 수 없다. 지방행정의 개혁, 중앙정치의 개혁, 정치구도 변경 같은 사항은 선관위의 영역을 벗어나는 일일뿐더러 자칫 잘못 개입하면 선거의 공정한 관리자로서의 자격시비에 시달릴 수 있다. 선관위가 정치구도 개혁을 언급하면 곧바로 정당편향성 시비에 휘말릴 것이 뻔하다.

선관위는 계획과 이행, 평가의 매니페스토 사이클 중 '실행가능하고 검증가능한 공약을 제시하라'는 것에 중점을 둘 수밖에 없다. 당선자가 제대로 공약을 이행하는지 여부를 따진다든지, 다음 선거에서 그 공약이행 실적을 평가한다든지 하는 것은 선관위의 소관 밖이다. 그러니 선관위로서는 제대로 된 정책제시를 통한 공명선거 실현을 매니페스토의 최종목표로 상정할 수밖에 없다.

매니페스토 운동의 민간 주체였던 매니페스토실천본부는 시민단체이므로 국가예산으로 움직이는 헌법기관인 선관위와 달리 좀더 적극적이고 자유롭게 활동할 수는 있다. 실제로 매니페스토실천본부는 사전 사후 이행평가 등 선관위가 할 수 없는 영역의 활동을 포함해 다양한 운동을 펼쳤다. 하지만 앞에서 살펴본 대로 매니페스토실천본부는 2006년은 물론 2007년에도 선관위와 긴밀한 협조관계를 맺고 있었다. 그 협조관계에는 선관위가 제공하는 지원금도 역할을 했다. 매니페스토실천본부로서는 선관위의 입장을 고려하지 않을 수 없었을 것이다.

한국의 매니페스토 운동이 공명선거의 실현이라는 목표에 집중된 것은 운동이 선관위에 의해 주도됐다고 해서 그런 것만도 아니다. 공명선거는 애초 매니페스토 운동을 시작한 사람들의 다양한 의도를 묶어줄 수 있는 최소한의 목표점이기도 했다. 여기서 공명선거 실현이 매니페스토의 목적이 될 수 있느냐 하는 문제가 제기된다. 정책선거를 의미하기도 하는 매니페스토는 그 자체가 공명선거의 한 형태라고 할 수도 있다. 이 점에서 한국의 매니페스토 운동은 매니페스토 실현 자체가 목적이었을 뿐, 달리 목적이 없었다는 분석도 나온다.

매니페스토 전개의 한계

선관위의 매니페스토가 갖는 목적의식의 '한계'는 도입기 한국 매니페스토 운동의 전개방식에 결정적으로 영향을 미쳤다. 2006년은 물론 2007년에도 한국에서는 매니페스토 협약식, 매니페스토 아카데미, 매니페스토 토론회 등 매니페스토를 홍보하고 보급하는 캠페인이 무성했다. 그게 한국 매니페스토 운동의 상당부분을 차지한다.

2006년 매니페스토추진본부는 지방선거 후보자들이 제시한 매니페스토를 사전에 평가하는 작업도 했다. 사전평가는 〈동아일보〉를 비롯한 언론사도 실시했다. 〈동아일보〉의 사전평가는 선관위나 매니페스토추진본부와 무관하게 기획되고 실시된 것이나 결과적으로 그 목적은 같았다고 할 수 있다. 사전평가는 기본적으로 각 후보들이 제시한 매니페스토가 과거식의 선심형 공약을 재탕한 것인지, 수치계획을 명시해 사후에 검증가능한 형태로 제시한 '참 공약'인지를 걸러내기 위한 작업이었다. 일부 시민운동 진영이 '지속가능성' 등 가치를 전제로 매니페스토를 이해하려는 부분적인 시도가 있었고, 그것이 사전평가에 일부 반영되기도 했지만 대세를 좌우할 정도는 아니었다. 이 점에서 2006년의 사전평가도 총체적으로 볼 때는 정책으로 대결하는 공명선거를 촉구하는 선을 크게 벗어나지 않았다.

사전평가가 제대로 된 매니페스토를 보급하기 위한 수단적 의미를 갖는다면 사후평가는 선거 때 제시된 매니페스토의 이행을 촉구하고, 그래서 행정과 정치를 개선하며 국리민복으로 연결시키는 실천적 개혁으로서의 의미를 갖는다. 일본의 매니페스토 운동은 정권교체가 가능한 정책정당 구축을 최종 지향한다. 하지만 그와 별개로 계획-실행-평가의 사이클을 통한 행정 및 정치개혁이라는 현실적 과제는 그것대로 실현시키는 중층구조로 전개되고 있다. 매니페스토 사이클을 완성하는데 있어 이행평가는 절대적이다. 일본에서 매니페스토를 하는 사람들은 취임 후 1년 단위로 자기 평가를 내놓고, 제 3자도 이를 평가한다. 매니페스토를 하는 이상 이행평가는 당연한 것으로 인식돼 있다.

한국에서도 2006년 5월 지방선거에서 당선된 시도지사 등이 7월 1일 취임한 후 1년이 지난 2007년 7월을 전후해 매니페스토 사후평가가 실시됐다. 그러나 활발했던 사전평가에 비해 사후평가는 전체적으로 부진했던 것이 사실이다.

대통령선거처럼 정당의 명운을 걸고 싸우는 선거에선 매니페스토 운동이 더 위축될 가능성이 크다. 매니페스토실천본부는 2006년 시도지사 후보자 등이 제시한 매니페스토에 대해 '사전평가'를 실시했다. 하지만 2007년 대통령선거에서는 사전평가를 하지 않았다. 그 이유를 음미해볼 필요가 있다. 2007년 주요 대선후보들이 매니페스토를 제시하지는 않았지만 정책공약은 발표했다. 매니페스토적 관점에서 후보들이 제시한 정책공약을 평가할 수는 있었다는 얘기다. 하지만 대통령후보의 정책공약을 사전평가하면 즉각적으로 시비가 제기될 가능성이 크다. 지방선거와 달리 대통령선거에 임하는 후보자와 정당은 선거에 작은 영향을 미치는 변수에도 신경을 쓰고 강하게 대응하는 경향이 있다.

한국적 상황에서 매니페스토 운동의 목적의식을 어떻게 설정하는 게 좋은지에 대해 생각해 볼 필요가 있다. 선관위로서는 매니페스토를 통한 공명선거 실현이라는 목적만으로 매니페스토 운동을 할 만한 충분한 가치가 있다. 2006년 선관위의 매니페스토는 선거를 공정하게 관리하는 데서 한 걸음 나아가 바람직한 정책대결이 되도록 유도하는 적극적 선거관리의 모범을 보여주는 사례로도 평가된다.

하지만 정책선거를 이룬다는 목적의식만으로 민간부문에서 운동의 추진력을 얻기는 쉽지 않다. 영국에서 매니페스토를 작성해 발표한 정당은 선거에 이기기 위해서 매니페스토를 한 것이다. 이를 일본에 도입한 사람들은 매니페스토를 하면 정책대결에 의한 정권교체가 가능한 정당구도가 실현될 것이라는 목적의식을 갖고 매니페스토 운동을 펴고 있다. 다시 말해, 단순히 매니페스토를 하자는 것만으로는 부족하다는 얘기다. 매니페스토를 하면 국가와 국민에게 실제적으로 무슨 효과, 어떤 이득이 있다는 것을 설명하고 공감을 모을 때 비로소 운동으로서의 동력을 얻을 수 있을 것이다.

물론 매니페스토를 제시하라는 운동을 통해 좋은 후보자가 당선될 수 있는 가능성을 넓히고 그 결과 정치도 행정도 좋아질 것이라는 기대는 할 수 있다. 그러나 결과론적으로 국리민복에 도움이 된다는 막연한 기대만으로 다수의 동참을 얻어낼 수는 없다. 더구나 매니페스토는 이를 작성하고 제시하는 주체가 정당과 정치인이다. 그들에게 매니페스토를 제시하도록 유인을 제공하지 않으면 매니페스토 운동은 지속되기 어려울 수 있다.

매니페스토 주체들의 한계

일본과 같은, '정책대결이 가능한 정당구도'라는 목적의식은 한국에선 유효하지 않은 측면이 있다. 일본과 달리 한국은 정책정당이 상당한 정도로 기능한다. 영국처럼 뿌리깊은 이념정당이 아닐지는 몰라도 대략 열린우리당은 중도진보, 한나라당은 보수정당이라는 정책적 차이가 드러난다. 특히 대북정책과 경제정책에서는 확실한 주장의 차이가 있고, 국민 대부분이 그 차이를 인식하고 있다.

그렇긴 하지만 한국의 매니페스토 운동에서도 정당과 후보자들이 매니페스토에 자발적으로 참여할 수 있도록 목적의식을 공유하는 노력은 필요했다고 본다. 시민단체도 선관위도 언론도 매니페스토의 제 3자에 지나지 않는다는 점에서 그렇다. 2006년 한국 지방선거에서 대부분의 시도지사 후보자들이 매니페스토를 제시했으나 그것은 자발적인 것은 아니었다. 매니페스토를 작성하지 않으면 여론과 언론의 비난을 받을 수 있기 때문에 낸다는 식의 소극적 매니페스토가 상당부분 있었다. 그런 소극적 매니페스토는 상황이 바뀌면 언제든지 원점으로 돌아갈 수 있는 것이다.

일본의 매니페스토 운동 진영은 '정권교체가 가능한 구도'라는 목적의식을 분명히 함으로써 적어도 야당의 자발적 참여는 확실히 이끌어냈다. 정권교체가 가능한 정치구도를 만들자는 것을 야당이 마다할

리 없기 때문이다.

실제로 매니페스토 정책선거가 진행되면 야당에 유리할 수 있다. 기존의 정부에 대한 정책적 불신이 큰 상황에선 더욱 그렇다. 2006년, 2007년 한국에서는 노무현 정부의 경제 실정론이 팽배한 상황이었기 때문에 야당으로서는 여당을 공격할 정책적 소재가 많았다. 그런데도 한국의 제1야당인 한나라당은 매니페스토에 적극적으로 나서지 않았다. 2006년 지방선거 때는 정책이슈가 지방 차원으로 분산돼 있었다는 점에서 당 차원에서 매니페스토를 하기는 어려운 점이 있었을 것이다. 그러나 정권을 놓고 싸우는 선거인 2007년 대통령선거에서도 한나라당은 매니페스토를 작성하지 않았다. 종래의 정책공약을 냈을 뿐이다.

몇 가지 상황적 이유가 있다. 우선, 재원과 이행일정까지 제시한 명확한 매니페스토가 아닌 종래형 정책공약만으로도 한나라당은 충분히 열린우리당(대통합민주신당)과 차별적인 정책을 보여주는 게 가능했다. 지방선거는 물론 대선에서도 여당계에 비해 한나라당 후보가 여론조사에서 압도적 지지를 받고 있었다. 굳이 매니페스토를 발표해 당선된 이후의 부담을 만들 필요가 없다고 판단했을 것이다.

한나라당 이명박 후보가 매니페스토에 대해 적극적이지 않았다는 점도 한나라당의 매니페스토를 소극적으로 만든 중요한 요인이다. 대통령선거의 경우 한국이든 미국이든 후보가 중심이 돼서 정책을 만드는 것이 상례다. 2007년 대통령선거에서 한나라당이 정책공약집을 발표했지만, 이는 기본적으로 당의 후보인 이명박의 개인적 구상을 토대로 한 것이다. 이명박은 예비후보 시절, 자신만 매니페스토를 발표하고 상대방은 발표하지 않을 경우 상대방은 매니페스토를 발표하지 않았다는 비난을 한 번만 받으면 되지만 자신은 매니페스토의 내용을 둘러싸고 두고두고 비난공세에 시달릴 수 있다는 점을 우려했다. 적극적으로 매니페스토를 할 생각이 없었던 셈이다.

매니페스토는 상대방이 있어야 한다. 2003년 일본에선 민주당의 매니페스토에 대해 당시 여당인 자민당의 고이즈미 수상이 응전했기 때문에 국정 차원의 매니페스토가 정착될 수 있었다. 2007년 한국에서는 야당도 소극적이었지만 여당도 매니페스토에 응전할 준비를 전혀 하지 않았다. 노무현 정부의 정책실패론 등 부담을 피하기 위해 이합집산을 거듭하느라 시간을 보냈고, 정동영을 후보로 확정한 뒤에는 이명박의 도덕성 의혹을 제기하는 데 당력을 소진했다. 애초부터 정책대결은 할 생각이 없었던 것 아니냐는 지적이 나온다.

2007년 한국의 정당과 후보들에게는 매니페스토에 장애가 되는 이 같은 문제들이 있었다. 하지만 한국의 매니페스토 운동 진영은 '매니페스토 주체'가 안고 있었던 이런 상황요인들을 천착하기보다는 2006년에 했던 것과 비슷한 매니페스토 캠페인을 2007년에도 답습하는 데 그친 감이 있다.

3

한국 대통령선거와 매니페스토

2007년 가을의 일이다. 일본의 한 TV에서 한국의 대통령선거 전망을 취재분석한 프로그램이 방영된 일이 있다. 한국통으로 알려진 '시게무라'라는 일본의 한 대학교수가 직접 한국을 방문해 취재도 하고, 해설도 하는 식으로 꾸민 것이었다. 일본인들의 눈에는 한국의 대선이 어떻게 비치는지 궁금하기도 해 필자도 열심히 그 프로그램을 시청했다. 야당인 한나라당 후보가 압도적인 우세를 보이고 있으나 결과는 아직 알 수 없다는, 그다지 새로울 것은 없는 내용이었다. 왜 알 수 없다는 것인가? 진행자의 물음에 시게무라는 "한국의 선거에서는 무엇이든지 일어나니까"라고 답했다. 테러가능성, 후보단일화 문제 등이 거론됐다. 요컨대, 한국의 선거에서는 온갖 '이상한' 사건이 다 일어나기 때문에 미래를 정상적으로 예측할 수 없다는 뜻이었다.

사실 한국의 선거에서는 사건이 많았다. 2002년 대선만 해도 선거막판 여론조사를 통해 후보를 단일화하는 세계 선거사상 유례를 찾아보기 힘든 사건이 일어났다. 여론조사 지지율 하락에 고심하던 당시 여당 대선후보가 제시했던 수도이전 공약이 훌륭하게 먹혀 들기도 했다. 2004년 총선 때는 노무현 대통령 탄핵 반대 열풍이 전국을 휩쓸면서 당시 여당인 열린우리당이 압승하는 상황이 연출됐다.

아시아에서 최초로 민주주의를 달성했다고 하는 일본의 시각에서 보면 정말이지 웃긴다고 생각될 만한 일들이 한국에서는 실제로 일어났던 것이다. 아무 근거 없는 필자의 주관적 느낌이었지만 일본 TV에서 시게무라가 "한국의 선거에서는 무엇이든지 일어나니까"라고 말한 배경에도 이런 일본적 시각에서 비롯된 '조소'가 배어 있는 듯했다.

2007년에도 한국에선 어김없이 진기한 일들이 일어났다. 여당은 대선을 앞두고 '노무현 당' 색깔을 털어내기 위해 몇 번이고 이합집산을 거듭했다. 그렇게 해서 탄생한 대통합민주신당은 선거기간 내내 BBK문제를 들어 이명박 때리기를 했고, 대선 직전 이명박 특별검사법을 국회에서 통과시켰다. 특검법 처리를 둘러싸고 여야가 국회에서 주먹다짐을 하는 장면도 연출됐다. 한나라당에서는 전 대통령후보가 BBK의혹으로 인한 이명박 낙마설이 회자되던 대선 직전 시기에 탈당해 무소속으로 출마, 3위를 기록하기도 했다.

그렇게 2007년에도 '무엇이든지' 다 일어났으니 과연 남의 우세를 살 만도 하다. 여기서 '무엇이든지'라고 함은 선거에서 후보간의 정상적인 경쟁을 저해하는 상황을 지칭한다. 정책을 놓고 논쟁하는 가운데 우열을 가리는 것이 가장 바람직하고 정상적인 선거로 얘기된다. 현 정부의 인기가 없다고 해서 그 정부와 함께 국정을 책임져오던 여당이 당명을 바꾸고 탈당과 합당을 거듭하는 것은 통상의 민주주의 국가에서는 찾아보기 힘든 일이다. 어디든지 네거티브 캠페인은 있지만, 거기에 사활을 걸고 국회에서 주먹다짐까지 하는 모습도 선진 민주주의를 실현하는 나라에서는 없다.

2007년 한국의 대통령선거에선 네거티브 공세를 주도한 대통합민주신당의 정동영 후보가 패배했다. 상대적으로 경제를 살리겠다고 호소하는 데 주력한 이명박이 이겼다. 2007년 17대 대통령선거의 최종 투표율은 63.0%로, 2002년 16대 대선의 70.8%보다 7.8% 하락했다. 이명박은 유효투표 2,361만 2,880표 중 1,149만 2,389표, 48.67%를 얻어 당선됐다. 2위 정동영은 617만 4,681표로 26.14%를 득표했다. 3위 이회창은 355만 9,963표, 15.07%를 얻었다. 1위와 2위의 표차는 530만 표가 넘었다. 대선 동안 대통합민주신당을 드러내놓고 지지했던 김대중 전 대통령은 2008년 1월 1일 자신의 집을 찾아온 대통합민주신당 지도부에 "1955년 민주당이 탄생한 이래 이렇게 처참하게 진 것은 처음이다. 박정희 정권이 그렇게 탄압할 때도 이렇게는 안 졌다"고 말했다.

1. 매니페스토적 관점에서 본 2007년 대통령선거

2007년 대통령선거 기간 동안 정치권에서 벌어진 현상은 분명 정책대결과는 거리가 멀었다. 매니페스토실천본부 공동대표인 김영래도 매니페스토가 실종됐다고 인정했다. 2007년 10월 15일 대통합민주신당이 정동영을 후보로 선출한 이후 12월 19일까지 2개월여 동안 대통령선거전은 이명박의 부동산 투기의혹, BBK의혹 등 네거티브 공격과 이에 대한 방어로 일관했다. 그러나 실제 선거전에서 이명박은 1년여 이상 30% 이상의 여론조사 지지율로 대선 예비후보 중 줄곧 1위를 달렸고, 그 추세가 투표일까지 변함없이 이어졌다. 그는 선거기간 내내 네거티브 공세에 대한 방어를 겸해 '경제를 살리겠다'는 주장을 되풀이했다.

선거전에서는 네거티브가 주류를 이뤘지만 실제 유권자들의 선택은 네거티브 공방과 관계 없이 경제문제에 주력한 이명박의 손을 들어주는 결과로 끝났다는 사실을 어떻게 받아들여야 할까. 여당계인 정동영이 자신에게 할애된 선거광고에도 자신의 사진 대신 이명박의 사진을 실어가며 이명박의 문제를 물고 늘어질 정도로 네거티브 캠페인에 집중한 반면 정작 자신의 정책비전을 제시하는 데 실패한 것이 패인의 중요한 원인 중의 하나라는 데는 대통합민주신당을 포함해 대부분의 사람들이 동의한다. 네거티브 캠페인은 실패였다는 얘기다.

그렇다고 해서 2007년 대선이 이명박이 제시한 경제정책이 국민에 의해 선택된, 실질적인 정책선거였느냐 하는 대목에 이르면 논란이 있다. 노무현 정부의 경제실정에 대한 반사이득일 뿐이라는 분석이 있다. 정동영이 노무현 정부에 덧씌워진 부정적 이미지를 탈피하지 못한 결과 상대후보인 이명박에게 승리를 안겼다는 주장도 있다. 이명박이 제시한 정책보다는 그가 서울시장 재임 때 보여준 '청계천 복원' 등의 실적에서 기인한, 막연한 '경제 이미지'가 국민에게 먹혀 든 것이라는 논의도 있다.

넓은 의미의 매니페스토적 관점에서 봤을 때 2007년 대선은 결과적인 정책선거였다는 것이 필자의 판단이다. 매니페스토는 단순히 선거 때 수치계획을 명시한 공약을 제시하는 것만을 의미하지 않는다. 특히 일본에서 매니페스토라고 하면 공약을 제시(계획)하고 이행하며 평가받는 사이클을 포괄하는 과정을 통해 정책대결이 가능한 정당구도로 개혁해 가는, 폭넓은 의미로 이해되고 있다. 경우에 따라서는 선거에서 공약으로 제시하는 과정을 거치지 않은 것도 최종목표에 합치되면 매니페스토로 간주하기도 한다.

물론 2007년 대선에서 이명박이나 정동영은 매니페스토를 제시한 바는 없다. 드러난 현상으로 보면 절대로 매니페스토 선거였다고 할 수 없다. 그러나 계획-이행-평가의 매니페스토 사이클 중에서 평가, 즉 기존 정부가 집행해온 정책에 대한 평가의 의미는 담고 있었다.

매니페스토라는 개념이 한국에 도입된 것은 2006년 지방선거가 처음이다. 대통령선거에서는 2007년 처음으로 도입이 시도됐다. 매니페스토가 처음이라고 해서, 공약하고 실행하고 평가하는 과정 자체가 처음이라고는 할 수 없다. 한국에서는 느슨하고, 때로는 우여곡절도 있긴 했지만 선거를 통해 당시 정부의 정책적 실적을 심판하려는 노력이 이전부터 있었다. 1997년 대통령선거만 해도 야당에서 김대중과 김종필의 연합, 여당에서 이인제의 탈당 등 선거구도가 재편됐던 상황적 요인이 있기는 했지만 그해 11월에 터진 외환위기사태로 대표되는 김영삼 정부의 실정에 대한 심판의 분위기가 없었다면 김대중 후보가 승리를 장담할 수 없었다는 분석도 있다. 2002년 대통령선거는 김대중 정부의 실정을 둘러싼 논란이 있었다. 다만 당시는 노무현과 정몽준의 막판 후보 단일화로 대표되는 '바람'이 훨씬 더 강했다.

2002년 노무현은 150개 핵심공약을 포함한 정책공약을 제시했다. 경제정책 면에서는 성장과 분배의 동반추구라는 대전제하에 경제성장률 연 7% 달성, 정부산하 각종 위원회와 산하단체 정비를 통한 정부 효율성 제고, 70% 중산층 시대 개막, 노인일자리 50만 개 창출 등 공약을 제시했다. 외교정책 면에서는 명확히 공약에는 제시하지 않았어도 '사진 찍으러 미국에 가지는 않겠다'는 발언에서 보듯 자주외교노선을 지향하는 것으로 비쳤다.

노무현 정부가 2007년 펴낸 '있는 그대로, 대한민국'이라는 책자에 따르면 노무현 정부는 1인당 국민소득 증가폭, 수출, 외환보유고, 주가지수 등에서 역대 정부 중 최고의 성과를 보였다고 돼 있다. 원화가치 절상의 덕분이라고는 하지만 2007년 1인당 국민소득이 2만 달러에 달했으니 수치상으로는 틀린 주장은 아니다. 하지만 그 내용을 들여다보면 여러 문제들이 발견된다. 노무현 정부에서의 절대 빈곤률은 2003년 10.2, 2004년 10.3, 2005년 11.3 등으로 악화됐다. 경제성장률은 노무현 정부 5년 동안 연평균 4.3에 머물렀는데 이는 세계 평균 경제성장률에도 못 미치는 것이었다. 2004년 노무현 정부는 매년 40만 개, 5년간 총 2백만 개의 일자리를 만들겠다고 약속했으나 실제로는 127만 개의 일자리 창출에 그쳤다. 2003년 20조 7,873억 원이 걷혔던 소득세는 2007에 37조 5,226억 원(재정경제부 추계)에 달해 약 81% 늘었다. 조세부담률은 2003년 20.4%에서 2007년 22.2%로 추계됐다. 국가채무는 2002년 133조 원에서 2007년 300조 원으로 늘었다. 세금부담을 늘리고 국가재정은 쏟아부었지만 일자리 등 국민이 느낄 수 있는 체감경제는 좋아지지 않았다는 얘기다. 그런 와중에도 노무현 정부는 공무원 수를 6만 5천여 명 늘렸다. 이 또한 일반인들에게는 상대적 박탈감을 주는 결과로 이어졌다.

노무현 정부에서 실제 경제의 체질이 좋아졌느냐의 여부와 관계 없이 국민이 느끼는 경기체감은 좋지 않았다는 얘기다. 대기업은 돈을 벌었지만 중소기업과 자영업자들은 불경기에 시달렸다든지 취업난이 심각하다든지 하는 소리도 컸다.

경제 실정론이 주로 보수진영에서 제기됐다고 한다면 진보진영에서는 노무현 정부가 미국에 대한 자주외교를 선언하고서도 이라크에 파병하고 한미 자유무역협정(FTA)을 추진하는 등 여전히 종속적 자세를 보였으며 비정규직 문제해결을 약속했지만 비정규직은 오히려 늘었다는 등의 불만이 나왔다. 진보적 정책을 지키지 않았다는 얘기였다. 보수든 진보든 막론하고 2002년 제시했던 장밋빛 비전이 실종되고 체감경기가 악화된 데 따른 노무현 정권 심판론이 2007년 대선을 관통한 실질적인 최대의 이슈였던 것이다.

매니페스토적 관점에서 말하면 2002년 제시한 정책공약에 대한 '평가'가 2007년 대선을 통해 이뤄진 셈이다. 물론 그 평가가 공약 자체를 이행했는지에 대한 평가였는지, 공약과 무관한 결과적인 실정에 대한 평가였는지 구분하는 것은 쉽지 않다. 행정수도 이전처럼 공약 이행을 강행함으로써 오히려 수도권 민심이반이라는 부작용을 불러온 경우도 있을 것이다. 그러나 매니페스토라는 것 자체가 선거 때 제대로 된 공약을 제시하자는 것과 함께 정책적 실패를 불러온 정권은 확실하게 심판하는 책임정치를 실현하자는 뜻을 포괄한다고 할 때 2007년 한국 대선에서의 '정권평가'는 그 의미가 결코 작지 않다.

2007년 한국에서는 여야 간에 정권교체가 이뤄졌다. 정권교체는 일본에서 매니페스토 운동을 하는 사람들이 말하는 매니페스토의 최종목표이다. 일본적 관점에서 보면 한국의 2007년 대통령선거는 결과적인 '매니페스토 완성판'이라고도 할 수 있다. 더구나 한국은 1997년 정권교체에 이어 10년 만에 다시 정권교체를 이룸으로써 평화적으로 정권을 주고받는 민주주의 사이클을 완성했다는 평가도 얻었다.

일본 TV에서 '한국의 선거에서는 무엇이든지 일어난다'던 시게무라의 발언 진의가 무엇이든 간에 한국의 민주주의는 마냥 어리석지는 않다. 때로 진기한 모습도 연출하지만 결국은 정책으로 판단하는 상식적 민주주의로 회귀하는 게 한국의 상황이라고 본다.

2. 2007년 이명박 후보와 정동영 후보의 정책공약

2007년 대통령선거 때 중앙선관위는 각 정당과 후보들로부터 10대 기본정책과 20대 공약을 제출받아 12월 10일 선관위 홈페이지 등에 게시했다. 그렇다고 해서 그 공약이 언론의 큰 주목을 받은 것은 아니지만 2007년에도 정책공약은 있었다는 얘기다.

재정조달계획과 이행기한을 명시한 매니페스토 형식은 물론 아니다. 20대 공약이라고 해도 그 안에 들어간 내용은 훨씬 방대해서 표를 얻는 데 도움이 될 만한 것은 전부 망라했다고 해도 과언이 아니다. 이명박 후보가 제시한 20대 공약의 주요 내용은 다음과 같다.

1. 7% 경제성장과 3백만 개 일자리(기업규제 일몰제 실시)
2. 서민 세부담 및 생활비 30% 경감(금융소외자 신용회복)
3. 주택공급 확대(연간 50만 호 주택공급)
4. 첨단 복합산업 육성
5. 2012년까지 R&D투자 GDP의 5%까지 확대
6. 중소기업 육성
7. 살 맛나는 농어촌
8. 빈부와 상관없이 누구나 최고의 의료혜택을 누릴 수 있도록 의료체계 정비
9. 양성평등 내실화
10. 저소득층을 위한 계층 할당제 실시
11. 노인의 고독과 질병, 가난 등 3대 고통 해결
12. 창조 문화강국 만들기
13. 공교육 강화, 사교육비 부담 절반 감소

14. 취업 100% 대학 프로젝트 추진
15. 다목적 한반도 운하 건설, 그린벨트 등 규제완화
16. 안전하고 지속가능한 환경 복지국가 실현
17. 법질서 확립
18. 알뜰하고 깨끗하고 유능한 정부 만들기
19. 북한에 대한 비핵 개방 3000 실현(북한 3백만 달러 이상 수출기업 100개 육성, 4백억 달러 대북 국제협력자금 조성)
20. 정예강군 육성

한편 정동영 후보의 20대 공약의 주요 내용은 다음과 같다.

1. 6% 성장과 일자리 250만 개 창출
2. 항공우주 등 첨단산업을 신성장 동력산업으로 육성
3. 강한 중소기업 5천 개 육성, 해외 첨단기업 100개 유치
4. 동해선 철도 신설 등 한반도 5대 철도망 구축
5. 기름값, 카드 수수료, 통신료 인하
6. 현행 36%인 비정규직 비율을 25%까지 축소
7. 대학입학 수능 폐지 등 사교육비 부담 대폭 완화
8. 세계 200위권 대학 15개 육성
9. 수도권 아파트를 2억 원 이하에 공급
10. 건강보험의 보장성을 80%까지 확대
11. 기초노령연금 수급 노인 비율을 80%까지 확대하고 금액도 월 8만 3천 원에서 16만 6천 원으로 두 배 인상
12. 무상 보육 전면 실시
13. 문화예술 르네상스
14. 친환경 저탄소 경제구조로 전환
15. 국가청렴도를 세계 10위권으로 향상
16. 공공부문 혁신 등으로 예산 10% 절감
17. 4년 연임제 대통령제 개헌
18. 북핵문제 해결 및 평화협정 체결

19. 개성공단 확대 및 특구 추가조성
20. 임기 내에 모병제 도입기반 마련, 의무 예비군제 폐지

두 사람의 공약은 모두 장밋빛 투성이다. 종래의 공약에서 달라진 것이 없다. 두 사람간에 뚜렷한 차이도 보이지 않는다. 이명박 후보의 공약이 규제일몰제 등을 제시하며 기업친화적이고 성장지향적인 내용을 중시하는 방향성을 보였다면, 정동영 후보는 기초노령연금 수급확대 등 복지도 중시하는 방향성을 보인 것 정도가 다르다면 다른 정도다.

2002년에는 노무현이 제기한 충청권으로의 수도이전 문제를 둘러싸고 정책논쟁이 벌어지기도 했다. 4조 5천억 원 정도면 수도이전이 가능하다, 40조 원은 들것이다 등의 공방 속에 수도이전 문제가 정책적 이슈로 등장했던 것이다. 하지만 2007년에는 한반도 대운하 건설 공약을 둘러싸고 잠시 논전이 있었을 뿐 정책적 공방이 거의 벌어지지 않았다.

다만 2002년의 경우처럼 이회창이 경제성장 6%를 제시하자, 노무현이 '약이 올라서' 7% 성장을 약속하고, 이회창이 군복무기간 2개월 단축을 말하자 노무현이 '우리는 4개월 단축한다'는 식으로 장난하듯 공약을 논하는 상황은 2007년에는 없었다. 노무현은 대통령 시절인 2003년 11월 6일 "신행정수도 건설을 주제로 내세워 지난 대선에서 좀 재미를 봤다"며 "신행정수도를 반대하면 한나라당이 정치적으로 계속 불리해질 수 있다"는 말을 하기도 했다.

2002년에 비해 달라진 것은 또 있다. 2002년에는 미군 장갑차에 의한 여중생 사망사건과 관련한 촛불시위가 결과적으로 노무현에 대한 지지 바람으로 이어진 데서 보듯 자주, 민족, 개혁 등 다분히 이데올로기적이고 거시적인 담론 속에서 투표행위가 이뤄졌다. 그러나 2007년의 대선에서 유권자들은 먹고 사는 문제를 중시하는 실용적인

분위기에서 '경제 살리기에 보다 적합한 후보가 누구냐'는 점을 따져 투표에 임했다. 이명박도 그런 분위기에 맞춰서 7% 성장 등의 공약을 제시했다. 이 점에서 2007년 이명박의 경제공약은 현실적 무게를 가질 수밖에 없다. 그런 만큼 공약이행이 미진할 때 이명박은 보다 엄격한 심판을 받을 가능성이 크다고 본다.

3. 2007년 대통령선거에 대한 반성으로서의 정책정당 움직임

대통령선거에서 패배한 대통합민주신당은 2008년 1월 11일 손학규를 대표로 선출했다. 손학규는 1년 전 한나라당을 탈당해 대통합민주신당에 합류한 사람으로서, 보다 실용주의적인 사고를 갖고 있는 정치인으로 분류된다. 부자보다는 서민, 기업주보다 노조를 중시하는 듯한, 다소의 진보성과 개혁을 무기로 내세워온 대통합민주신당이 한나라당 탈당파요, 실용주의자인 손학규를 당 대표로 선출했다는 것 자체가 한국 정치사의 중대 변화를 의미한다. 손학규는 취임하자마자 "국민은 이념을 버렸다"며 실용주의 노선을 선언했다. 한미 FTA에도 찬성한다는 입장을 밝혔다. 중요한 것은 일자리라는 주장이다. 실용주의 노선이란 이념과 구호가 아닌, 정책과 실천으로 승부하겠다는 뜻이다. 손학규의 이런 노선은 386으로 대표되는 대통합신당 내의 '진보세력'이 민족, 통일, 자주 등 추상적 이데올로기에 함몰되고, '나만이 개혁적이고 도덕적이다'는 자만심에 빠져 대안정책을 제시하지 못했다는 비판과 궤를 같이 한다. 2007년 대선에서 정동영의 패배도 정책적 무능력에서 비롯됐다는 지적이 대통합민주신당에 대해 우호적 성향을 보였던 진보적 지식층에서 나오고 있다.

진보를 표방하는 인터넷언론 프레시안의 박인규 발행인은 12월 20일 새벽에 올린 글에서 "대선에서 진보 개혁 세력은 상대후보의 도덕성만을 물고 늘어지는 네거티브 전략으로 일관했다. 국민은 먹고 살기 힘들어 죽겠다는데, '도덕성만이 중요하다'고 딴소리를 한 셈이다. 유권자들은 '밥을 달라'고 외치는데, '인간은 밥만으로는 살 수 없다'며 공허한 설교를 한 셈이다. 거짓된 희망일망정 밥을 주겠다는 후보에 표를 주는 것은 어찌보면 당연한 일이다. 국민은 공허한 도덕성 대신 더럽고 치사하지만 생존을 택한 것이다. 진보 개혁진영은 국민이 실제로 선택할 수 있는 선택지조차 제시하지 못한 것이다"고 썼다.

〈한겨레신문〉은 선거 다음날인 12월 20일 사설에서 다음과 같이 썼다.

> "우리 국민은 5년 전 삶의 질 개선에 대한 희망을 품고 서민과 중산층을 대변하겠다는 노무현 정권을 출범시켰다. 그러나 결과로 나타난 것은 실망이었다. 허울좋은 경제지표와 달리, 부동산 가격 폭등, 자영업자의 몰락, 비정규직 양산 등 서민과 중산층의 삶은 더욱 악화됐다. 노 정권이 내 놓은 개혁조처의 상당수는 말만 무성했지 제대로 실현되지 못했다. 이런 현실에 대한 불만이 정권심판론으로 나타났고, 그 어느 것으로도 이를 꺾을 수 없었다."

〈한겨레신문〉 사설은 또 대통합민주신당에 대해 "무엇보다 잘못을 겸허하게 되돌아 봐야 한다. 오만하게 국민을 탓할 게 아니라, 그동안 자신이 내건 깃발과 같은 방향으로 가고 있었는지, 그에 맞는 정책은 갖췄는지, 이를 현실로 구현해 낼 실력을 보였는지 반성해야 한다. 구호만으로 지지받을 수 있던 때는 이미 지났다. 진보적 가치의 정당성을 국민한테 인정받자면 더욱 현실적이고 풍부한 정책과 비전을 내놓아야 한다. 국민이 잘살 수 있는 대안을 내놓고 이를 실현할 수 있을 것이라는 신뢰를 아울러 얻지 못한다면 지금의 실패는 또 반복될 것이다"라고 충고했다.

대통합민주신당과 진보진영에서 일고 있는 이런 반성론이 손학규의 대표 선출과 실용주의 노선에 영향을 미쳤을 것이다. 대통합민주신당도 정책적 역량을 강화하는 방향으로 나가고 있는 셈이다. 결국은 정책으로 승부할 수밖에 없다는 이런 인식의 확산은 매니페스토에 한 발 다가서는 길이기도 하다. 대통합민주신당의 변화는 한나라당에도 정책능력을 더욱 개발하도록 압력을 가하는 요인으로 작용할 것이다. 그런 것들이 매니페스토 없이 치러진 2007년 대선의 결과가 남긴 교훈이다.

맺음말

2007 대선 매니페스토 운동이 비록 성공적이지는 않았지만 대선 기간 내내 전개된 매니페스토 홍보활동 등을 통해 매니페스토에 대한 일반의 인식은 확대됐다. 중앙선관위가 2006년 5월 31일의 지방선거일 이전인 5월 8, 9일 일반국민을 상대로 실시한 여론조사결과에 따르면 매니페스토(참 공약 선택하기)에 대해 알고 있다고 한 응답은 21.3%에 불과했다. 지방선거 뒤 7월에 실시한 조사에선 알고 있다는 응답이 31.5%로 늘었다. 대선이 한창 진행되던 2007년 11월에 실시한 여론조사에서는 유권자 중 39.4%가 매니페스토를 알고 있다고 답했다(서인덕, 2008년 1월 인터뷰).

4명 중 1명이 매니페스토가 무엇인지 인지하고 있다는 것이나 일본에 비하면 아직 한참 뒤쳐진다. 일본 와세다대학 매니페스토연구소의 하야시 노리유키가 2005년 실시된 미야기현 지사선거, 중의원선거, 미야기현 센다이 시장선거 등 3개 선거를 앞두고 실시한 여론조사결과를 분석한 "유권자의 투표행동에 미치는 매니페스토의 영향"이라는 논문에 따르면 6월 11일 실시한 센다이시장 선거관련 여론조사에서는 유권자의 62.9%가 매니페스토를 투표기준으로서 중시한다고 답했다(實踐여자대학 인간사회과학부 《紀要》 제2집, 2006년). 중의원 선거를 앞두고 8월 30, 31일 실시한 여론조사에서는 61.8%가 매니페스토를 중시한다고 했고, 미야기현 지사선거를 앞두고 10월 15, 16일 실시한 여론조사에서는 62.8%가 매니페스토를 중시한다고 답했다. 이 여론조사들은 미야기현을 중심으로 실시된 것으로 전국적인 것은 아니다.

2007년 6월 18일 발표된 〈아사히신문〉의 정치의식 여론조사에 따르면 '수치목표와 수순, 기한, 재원 등을 구체적으로 명시한 매니페스토(정권공약)를 선거에서 읽고 싶다고 답한 사람이 59%였다. 이 여론조사는 일본 전체를 대상으로 실시된 조사다. 매니페스토가 일본 선거를 변화시킨다고 보느냐는 질문에는 변화시킨다는 응답이 39%였다. 바꾸지 못할 것이라는 응답이 48%로 더 많기는 하지만 매니페스토가 일본에 상당히 파고 들었다는 사실만은 분명히 나타난다.

한국의 매니페스토 운동은 아직 가야 할 길이 멀다는 얘기다. 적극적으로 매니페스토를 알리고 보급하는 노력이 더 필요하다. 한편으로는 2006년 지방선거, 2007년 대통령선거를 거치면서 TV광고를 포함해, 각종 캠페인을 통해 매니페스토를 알리는 노력을 했는데도 아직 매니페스토를 아는 사람이 40%에 지나지 않는다는 점에서 그동안의 매니페스토 운동을 되돌아볼 필요가 있다고 생각된다. 한국 매니페스토 운동에 대한 필자 나름의 성찰을 겸해 다음의 몇 가지를 결론 삼아 제언하고 싶다.

첫째, 현재처럼 캠페인 위주의 매니페스토는 한계가 있을 수밖에 없다. 매번 선거 때마다 캠페인만 되풀이할 수는 없는 것 아니겠는가. 매니페스토의 주체인 정당과 후보자들, 그리고 유권자들이 매니페스토를 하지 않으면 안 되겠다는 목적의식을 공유할 수 있는 작업이 필요하다. 그렇다고 일본의 경우처럼 '정권교체가 가능한 정책정당구도'를 만드는 것이 한국 매니페스토의 목적이 될 수는 없다. 다만 매니페스토를 하면 정치와 행정의 어떤 점이 개선될 것이며, 그 결과 국리민복에 어떤 도움이 된다는 확실한 비전과 목표를 제시해야 장기적으로 매니페스토 운동이 성공할 수 있다고 본다. 매니페스토가 '국리민복을 위한 실질적 개혁성과'로 이어지지 않고 선거 때만의 화제로 끝난다면 그 의미는 축소될 것이다.

이와 관련해, 일본의 매니페스토 운동은 정책정당구도를 만든다는 목표 외에, 지방 차원의 매니페스토를 통한 지방분권 촉진을 주요 목표로 설정하고 있음을 참고할 필요가 있다. 교육자치와 경찰자치, 재정자치를 망라하는 지방분권의 추진은 한국의 매니페스토 운동에서도 좋은 지향점이 될 수 있다고 생각된다.

둘째, 당장의 실천과제로서 이행평가를 강화해야 한다. 정당을 보고 투표하는 성향이 강한 한국에서는 지방선거도 중앙의 정치 바람에 휩쓸려 하나의 우세 정당이 전국의 지방자치단체 대부분을 장악하는 상황이 연출되고 있다. 중앙의 기류가 지방선거까지 이어지는 '묻지마 정당투표'는 문제가 아닐 수 없다. 이런 투표행태가 지속되면 지방자치단체장은 자신의 지역 유권자보다 소속 정당에만 충성하게 될 것이다. 자치단체장에 대해서는 개별적으로 정책성과를 따져 차기 선거에서 책임을 묻도록 하는 풍토를 만들어야 한다. 그렇게 할 때 지방행정이 개혁될 것이고, 국민도 매니페스토의 효과를 피부로 느낄 수 있게 될 것이다.

국정 차원에서도 마찬가지다. 2007년 대선에서 이명박 후보는 매니페스토를 제시하지는 않았지만 정책공약은 발표했다. 경제분야 등의 공약에 대한 엄정한 이행평가를 통해 선거 때 약속을 지키도록 유도하고, 차기 선거에서 심판할 수 있도록 해야 한다. 다만, 2002년 대선 때의 행정수도 이전, 2007년 대선 때의 한반도 대운하 건설 등과 같이 명백한 국민적 논란이 있는 공약의 경우 매니페스토 차원에서 이행요구를 계속하는 게 좋은지에 대해서는 생각해볼 필요가 있을 듯하다.

셋째, 민간차원의 매니페스토 운동 영역과 선관위의 매니페스토 운동을 구분할 필요가 있다. 현재처럼 민간부문이 선관위의 지원금을 받는 상황이 계속되는 한 매니페스토 운동은 큰 틀에서 선거관리의 차원을 넘어서기 힘들다. 매니페스토 이행실적에 대한 사후평가를 충실히 하기 위해서도 민간부문의 독자성을 확대할 필요가 있다.

물론 한국적 현실에서 민간단체가 자금 면에서 독립해 매니페스토 운동을 한다는 것이 쉽지는 않을 것이다. 정부 등에서 보조금을 받는다는 것이 꼭 나쁜 것만도 아니다. 초기 운동의 정착을 위해서는 보조금을 받을 필요도 있다. 와세다대학 매니페스토연구소의 연구원 겸 사무국장인 하야시 노리유키는 “2004년부터 연구소 활동을 시작했지만, 그동안은 거의 자원봉사에 의존했다. 지금도 상당부분은 자원봉사로 메우고 있다. 솔직히 자원봉사에 의한 매니페스토 추진은 한계가 있다. 국가로부터 보조금을 받아 제대로 활용만 한다면 매니페스토 운동을 정착시키는 데 크게 도움이 될 것이다”고 말한다.

하지만 역시 보조금은 최소한으로 제한하는 것이 좋다. 와세다대학 매니페스토연구소는 일본 로컬 매니페스토 추진 지방의원연맹 및 단체장연맹, 로컬 매니페스토 추진 네트워크의 사무국을 겸하며 매니페스토 운동을 주도하는 곳이다. 이 연구소의 운영실태가 참고가 될 수 있을 듯하다. 하야시에 의하면 2007년도 이 연구소의 예산은 연간 약 2천 5백만 엔 정도라고 한다. 연구소에는 유급직이 3명이다. 운영비 2천 5백만 엔은 주로 외부에서 수주하는 연구용역비로 충당된다. 지방자치단체나 의회 등이 행정개혁을 위한 기초연구를 의뢰해 오는 경우가 꽤 있다고 한다. 와세다대학이나 국가, 지방자치단체로부터 보조금을 받은 경우는 일체 없다. 보조금을 받지 않으니까 구애

되는 것도 없다. 활동영역이 넓어지고 적극적이 된다. 연구소장인 기타가와 마사야스는 정권교체가 가능한 구도의 실현을 공개적으로 말하고, 정치와 행정 개혁을 연구와 운동의 테마로 삼으려 하고 있다.

넷째, 매니페스토의 한계를 명확히 할 필요가 있다. 행정집행권이 없는 국회의원과 지방의원이 재원 등 수치계획과 이행기한이 명기된 매니페스토를 작성하는 것이 타당한지를 따져봐야 한다는 얘기다. 대통령선거와 지방단체장 선거의 경우도 매니페스토를 제시하는 주체가 정당인지 후보인지를 분명히 해야 한다.

일본의 매니페스토 운동 진영이나 언론에서는 국회의원의 개별 매니페스토는 인정하지 않는다. 매니페스토는 기본적으로 정당이 제시하는 것으로 돼 있다. 일본의 매니페스토는 정책정당구도를 강화하자는 취지에서 출발한 만큼 당연한 일이다. 내각제인 일본에서 만일 개별 국회의원들의 매니페스토를 인정하면 지역구 선심용 매니페스토가 남발될 테고 그 결과는 오히려 정당의 정책적 구심력을 약화시키게 될 것이기 때문이다. 지방의원의 매니페스토를 인정할 것이냐 하는 점에 대해서는 양론이 있다. 기타가와의 경우는 인정하자는 주의다. 그것이 결국 지방에서도 정책선거, 정책정당의 중요성을 확산시키는 효과를 가져온다는 것이다. 다만, 기타가와도 지방의원의 매니페스토는 지방의원으로서 할 수 있는 분야, 즉 조례제정과 의회개혁 분야에 대한 정책으로 한정하는 게 좋다는 생각은 갖고 있다.

한국은 2006년 지방선거에서 매니페스토를 도입할 당시 의원들의 매니페스토를 어찌할 것인지에 관한 논의가 사실상 부재했다. 2008년 4월 국회의원 선거를 앞두고도 국회의원들이 매니페스토를 하는 게 적절한지, 한다면 어디까지 해야 하는지에 대한 충분한 논의가 부족하다. 총선에서 국회의원들이 매니페스토라는 이름을 빙자해 저마다 지역개발 공약을 들고 나설 경우 어떻게 할 것인가 점검이 필요하다. 그렇게 공약을 제시하는 것 자체를 막을 수는 없다. 하지만 이를 매니페스토로 인정할 것인가는 별개 문제다. 지역개발을 위한 예산투입은 자치단체장의 소관이다. 의원이 중앙에서 이를 위한 정부예산을 확보하는 데 노력하거나 하는 등의 방법으로 단체장을 도울 수는 있지만 직접 당사자는 아니다.

의원의 매니페스토를 인정한다면 일본처럼 입법권과 의회개혁에 관한 부분으로 최소화하는 등의 장치가 필요하다. 지역개발 공약까지 인정한다면 과연 어떤 수치계획을 담보한 것을 매니페스토로 인정할지 정교한 검토작업과 사전 사후 평가가 필요할 것이다.

이와 관련해 매니페스토 사전평가의 문제도 재론할 필요가 있다. 후보자가 제시한 매니페스토를 사전평가한다는 작업은 앞에서 살펴본 대로 한계를 가질 수밖에 없다. 매니페스토 사전평가가 선거의 공정성을 해치지 않고서도 후보자들로 하여금 자신이 실행가능한 정책만을 제시하도록 유도하기 위해서는 객관적이고 구체적인 평가장치와 기준을 마련해야 한다.

각종 선거에서 후보자들 외에 정당의 매니페스토는 어떻게 해야 할 것인지도 논의가 필요하다. 일본은 내각제의 특성상 정당 매니페스토가 기본이지만 대통령제인 한국에서는 대통령후보의 매니페스토가 정당 매니페스토보다 우위일 수 있다. 그러나 이 경우도 후보와 정당이 공동으로 매니페스토를 발표하는 것이 사후 이행평가와 책임정치 구현이라는 차원에서 바람직하다. 국회의원 총선거의 경우는 물론 정당이 주체가 돼야 한다. 지방선거의 경우도 지방분권 등 국정의 총체적인 정책분야에 관해서는 정당의 이름으로 매니페스토를 제시하는 게 옳은 방향일 것이다.

후 기

졸고이긴 하지만 그래도 책을 쓴다는 게 쉽지는 않았다. 많은 자료를 뒤적여야 했고, 많은 사람들을 만나고, 부족하면 전화를 통해 인터뷰를 했다. 그래도 역량이 미치지 못하는 대목에 대해서는 몇몇 사람들에게 부탁해 자료 일습과 개인 메모를 얻기도 했다. 〈동아일보〉 정치부의 조인직, 장강명 후배 기자와 중앙선거관리위원회의 서인덕 팀장, 경기도의 손원희 비서실장 등이 필자의 무리한 부탁을 마다하지 않고 들어줬다. 일본에서는 와세다대학 매니페스토연구소의 하야시 노리유키〔林紀行〕 사무국장 겸 연구원, 쿠사마 쓰요시〔草間剛〕, 사토 준〔佐藤淳〕 조사원, 나카무라 에리코〔中村繪理子〕 씨의 도움에 의존했다.

1년간의 연수를 허락해준 동아일보사의 배려가 책을 쓰게 된 기본적 동인이었음은 물론이다. 21세기한국연구재단의 지원도 큰 힘이 됐다. 가장 노릇을 못했음에도 불구하고 말없이 오랜 세월을 응원해준 처 장연희와 기열, 소열 두 아들에 대한 고마움을 절감하는 기회이기도 했다.

와세다대학 매니페스토연구소에서(왼쪽부터 사토, 나카무라, 필자, 쿠사마, 하야시).